Mirjam Elias, geboren 1950 in Den Haag, ist Journalistin und Autorin und mit dem Amsterdamer Fotografen Ronald Sweering verheiratet. In ihrem Roman ›Geheimversteck Hotel Atlantic‹ erzählt sie die Kindheitserlebnisse ihres Mannes (= Ronny) während der deutschen Besatzung in den Niederlanden.
Wer noch mehr über Mirjam Elias und ihren Roman ›Geheimversteck Hotel Atlantic‹ wissen möchte, kann sich im Internet unter *www.hetverlatenhotel.com* informieren.

Mirjam Elias

Geheimversteck Hotel Atlantic

Eine wahre Geschichte

Aus dem Niederländischen
von Mirjam Pressler

Fischer Taschenbuch Verlag

Fischer Schatzinsel
www.fischerschatzinsel.de

Die deutsche Übersetzung wurde ermöglicht
durch die freundliche Unterstützung des
Nederlands Literair Produktie- en Vertalingenfonds, Amsterdam

Veröffentlicht im Fischer Taschenbuch Verlag,
einem Unternehmen der S. Fischer Verlag GmbH,
Frankfurt am Main, Februar 2008

Die Originalausgabe erschien 2003 unter dem Titel
›Het Verlaten Hotel‹ bei Uitgeverij
De Fontein, Baarn
Text

Die deutsche Originalausgabe erschien 2005
im Hardcover-Programm der Fischer Schatzinsel

Gesamtherstellung: Clausen & Bosse, Leck
Printed in Germany
ISBN 978-3-596-80574-7

Nach den Regeln der neuen Rechtschreibung

Für alle Kinder,
die von der Schule nach Hause gingen
und danach nie mehr
gesehen wurden …

Inhalt

1. Krieg

In einem oberen Stockwerk eines dunklen Hotels sitzt eine Familie still zusammen. Sie haben großen Hunger. Zum Ablenken liest der Großvater beim Schein einer flackernden Kerze etwas vor. Ronny, sein Enkel, spitzt die Ohren. Hört er in der Ferne ein Auto? Er stellt sich ans Fenster.
Es ist dunkel draußen, die Laternen brennen schon seit Jahren nicht mehr. Von weitem nähern sich zwei Lichtstreifen. Vielleicht die abgeblendeten Scheinwerfer eines Jeeps?
Der Zweite Weltkrieg ist gerade vorbei, manchmal wird noch geschossen. Auf der Straße fahren fast nur Armeefahrzeuge mit wenig Licht. Benzin, Strom und Brennmaterial gibt es nicht und auch kaum etwas zu essen.
Die Lichter kommen über die Brücke, direkt auf das stattliche Hotel zu, das an einer Gracht im Zentrum von Amsterdam steht. Das Fahrzeug hält direkt vor der Tür, der Motor geht aus und die Lichter erlöschen.
Ronny gerät für einen Moment in Panik. Ein Auto, das vor der Tür hält, hat in den letzten Jahren nichts Gutes bedeutet. Aber dann begreift er, dass die deutschen Soldaten niemanden mehr von zu Hause abholen werden, sie sind befreit. Er läuft aus dem Zimmer.
»Was tust du?«, ruft seine Mutter.
»Ich bin gleich wieder da.« Auf dem Flur hört Ronny, dass jemand unten an der Eingangstür rüttelt und auf Englisch ruft: »Hello, open the door, please!«
Aufgeregt rutscht Ronny das Treppengeländer hinunter und reißt die Tür auf.

»Hello«, sagt eine Männerstimme. Im schwachen Licht des Mondes sieht Ronny einen großen Mann in der Uniform der alliierten Befreiungsarmeen. Der Soldat beugt sich vor, um den mageren Jungen zu betrachten. Lachend deutet er auf die Buchstaben auf Ronnys Pullover.
»R. S.? He, du bist Ronny Sweering?« Er streckt die Hand aus. »Hallo, ich heiße Stan.«
Woher kennt er meinen Namen?, schießt es durch den Kopf des erstaunten Jungen, während er feierlich auf Englisch und Niederländisch antwortet: »Welcome, liberator. Willkommen, Befreier.«
Das sagen die Kinder immer zu demjenigen, der die Rolle der alliierten Soldaten übernimmt, wenn sie »Befreiung« spielen. Der Soldat wirft einen enormen Sack von der Schulter, auf dem, wie Ronny jetzt sieht, CANADIAN steht. Logisch, die Kanadier sind die Befreier der Niederlande.
Ob er etwas zu essen in seinem Sack hat? Sein ausgehungerter Magen knurrt sehnsüchtig. Grinsend drückt der Soldat Ronny ein winziges Päckchen in die Hand. CHEWING GUM steht darauf. Ronny freut sich jetzt schon darauf, dies alles morgen Kees und Louise, seinen besten Freunden, zu erzählen. Kanadische Süßigkeit, von einem Soldaten der alliierten Befreiungsarmee. Einfach so, an der Haustür. Was für ein toller Tag!

Ronnys bester Freund heißt Kees Goudriaan. Er ist ein bedächtiger, sanfter Junge. Kees ist so verträumt, dass er nach Meinung der Lehrerin Dichter werden muss.
Louise van Eelde, ihre beste Freundin, hat kastanienrote Haare und ist besonders mutig. Sie hat sogar einmal gegen den gefürchteten Bandenführer Bleicher Bulle gekämpft.

Louise ist ein Jahr älter als die Jungen. Sie wird dreizehn, wird also im nächsten Jahr in die Mittelschule gehen.
Die drei Freunde gehen füreinander durch das Feuer.
Die Lehrerin weiß oft nicht, was sie mit Ronny tun soll. »Du bist so unberechenbar«, klagt sie. »Ich komme nicht klar mit dir. Du bist der frechste Junge von der ganzen Schule.« Einmal, als sie nicht weiterwusste, wollte sie ihn von der Schule schicken, aber dann brachte Ronny sie so zum Lachen, dass sie es wieder vergaß. »Könnte ich dir nur länger böse sein, Ronald«, sagte sie seufzend. »Wärst du doch wirklich ein unausstehlicher Junge.«
Ronny macht einfach, was er will. Den meisten Erwachsenen traut er nicht mehr. Warum mussten sie die Welt auch so durcheinanderbringen mit ihrem Krieg. Ronny versucht gar nicht erst, so zu tun, als passe er auf. Warum sollte er auch? In den vergangenen fünf Jahren ist viel zu viel Schlimmes passiert. Von ihm aus kann die Schule in die Luft fliegen.

Aber nun ist dieser Mister Stan den ganzen Weg aus Kanada gekommen, um sie zu befreien. Erst überquerte er mit einem Haufen anderer Befreier den Ozean nach England. Von dort aus begann die Invasion. Ein riesiges Heer kam mit Schiffen oder durch die Luft über die Nordsee, um das europäische Festland von der deutschen Herrschaft zu befreien. Stan war durch Länder gezogen, deren Grenzen von den Deutschen fest geschlossen waren. Und jetzt steht er hier, auf der Eingangstreppe ihres totenstillen Hotels.
Ronny macht das Päckchen auf, es sind flache, biegbare Streifen darin. Er leckt daran. Hmm, es schmeckt süß und ein bisschen nach Zimt!

»Your dad?«, fragt der Soldat, als eine Gestalt die Treppe herunterkommt. Ronny dreht sich um und nickt. Als Ronnys Vater unten ist, streckt ihm der Soldat die Hand entgegen.

»Hello, Jacob Sweering, Direktor des Hotels *Atlantic*?«, sagt er auf Englisch. Ronnys Vater ist erstaunt. Woher weiß der Kanadier, dass er Jacob Sweering heißt? Dann stellt der Soldat sich vor.

»Ich bin Stan Burkett und ich wohne bei euren Brabanter Verwandten, seit wir den Süden der Niederlande befreit haben«, erklärt er. »Sie haben mich geschickt. Wir haben gehört, dass die Deutschen den Norden der Niederlande ausgehungert haben. Deshalb machen sie sich schreckliche Sorgen, ob ihr noch lebt.« Gerührt umarmen die Männer einander. Und Ronnys Vater zieht Stan sofort mit nach oben.

»Dootje hungert nach Nachrichten aus Brabant«, sagt er auf Englisch.

Ronnys Mutter heißt Do. Sie kommt ursprünglich aus Oisterwijk, einer kleinen Stadt in der Provinz Brabant, unterhalb der großen Flüsse.

»Kann der Jeep irgendwo stehen, wo ihn niemand sieht?«, fragt Stan.

»Fahr rein auf die Terrasse«, antwortet Ronnys Vater. »Wir renovieren, es gibt noch keine Tische und Stühle, wir haben geschlossen.« Zum ersten Mal wird die Terrasse des Hotels *Atlantic* geöffnet. Ronny kann es kaum fassen.

Sie haben den Aufmarsch der alliierten Befreier am Radio verfolgt, über den Sender Oranje. Heimlich, denn das war streng verboten. Nun fährt ein echter kanadischer Jeep einfach über ihre Terrasse. Mit einem echten Befreier aus Fleisch und Blut hinterm Steuer.

»Wow«, flüstert Ronny, genau wie Stan. Er versucht, auch so zu stehen, den einen Daumen lässig in den Gürtel gesteckt.

Tausende Male hat Ronny sich schon vorgestellt, wie Fallschirmjäger auf dem Dach des Hotels landen würden. Aber dass ein Befreier mit einem Jeep auf ihre Hotelterrasse fahren würde, hat er in seinen kühnsten Träumen nicht gedacht. Verrücktes Zeug, dieser Chewinggum, er wird nicht weniger, so sehr er auch kaut.
Stan steigt aus seinem Jeep und leuchtet mit einer Taschenlampe über steinerne Meerestiere und eine prachtvolle Decke. »Wow. Von draußen sieht das Hotel ganz verlassen aus. Das ist ja funkelnagelneu!«
Fröhlich führen sie Stan hinauf. Ronny schnüffelt an dem großen Sack. Er hat den ganzen Tag nur ein Stück schwedisches Befreiungsbrot und einen halben Becher Milch bekommen. Ob da etwas zu essen drin ist? Der vergangene Winter 1944 war ebenso erbarmungslos kalt wie der deutsche Führer Hitler. Es fror Stein und Bein und es gab nichts zu essen. Droben erzählt Stan Ronnys Mutter Do und seinen Großeltern, dass die Verwandten in Brabant noch alle am Leben sind. Zum ersten Mal seit einem halben Jahr hören sie etwas von ihnen! Ronnys Schwester bekommt auch einen Chewinggum. Sie heißt Yvette, möchte aber Schwesterchen genannt werden. Ronny findet das ziemlich blöd, deshalb sagt er oft Y zu ihr.
»Was ist das, Mama?«, fragt Y.
»Kaugummi, Schatz.«
Endlich macht Stan den Sack auf. Eigentlich gehören Pauken und Trompeten dazu. Wie ein Traumbild erscheint zu-

erst ein Weißbrot. Dann Schokolade und eine Dose Armeebutter, ein paar Päckchen Players-Zigaretten, Dosen mit Käse, Corned Beef, Milchpulver, Wurst, Sardinen und Gemüse.

Mit dem Mund voller Kaugummi und einer Tafel Schokolade in der Hand betrachtet Ronny den unerwarteten Gast still und voller Bewunderung. Bei jeder Konservendose, die Stan aus seinem Sack zaubert, wächst seine Zuneigung. Als Höhepunkt legt Stan einen Schinken und ein Stück Speck von den Verwandten aus Brabant auf den Tisch.

Nichts hat ihm je so gut geschmeckt wie die Butterbrote, die Ronnys Mutter jetzt mit Speck belegt. Sie schneidet für alle eine zweite Scheibe ab. Stan singt inzwischen brabantische Lieder.

»Alte, Zähe, los, lass deine Röcke wehen!« Er schwenkt wie ein Indianer auf dem Pferd ein Lasso und ruft: »Hü, hopp, hü, hopp, alte, zähe Stute. Hüüjaa!« Die Kinder kugeln sich vor Lachen wegen seines Akzents. Ronny schaut seine Eltern erstaunt an, sie lachen auch. Er war so klein, als der Krieg angefangen hat, dass er fast vergessen hat, wie fröhlich es vor dieser Zeit war. Sie haben zwar immer versucht, den Mut nicht sinken zu lassen, aber richtig lachen, aus voller Kehle, das ist doch etwas anderes.

Sie überfallen Stan mit ihren Fragen über die Befreiung Frankreichs, Belgiens und des Südens der Niederlande. Aber Stan will erst alles über ihr Leben während der langen Kriegsjahre hören.

Ronny erinnert sich noch genau daran. Er war sechs, als der Krieg vor fünf Jahren begann. Er war gerade eingeschult worden und glaubte noch an den Nikolaus und daran, dass es Erdmännchen gab.

Die Familie Sweering wohnte damals schon in einem oberen Stockwerk ihres Hotels am Frederiksplein. Es steht an der Ecke Westeinde und Nicolaas Witsenkade, an der äußersten Gracht im Zentrum von Amsterdam.
Ronnys Eltern erzählen Stan auf Englisch vom Krieg. Ab und zu übersetzen sie etwas für die anderen. Dadurch erlebt Ronny den Einfall der Deutschen und die fünf Kriegsjahre noch einmal. Wie einen Gruselfilm oder wie einen Albtraum. Aber das ist alles wirklich passiert, und es begann in der Nacht auf Freitag, dem 10. Mai 1940.

Die Sonne ist gerade aufgegangen, als Ronny von lautem Brummen in der Luft aufwacht. Er kennt das Geräusch der Bomberflugzeuge nicht, deshalb schläft er gleich weiter. Morgens kriecht er zu seinem Vater ins Bett. Seine Mutter sitzt schon mit seiner Schwester beim Frühstück. Plötzlich klopft das deutsche Dienstmädchen an die Schlafzimmertür und stürzt einfach herein.
»Herr Jacob, Deutschland hat die Niederlande überfallen! Es ist Krieg, es steht in der Zeitung.« Auf der Titelseite ist ein Foto der deutschen Bomber. Einer wurde abgeschossen.
»Selber schuld«, sagt Ronny. Auf einem anderen Foto springen deutsche Soldaten mit Fallschirmen aus Flugzeugen. »Warum sind sie so gemein? Wir sind doch Nachbarländer.«
»Unsere gesamte Luftwaffe mit den besten Jagdflugzeugen der Welt war schon zerschossen, bevor sie aufsteigen konnte«, liest Ronnys Vater entgeistert vor. Draußen heulen Sirenen. Im Radio sagt Königin Wilhelmina: »Es ist ein deutscher Überfall. Aber die Niederlande kämpfen.«

Ronny weiß, dass in Deutschland Adolf Hitler regiert. Ein steifer Mann mit einem schmalen Schnurrbart über einem Schreimund. Unauffällig hat er sich ein starkes, modernes Heer aufgebaut. Damit hat er ganz unerwartet andere europäische Länder überfallen. Aber er hatte versprochen, die Niederlande in Ruhe zu lassen. Doch Ronnys Vater ist von Anfang an nicht darauf reingefallen.

»Der Schnurrbartkerl lügt wie gedruckt«, hat er kürzlich noch zu ihren Nachbarn, den Levys, gesagt, die auf der Terrasse Tee tranken. Eine ihrer drei Töchter heißt Hanny. Sie ist schon groß und studiert an der Universität, um Ärztin zu werden. Hanny war einer Meinung mit Ronnys Vater und griff ein paar niederländische Offiziere an, die an einem anderen Tisch saßen.

»Was sitzen Sie hier rum und unterhalten sich bei einem Stück Kuchen? Es kann Krieg geben!«

»Aber nicht doch, junge Dame«, sagte ein Offizier mit einem großen Schnauzbart. »Unsere deutschen Nachbarn werden den Niederlanden nichts tun. Außerdem, wenn wir die Deiche durchstechen, wird das Land überschwemmt und das Wasser hält ihre Armee zurück.«

Hanny verschluckte sich. »Die deutsche Armee hat moderne Panzer und Kampfflugzeuge«, widersprach sie. »Die wollen Sie mit Soldaten auf dem Fahrrad zurückhalten? Überschwemmtes Land hat vor Hunderten von Jahren gegen die spanische Gewaltherrschaft geholfen. Aber heutzutage fliegen Soldaten über alles hinweg.«

Während seine Eltern aufgeregt die Zeitung lesen, steht Ronny am Fenster. Hanny ist gescheiter als die Offiziere, denkt er. Sie wird bestimmt die beste Ärztin der Stadt. Vielleicht von der ganzen Welt.

Weit, weit weg erklingen Donnerschläge, sonst geht alles seinen gewohnten Gang. Warum rennt niemand weg? Warum sieht man keine Soldaten mit Gewehren? Es ist doch Krieg.

Zur Mittagszeit ist das Restaurant berstend voll. Um die Billardtische sieht man die bekannten Billardspieler. Das Restaurant ist voller Geschäftsleute, Diamantenschleifer und Gewerkschaftsführer, bekannter Künstler und Gelehrter. Ziemlich viele der Gäste sind vor Jahren aus Deutschland geflohen. Nicht einmal die Hälfte der deutschen Wähler hatte für Hitler gestimmt, trotzdem wurde er ein Diktator, der auf niemanden hört. Jeden, der nicht mit ihm einverstanden ist, lässt er ermorden oder hinter Stacheldraht einsperren. Am meisten hasst er aber die Juden. Ronny hat schon oft gehört, dass sie nichts mehr dürfen und Hitlers Männer ihnen alles wegnehmen.

Wilde Gerüchte machen die Runde, von einer Armee, die mit Fahrrädern und allem an Fallschirmen gelandet ist.

»Ronny, komm mal her«, ruft eine Dame. Seine Mutter nickt ihm zu. »Geh und sag höflich guten Tag.« Viele weibliche Gäste sind ganz entzückt von Ronnys blauen, verträumten Augen und den blonden Locken. Vor allem, wenn er voller Begeisterung erzählt, was um ihn herum passiert.

Er läuft zu der Dame hinüber, legt die Arme auf den Rücken wie ein echter Ober und verkündet freundlich: »Meine Mutter hat gesagt, ich soll Ihnen höflich guten Tag sagen.« Bevor die Dame auf die Idee kommt, ihn um ein Küsschen zu bitten oder ihm unaufgefordert ein Küsschen zu geben – was noch schlimmer ist –, rennt Ronny schnell weg.

»Psst!« Jemand stellt das Radio lauter. »Nachrichten.«
Ronny schlendert zur Küche. Dort steht der Koch mit einem riesigen Hummer. Der fuchtelt wild mit seinen Beinen; aber die beeindruckenden Scheren sind zusammengebunden. Panisch peitschen seine Fühler nach allen Seiten. Als das Wasser kocht, nimmt der Koch den Deckel vom Topf.
»Nein, nicht!«, schreit Ronny. Aber der Koch steckt den lebenden Hummer schon in das kochende Wasser. Ronny will wegrennen, bleibt aber wie festgenagelt stehen. Das Tier stößt einen hohen, schneidenden Ton aus. Ronny hält sich die Ohren zu und schreit mit dem Tier mit. »Nein!«
Der Koch lacht. »Dieser Hummer fühlt nichts«, sagt er. »Er ist doch nur ein Tier, Dummerchen.«

Krieg. Wie unheimlich das klingt. Aber sie brauchen ein paar Tage nicht in die Schule zu gehen.
»Mama«, fragt Ronny, »bleiben die Deutschen jetzt immer die Herren hier? Werden sie auf uns schießen? Hat es schon früher Krieg gegeben und dauert er lang?«
Seine Mutter nimmt ihn auf den Schoß und erzählt ihm eine wahre Geschichte, die Ronny sehr beeindruckt.
»Vor langer Zeit lebte ein Edelmann, der Wilhelm von Oranien hieß. Man nannte ihn den Vater des Vaterlands. Zusammen mit starken Männern, die sie die Geusen nannten, machte er einen Aufstand gegen die katholische spanische Königin. Denn diese herrschte hier. Eines Tages wurde Wilhelm von Oranien in der großen Kirche in Delft von einem Verräter niedergeschossen, der Balthasar Gerards hieß. Die Söhne Oraniens kämpften weiter, zusammen mit den Geusen. Sie kämpften so lange, bis sie gesiegt hatten.

Erst nach achtzig Jahren waren die Niederlande befreit. Aber es war nicht immer Krieg und auch nicht überall gleichzeitig.« Seine Mutter steht auf und rührt im Topf. »So, der Brei ist fertig.«
Pfui, Gerstenbrei mit Klümpchen. Wenn er seinen Teller nur anschaut, würgt es Ronny. Hinter seinem Rücken hört er das Stimmengewirr unten auf der Terrasse. Ronny versucht seine Katze, die auf den Namen Timmy oder Jammerkatze hört, mit dem Brei zu füttern. Doch sogar die Katze zieht das Näschen hoch. Seine Mutter beugt sich über seine Schwester; schnell nimmt Ronny einen Löffel voll Brei und wirft den weißen Klumpen über die Schulter aus dem Fenster. Von unten ist ein Aufschrei zu hören. Seine Mutter schaut hoch.
»Was war das?« Ronny zuckt mit den Schultern. Mit seinem unschuldigsten Gesicht schaut er sich um. Das ist nochmal gut gegangen.
Kaum hat seine Mutter ihre Aufmerksamkeit wieder auf den Teller seiner Schwester gerichtet, da wirft Ronny erneut einen Löffel Brei aus dem Fenster.
»Was ist das denn für ein ekliges Zeug!«, ruft unten jemand.
Misstrauisch schaut Ronnys Mutter auf. Ihr Sohn betrachtet interessiert die Decke. Sobald seine Mutter das Schwesterchen wieder mit einem Löffelchen Brei füttert, segelt ein neuer Klumpen durch das Fenster. Zufrieden schaut Ronny zu, wie sein Teller leerer und leerer wird ... bis plötzlich sein Vater hereinstürmt, tobend vor Wut.
»Bist du verrückt geworden?« Grob zieht er Ronny vom Tisch weg. »Los, mitkommen! Alle Gäste sind voller Brei, verdammt.« Er zerrt seinen Sohn die Treppe hinunter und

schiebt ihn zu einer Frau auf der Terrasse. Mit heftigen Bewegungen wischt sie sich weißen Brei von ihrem grünen Seidenkleid. Wie Vogelscheiße. Atemlos beobachtet Ronny einen dicken Klecks Brei, der von ihrem grünen Hut nach unten rutscht.

»Sag, dass es dir leid tut«, befiehlt sein Vater. Bevor der Brei ihr in die Augen fallen kann, sagt Ronny schnell: »Ich muss sagen, dass es mir leid tut.« Patsch, der Brei fällt auf ihre Nase. Ronny wird zum nächsten Tisch geschoben.

»Bitte um Entschuldigung!«

Ronny schaut mit Absicht in die Luft, als er sagt: »Ich muss sagen, dass es mir leid tut.« Von mir aus könnt ihr auf den Mond fliegen, denkt er dabei. Wenn viel los ist, isst Papa nie mit uns mit, und daran seid ihr schuld. »Ich muss sagen, dass es mir leid tut«, murmelt er wieder. He, sieht Ronny das richtig? Steht Opa am Fenster und zwinkert ihm zu? Als sein Vater irgendwo stehen bleibt und redet, entwischt Ronny schnell zu seinem Opa Janus Boons.

»Komm mit auf den Platz, Vögel füttern«, sagt Opa. »Dann vergessen sie dich von ganz allein.« Wie ein Lausbub rennt Opa los, gefolgt von seinem Enkel.

Mittags kommen Kees und seine Mutter kurz vorbei, auf dem Weg zu seinen Großeltern. Die Jungen wollen angeln, die Amsterdamer Grachten sind voller Fische.

»Nein, ihr dürft nicht weiter als zur Terrasse«, sagen ihre Mütter. »Um die Stadt herum wird gekämpft. Es könnte ein Flugzeug abstürzen.« Aber es kommen nur Leute mit vollen Einkaufstaschen vorbei. Auf der anderen Straßenseite kommt der Bierwagen der Heineken-Brauerei an.

»Hüüh!«, ruft der Kutscher. Herr Heineken, der dicht an

der Terrassenmauer die Zeitung liest, schaut auf. Ronnys Vater wirft einen Schlüsselbund zu seinem Sohn, der ihn geschickt auffängt. Seit er jemanden dabei erwischt hat, als er Weinflaschen beiseite schaffen wollte, wacht Ronny über den Vorratskeller. Mindestens zehn hölzerne Bierfässer werden in den Bierkeller gerollt. Kees und Ronny streicheln den schwarzen Gaul, bis der Kutscher ruft: »Los.«
Schon wieder sind Pferdehufe zu hören, mit einem Wagen voller Dosenmilch. »Ein Sonderangebot, könnte bald gerade recht kommen«, sagt Jacob zu seinem Freund Isaak. Worüber flüstern sie jetzt? Über Selbstmorde und verbrannte Bücher?
»Komisch, dass alle die Deutschen Moffen nennen«, meint Kees. Der zweite Wagen ist abgeladen, sie bringen die Schlüssel zurück.
»Warum heißen die Deutschen Nazis, Papa?«
»Das ist eine Abkürzung von Nationalsozialisten, wie die faschistischen Anhänger Adolf Hitlers sich selbst nennen. Bei uns heißen sie NSBler.«
»Und was ist SS?«
»Das ist ein Killerclub der Nazis. Sie schreiben SS wie ein Blitzzeichen, um auf geheimnisvolle Weise Angst zu verbreiten. Sie haben auch Totenköpfe und Hakenkreuze. SS-Männer ermorden sich sogar gegenseitig, um einen besseren Platz zu bekommen. Erst waren sie die Leibwächter Hitlers, jetzt haben sie überall die Macht. In der Politik, in der Armee und in den Konzentrationslagern.«
»Was ist ein Konzentrationslager?«
»Holzbaracken mit Stacheldraht drumherum, wo schon seit Jahren Menschen verkümmern, weil sie nicht mit den Nazis einverstanden sind. Das nennen sie die neue Ordnung.«

Etwas blass gehen Ronny und Kees ins Haus. Im Radio wird gesagt, dass überall Kämpfe stattfinden. Ronnys Mutter macht sich Sorgen um ihren Bruder, denn der ist Soldat.
»Die Königin und die Regierung sind mit fast der ganzen Staatskasse nach England ausgewichen«, sagt der Sprecher. »Sie werden uns von dort aus unterstützen.«
»Was für Feiglinge, die Oranier«, ruft Oma. »Wenn ihr Vorvater Wilhelm wüsste, dass sie die Beine in die Hand genommen haben, würde er sich im Grab umdrehen.«
Ronny rutscht der Mut in die Hose. Wer soll jetzt den Aufstand gegen die deutsche Zwangsherrschaft führen?
Bei jeder neuen Nachricht fallen sie mehr in sich zusammen. Rotterdam bombardiert, Deiche durchbrochen und Land überflutet. Die Deutschen drohen, auch Amsterdam und Utrecht zu bombardieren. Nun, da Tausende von Menschen mit dem Tod bedroht sind, muss sich die niederländische Armee wohl ergeben.
Singend marschieren deutsche Soldaten ein paar Tage später über den Dam. Bei jedem Schritt heben sie die Beine gestreckt nach oben und lassen sie gleichzeitig wieder fallen. Das Donnern ihrer Stiefel dröhnt drohend durch die Straßen. Louise, Kees und Ronny dürfen nicht hinausgehen, um zuzuschauen. Ihr Freund Harry darf es.
»Ich musste, mein Vater hat es verlangt«, entschuldigt er sich verlegen.

Die Wilhelmina-Catherina-Schule hat wieder angefangen. Die Schüler nennen ihre Schule immer WC-Schule. Das Gebäude aus roten Backsteinen und mit einem wolkenförmigen Giebel steht in der Weteringschans.
An der Tür steht Ronnys Lehrerin, Fräulein Rood. Sie un-

terhält sich mit Fräulein Esther vom Kindergarten, die einen Spitznamen hat: Hottentottin, wegen ihrer üppigen krausen Haare. Aber Ronny hat für sie heimlich einen Lieblingsnamen: Engel. Sie streicht Ronny über den Kopf. Er kann es nie leiden, wenn eine Dame in ihrem Restaurant seine Haare anfasst. Aber wenn es sich um Fräulein Engel handelt, dann dürfte sie sogar eine Stunde lang seinen Kopf streicheln.

Heute ist Sporttag auf dem Eisclubgelände hinter dem Reichsmuseum, da, wo man im Winter Schlittschuh laufen kann. Danach heben vier deutsche SS-Soldaten in Tarnanzügen und mit Helmen die Kinder auf ihre Panzerwagen. Ein paar Mütter lachen. In diesem Moment kommen auch die Mütter von Ronny und Kees.

»Mama, schau mal, wie hoch.«

Aber ihre Mütter tun, als sähen sie die freundlichen Soldaten überhaupt nicht. Mit starren Gesichtern heben sie ihre Söhne von den Armeeautos.

»Lasst euch nie mehr mit Soldaten ein. Die machen Krieg, und das ist nichts für Kinder.«

»Bestimmt sind die Soldaten Hitlers Kinderverführer«, flüstert Ronny Kees zu. »Vielleicht sehen sie absichtlich so toll aus, um uns in ihre Armee zu locken, wo wir dann sterben müssen.«

»Meine Mutter hat mir verboten, den Feind auch nur anzuschauen«, erzählt Louise mit niedergeschlagenen Augen. »Deutsche Soldaten sehen aber schon gut aus«, fügt sie bedauernd hinzu.

Kees schaut sie ernst an. »Wie kannst du wissen, wie sie aussehen, wenn du sie nie anschaust?«

Ronny treibt sie weiter in die Enge. »Sie haben so viele von unseren Soldaten totgeschossen auf dem Grebbeberg, dass fast nur noch mein Onkel am Leben ist.«

Louise verteidigt sich. »Ich mag ihr Stampfen und Plärren auch nicht, und auch nicht ihre verdammten bellenden Hunde.« Mit einem herausfordernden Blick auf Kees sagt sie abschließend: »Hören kann ich sie aber doch.«

»Du darfst in Zukunft nicht mehr denken, dass alle Niederländer gute Absichten haben«, warnt Ronny sie etwas später. »Wir müssen jetzt manchmal lügen, das finden die Erwachsenen auf einmal gut. Vor allem vor einem kleinen Kellner müssen wir aufpassen und vor dem Koch. Klar, denn er quält lebende Tiere, indem er sie in kochendes Wasser wirft, bis sie tot sind.«

»Mund halten«, zischt Louise, die schon eine Klasse höher ist. »Klaas und Piet hören mit, die haben das gleich auf ihrem Tomtom. Ihr Vater ist in der NSB, und die ist für Hitler. Sie setzen jeden auf den Tomtom.«

Was ein Tomtom ist, fragen die beiden anderen nicht. Sie sind daran gewöhnt, dass Louise sich Wörter ausdenkt. Auch ohne genau zu wissen, was ein Tomtom ist, kapieren Kees und Ronny, dass man sich davor hüten muss. Plötzlich stößt Klaas Ronny an.

»Mit den Deutschen an der Macht kriegt man eine bessere neue Ordnung.«

»Ach ja?«, sagt Ronny. »Was wird dann besser?«

»Einfach alles, das sagt mein Vater auch«, sagt Klaas, und schon ist er verschwunden.

»Zu Hause haben sie gesagt, dass ich mich in Zukunft auch vor Harry hüten muss«, flüstert Kees. »Sein Vater ist auch bei der NSB. Aber mit wem soll ich dann befreundet sein?«

Ronny weiß es auch nicht. »Diese NSB-Väter von dem blöden Piet und dem blöden Klaas sind nicht so schlecht, sie sind vor allem dumm, sagt meine Mutter. Aber Harrys Vater schlägt, das habe ich selbst gesehen. Dann ist es besonders gemein für Harry, wenn er wegen seinem blöden Vater nicht mehr mit dir gehen darf. Harry ist doch so nett.«
Kees hört nicht hin. Mit offenem Mund starrt er Saartjes Lieblingstante an. Sie heißt Ruth und sieht aus wie ein Filmstar auf hohen Absätzen. Tante Ruth fährt sogar Auto, in einer Wolke von Parfüm. Die SS-Soldaten pfeifen ihr nach.
»Pfui Teufel«, sagt Ronny erschrocken. »Sie sind nicht nur Kinderverführer, sie locken auch Frauen.«

Dem Anschein nach geht das Leben ganz normal weiter. Frühmorgens fahren die Gemüsebauern singend in ihren Booten voller Blumenkohl und Gurken vorbei. Aber es gibt jetzt weniger zu kaufen und alles ist teuer.
»Das meiste und Beste geht an die Deutschen«, sagt Oma.
Es geschehen auch viele seltsame Dinge. So fällt es Ronny auf, dass es bei ihnen im Hotel *Atlantic* anders zugeht als früher. Verborgen hinter dem Büffet beobachtet Ronny heimlich den Gastraum. Da gibt es etwas, was er nicht wissen darf. Etwas Geheimnisvolles.
»Sie sind gar nicht so schlecht, die Deutschen«, sagen die Gäste am Tischchen nebenan. »Hier ist keine Synagoge verbrannt worden, und es werden auch keine Juden misshandelt, so wie in anderen Ländern, die von den Moffen besetzt wurden. Und unsere Soldaten durften wieder nach Hause. Anderswo wurden sie Kriegsgefangene. Vielleicht ist die neue deutsche Ordnung gar nicht so schlimm.«

Ronnys Vater schüttelt den Kopf. »Das ist die Stille vor dem Sturm. Do und ich haben die schreckliche Kristallnacht in Deutschland erlebt. Was sie den Juden damals angetan haben, ist unbeschreiblich.«
Sofort kommt Ronny hinter dem Büffet heraus. »Was ist die Kristallnacht, Papa?«
»Oh, nichts für Kinder.« Und zu seinen Gästen sagt er: »Mir ist es bang ums Herz, nun, da unsere Regierung und die Königin weggelaufen sind. Ohne Führung machen sie es den Deutschen sehr leicht, sich die Niederlande einzuverleiben, sodass wir auch Deutsche werden. In allen anderen besetzten Ländern wurde ein deutscher Armeeangehöriger der Chef. Bei uns nicht. Warum haben wir Seyß-Inquart bekommen? Ausgerechnet diesen fanatischen österreichischen Nazi? Nirgends wohnen so viele Juden wie hier in Amsterdam. Verlasst euch drauf, dass sich die Nazis für die Niederlande eine besondere Behandlung ausgedacht haben.«
»Seyß verhält sich aber vorbildlich«, sagt jemand.
Ronnys Vater schüttelt den Kopf. »Er verstellt sich. Die Stille vor dem Sturm.«
Eine Gruppe Männer kommt herein. Ronny kennt nur einen von ihnen, Flip Heil. Nun geschieht es wieder, das Geheimnisvolle. Alle Gäste schauen Ronnys Vater an, der – fast unmerklich – kurz nickt. Oder bildet Ronny sich das nur ein? An allen Tischen geht die Unterhaltung weiter.
Etwas später sieht Ronny, dass sein Vater Flip nachdrücklich anschaut und dann zum Flur läuft. Flip folgt ihm nach einer Weile. Ronny verbirgt sich in einer dunklen Ecke. Er hört sie vor der Herrentoilette reden.
»Fein, Jacob«, flüstert Flip Heil. »Ich kann diese Scheißdinger nie bezahlen.«

»Los, geh schnell rein!«, zischt Ronnys Vater. Kurz darauf beobachtet Ronny sie wieder von seinem Versteck hinter dem Büffet aus. Hat Flip jetzt unter dem Tisch etwas weitergegeben? Es ist rasend schnell gegangen.
Neue Gäste kommen herein; wieder schaut jeder Ronnys Vater an. Jacob Sweering streicht sich mit dem Finger unter der Nase vorbei, als gebe er ein Zeichen. Plötzlich fangen alle laut zu reden an. Flip und seine Kameraden machen sich an ein Billardspiel. Sobald die neuen Gäste wieder gegangen sind, stecken die anderen die Köpfe zusammen.
Wie eine Verschwörung, denkt Ronny. Flip hat dauernd eine Hand in der Hosentasche. Was hat Papa ihm gegeben? Ich muss rauskriegen, was sie im Schilde führen! Neben ihm geht das Gespräch weiter.
»Vielleicht sind wir als Teil Deutschlands besser dran, schließlich sind wir auch Germanen.«
Ronnys Mutter erkundigt sich höflich, ob dieser Gast vielleicht nicht ganz richtig im Kopf ist. »Wieso besser dran? Hitler hat alle Frauen aus dem deutschen Parlament geworfen. Sie müssen jetzt ihren Männern gehorchen, Kinder gebären und den Mund halten. Sie dürfen nicht mal weinen, wenn ihr Sohn totgeschossen wird. Ein toter Sohn ist das schönste Opfer für Hitler und Deutschland.« Sie mustert den Gast von Kopf bis Fuß. »Warum sollte Hitler mich besser behandeln als eine deutsche Frau? Behinderte lässt er ermorden. Christen, Zigeuner, Homosexuelle und alle, die anders denken, werden eingesperrt. Hier sind schon zwei jüdische Gewerkschaftsführer eingesperrt worden. Die Nazis propagieren Hass. Sie haben einen unstillbaren Hunger … nach Macht.«
Ronny fängt an zu frieren.

Es wird ein schöner, warmer Sommer. Aber über ihren Köpfen dröhnen Hitlers Bomberflugzeuge auf dem Weg nach England, das seinen Luftraum mit allen Kräften verteidigt. Ganz allein. Würde England gegen das übermächtige Deutschland standhalten können?

Am ersten August müssen sich alle deutschen Juden melden. In Ronnys Schule sind viele Kinder, deren Eltern aus Deutschland geflohen sind und sich eine neue Existenz aufgebaut haben. Würde ihnen nun alles wieder weggenommen? »Jetzt dauert es nicht mehr lange und Seyß-Inquart zeigt sein wahres Nazi-Gesicht«, sagt Ronnys Vater.

Die Familie Sweering fährt in die Ferien, nach Brabant. Ihr ozeangrüner Peugeot ist zu klein. Im Zug fahren sie langsam durch Wiesen und Weiden, während der Lokführer den Zug immer wieder pfeifen lässt.

»Schau, da ist der Turm von Zaltbommel!«

Die großen Flüsse, die die Niederlande teilen, glitzern in der Sonne. In Oisterwijk bringt ein Fuhrwerk sie zu ihrer Pension. Ronny darf bei dem Kutscher auf dem Bock sitzen und die Zügel festhalten.

Zusammen mit all ihren Onkeln und Tanten machen sie oft Picknick im Wald.

»Psst, höre ich das eiserne Fohlen trappeln?«, flüstert Opa und erzählt eine Sage aus der Zeit der Geusen und Wilhelms von Oranien.

In der letzten Ferienwoche sitzen die Erwachsenen immer um das Radio. Nach viel Pfeifen und Rauschen hört man: »Hier ist Radio Oranje, die Stimme der kämpfenden Niederlande.« Sie lauschen heimlich, denn man kann dafür ins Gefängnis kommen.

»Wir haben jetzt Zensur, man darf nur die Programme hören, die von den Nazis beherrscht werden«, erklärt Ronnys Mutter. »Der Sender Oranje wird in London gemacht.«

»Nun, da die ANP in den Nachrichten Hitler immer nur nachplappert, sagen wir nicht mehr ANP, sondern Adolfs neuester Papagei«, sagt Ronnys Vater lachend.

»Psst, Königin Wilhelmina«, mahnt eine Tante.

Ronny ist erstaunt. Was für eine gekünstelte Stimme. »Landsleute, in diesen dunklen Tagen ...«

Oma sieht missmutig aus, aber am Ende der Rede ist sie etwas milder. »Vielleicht kann Wilhelmina in London wirklich mehr für uns tun als hier.«

Am letzten Ferientag gräbt Ronny mit Opa winzige Veilchen aus, er will sie in seinem kleinen Garten hinter dem Hotel einsetzen. Er ist bedrückt. »Vielleicht dauert dieser Krieg noch länger als achtzig Jahre. Die Geusen sind doch schon seit Jahrhunderten tot und die Oranier sind abgehauen. Wer soll dann gegen die Moffen kämpfen?«

Opa lacht geheimnisvoll. »Alles geht heutzutage schneller, also auch der Krieg. Und die Geusen sind vielleicht näher, als du denkst. Geusen gibt es immer. Wenn Menschen ihre Freiheit verlieren, gibt es immer einige, die tapfer genug sind, um Widerstand zu leisten. Heute nennt man eine Gruppe Geusen eine Widerstandsgruppe oder Untergrundleute.«

»Und wie nah sind die Geusen?«

Großvater tut so geheimnisvoll, dass Ronny neugierig wird. Er meint bestimmt die Verschwörung in unserem Hotel, denkt er. Wart's nur ab, ich komme schon noch dahinter, was die Erwachsenen hinter meinem Rücken aushecken.

2. Der Überfall

»Schau dir Katrien an, sie rennt jetzt auch in so einer blöden Uniform von der NSB rum. Wir müssen uns vor ihr hüten.« Kees deutet auf ein Mädchen aus der Fünften, in einem dunkelblauen Rock mit einer hellblauen Bluse. Sie hat eine Art Soldatenmütze auf dem Kopf, in Schwarz und Orange. Die gehört zu einer Uniform vom Jugendsturm, einer Jugendgruppe, in der viele Kinder von NSBlern sind.

»Sie sagen ›Heil‹ statt guten Tag«, kichert Ronny. »Und in Deutschland heben sie einen Arm hoch und brüllen ›Heil Hitler‹. Die Moffen dürfen von Hitler aus nicht Jazz hören und swingen, sie dürfen nur im Schritt marschieren. Hitler mischt sich überall ein.«

»Nicht so laut«, zischt Louise. »Gleich setzt Katrien uns auf den Tomtom. Warum geht die kalte Blaue nicht auf die Lojedajes-Schule?«

»Loje-was?«, fragt Nicole, ein Mädchen mit deutschem Akzent, das in Katriens Klasse geht.

»Die Lojedajes-Schule in der Nieuwe Looiersstraat«, erklärt Louise. »Wenn du über die Brücke der Reguliersgracht gehst, wimmelt es von diesen Mützen. Die NSB hat dort eine Schule beschlagnahmt.«

»Meinst du die zentrale Schule für den Jugendsturm?«

»Ja, aber wir nennen sie Lojedajes«, sagt Louise. »Loje, weil die Schule in der Looiersstraat ist. Und ein Dajes ist eine Murmel, die nichts taugt. So eine kleine, farblose Kugel aus einem Kugellager, du weißt schon.«

»Ja, die sind nicht mal aus Kristall«, sagt Nicole.
»Kristall ist deutsch, du musst Glas sagen«, verbessert Louise sie hilfsbereit.
Ronny schaut hoch. »Kristallnacht heißt also Glasnacht. Weißt du, was damals passiert ist?«
Aber bevor Nicole antworten kann, läutet es. In ihrer Klasse unterhält sich Fräulein Rood noch mit Fräulein Esther, der Hottentottin. Klaas holt ein Stück Papier heraus, eine Karikatur aus der NSB-Zeitung *Volk und Vaterland*.
»Schaut mal«, ruft er. Die Kinder drängen sich um die Zeichnung eines Mannes, der auf seiner dicken, krummen Nase einen fetten Pickel hat und mit einem teuflischen Lachen seine Vampirzähne bloß legt.
Klaas deutet darauf. »Seht ihr diese unheimlichen spitzen Judenzähne?«
»Eklig.«
»Solche Vampirzähne schlagen Juden in den Hals von deutschen Soldaten und saugen ihnen das Blut heraus«, behauptet Piet.
»Geschieht ihnen recht«, flüstert jemand. Es wird totenstill, niemand wagt es, einen anderen anzuschauen. Plötzlich erklingt die Stimme der Lehrerin.
»Kommt, wir fangen an. Klaas, was hast du da?«
»So sehen Juden aus, Fräulein Rood.«
»Findest du? Steck das weg.« Sie dreht sich zu Fräulein Esther um. »Weißt du eigentlich, ob wir an unserer Schule eine jüdische Lehrerin oder einen jüdischen Lehrer haben? Ich habe nie darüber nachgedacht, weil ich es nicht wichtig fand.«
»Ich bin Jüdin«, sagt Fräulein Esther.
In der Klasse wird es still, niemand hat es gewusst. Vor dem

Krieg ist nie darüber gesprochen worden, ob jemand jüdisch war oder nicht. Fräulein Esther war einfach ihre Lieblingslehrerin aus dem Kindergarten. Plötzlich betrachten die Kinder sie mit neuen Augen.
»Seid brav und passt gut auf«, sagt Fräulein Esther und lacht, dass man ihre Zähne sieht. Dann verlässt sie das Klassenzimmer.
Ronny dreht sich zu Klaas um. »Ganz normale Zähne, hast du's gesehen? Alles, was du sagst, bist du selber.«
Klaas bekommt einen roten Kopf.
In der Klasse wird es still. Die Kinder sitzen an Tischen, die aneinandergeschoben sind. In diesem Teil der Wilhelmina-Catherina-Schule machen sie nämlich Montessori-Unterricht in Gruppen. Jedes Kind erledigt eigene Aufgaben. An diesem Tag ist das Wetter so schön, dass alle Gruppen im Blumengarten hinter der Schule arbeiten dürfen. Ronny sorgt dafür, dass er schnell mit seinen Aufgaben fertig ist, dann darf er an den Maltisch. Nicole aus der Fünften sitzt da schon. Ronny nimmt einen roten Malstift. Er zeichnet Erdmännchen. Sie wohnen in seinem Gärtchen hinter dem Hotel *Atlantic* und haben rote Zipfelmützen auf.
»Hattest du in Deutschland eine nette Lehrerin?«, fragt er nach einer Weile.
Nicole schüttelt sich. »Nein, ein Miststück. Sie war die Leiterin der Hitlerjugend, dem deutschen Jugendsturm. Wie nannte Louise ihn noch mal?«
»Lojedajes«, sagt Ronny.
»Meine Lehrerin hat an die Tafel geschrieben: ›Die Juden sind unsere schlimmsten Feinde. Hütet euch vor ihnen.‹ Dann hat sie mit Kreide einen Strich zum Tafelrand gezogen, und dort musste ich dann die ganze Zeit stehen.«

»Gemein!« Ronny versteht es nicht. Er versucht, Nicole zu trösten. »Zum Glück bist du jetzt ein ganz normales WC-Kind.«
Das große Mädchen nickt und malt eine Sonne mit vielen Strahlen.
»Nicole«, fragt Ronny plötzlich, »was ist diese schreckliche Kristallnacht?«
»Wir sind vorher von einem guten Deutschen gewarnt worden, die gibt es nämlich auch. ›Passt auf‹, hat er gesagt, ›morgen Nacht werden die Nazis die Juden zerschmettern.‹ Mein Vater hat sich die ganze Nacht auf dem Friedhof versteckt.«
Ronny schaut sie mit großen Augen an. »Auf einem Friedhof? Puh!«
»Meine Mutter und ich haben bei einer Tante geschlafen«, erzählt Nicole weiter. »Die ganze Nacht haben wir brüllende Männerstimmen und das Stampfen von Stiefeln gehört. Sie haben Türen eingetreten und Leute auf ihre Lastwagen gezerrt. Wir haben gehört, wie sie Schaufensterscheiben eingeschlagen haben. Am nächsten Morgen waren auf den Geschäften von Juden überall Hakenkreuze und Parolen: Weg mit den Juden. Die Straßen waren übersät mit Glas. Darum nannten die Nazis es die Kristallnacht, wir sagen Pogromnacht. In unserer Wohnung war alles kaputt, sogar meine Spielsachen. Viele tausend Menschen sind in Konzentrationslager gesperrt worden. Wer fliehen wollte, musste alles zurücklassen.«
»Hat sich denn überhaupt niemand gewehrt?«
»Die Menschen haben eine Todesangst vor dem Naziterror. Jeder, der sich getraut hat, etwas dagegen zu sagen, ist schon ermordet oder eingesperrt worden. Sehr viele Deut-

sche glauben, dass die Juden sich mit den Kommunisten verschworen haben, um Deutschland alles wegzunehmen. Aber es sind die Nazis, die uns alles wegnehmen. Es gibt Armut, und die Nazis machen allen weis, dass wir die Teufel sind, denen man alles stehlen darf. Nach der Pogromnacht mussten wir, die Opfer, den Tätern eine enorme Summe Schadenersatz bezahlen.«
Ronny kann es kaum fassen. Was Nicole erzählt, hört sich schrecklich gemein und ungerecht an.
Es läutet. Nicole und Ronny rennen durch den Hinterausgang zur Falckstraat, auf der Rückseite ihrer Schule. Im Park, gegenüber einem NSB-Büro, befindet sich ein Luftschutzkeller, dessen Dach mit Erde und Gras bedeckt ist. An der Tür hängt eines der Plakate, die man überall in den Straßen sehen kann. Darauf steht, dass Deutschland unbesiegbar ist und dass England verlieren wird. Oder dass Juden Teufel sind und geldgierig. Zum ersten Mal versucht Ronny zu begreifen, was darauf steht.
Niederländische und deutsche Germanen gehören zu den ›Herrenmenschen‹. Ronny betrachtet das Bild von kräftigen Menschen mit blonden Haaren, blauen Augen und hohen Stirnen. Jüdische ›Untermenschen‹ sind gedrungen dargestellt, dunkel, mit großen Nasen. Sie lachen genauso falsch wie auf der Karikatur, die Klaas ihnen gezeigt hat. Normalerweise lachen die WC-Schulkinder immer über diesen Unsinn. Doch nach Nicoles Geschichte wird Ronny wütend.
»Was sind die Moffen doch für Lügner. Du und Hanny und Fräulein Esther, ihr seht überhaupt nicht so gemein aus.«
Er betrachtet ein Foto Hitlers und seines Propagandaministers Goebbels.

»Kapierst du, warum die Moffen auf diesen Unsinn reinfallen? Hitler und Goebbels sehen doch selbst aus wie diese so genannten Untermenschen. Ist das ganze deutsche Volk etwa blind oder was?«
Bevor Nicole antworten kann, heulen Sirenen los, es ist Luftalarm. Voller Panik rennen sie in den Luftschutzkeller.
»Pfui, hier stinkt es nach Pisse«, sagt Ronny angeekelt. Auf die langen Bänke setzen sich nun auch einige Passanten. Jemand macht Licht mit einer Lampe, die dadurch brennt, dass man einen Hebel auf einem Dynamo bewegt. Ronnys Eltern haben auch so eine Lampe. Denn heutzutage sind nachts alle Fenster mit Papier verdunkelt, damit Piloten nicht sehen, wenn sie über eine Stadt fliegen. Im dunklen Amsterdam fallen daher immer mehr Leute in Grachten.
Die Sirenen verstummen. Gespannt warten alle auf das eintönige Gebrumm von Bomberflugzeugen. Plötzlich fängt der Luftschutzkeller an zu beben und es gibt einen Krach, als würde die Welt untergehen. Der Junge neben Ronny pinkelt in die Hose. Ronny schiebt sich näher zu Nicole und nimmt ihre eiskalte Hand in seine. Zusammen warten sie, bis es aufhört. Als es nach einer Weile still ist, heulen die Sirenen wieder. Sofort stößt jemand die Tür auf.
»Wir haben Glück gehabt«, sagt ein Mann. »Unser Dach ist mit Granatsplittern übersät, der Luftkampf war direkt über uns.«
Ronny verabschiedet sich von Nicole und rennt nach Hause. Er will den Erdmännchen in seinem Gärtchen erklären, was eine Kristallnacht ist. Erdmännchen können die Kinder, bei denen sie wohnen, sehen und hören. Aber umgekehrt bekommen die Kinder sie nie zu sehen.

»Jacob! Pass auf, ein Grüner«, zischt Ronnys Mutter. Ein Mann in der fahlgrünen Uniform der deutschen Geheimpolizei kommt herein, der grünen Polizei. Der Mann nimmt einen Stuhl. Der Kellner, dem man nicht trauen kann, läuft begeistert auf ihn zu. Ronny schlendert hinüber, um sie zu belauschen.
»Dieses Hotel gehört doch den Brüdern Jacob und Jan Sweering?«, fragt der Deutsche. »Und Jan ist der Weltmeister im Billard?«
Der Kellner nickt. »Vor dem Krieg haben berühmte Billardspieler aus ganz Europa hier ihre Wettkämpfe ausgefochten. Unser Direktor, Herr Jacob, ist der bekannte internationale Schiedsrichter.«
»Ich möchte den beiden Brüdern gern die Grüße des deutschen Billardmeisters überbringen«, sagt der Offizier und bestellt ein Mittagessen.
Feierlich richtet der Kellner den Wunsch aus und flüstert aufgeregt: »Herr Jacob, ich glaube, dieser deutsche Gast ist ein SS-Major.«
Ronnys Vater scheint von dem hohen Rang nicht sehr beeindruckt zu sein.
»Hol meinen Bruder runter, ich habe jetzt leider zu viel zu tun.«
Als Ronny wieder zur Schule muss, sitzt Onkel Jan fröhlich plaudernd mit dem Deutschen zusammen. Ronny würdigt sie keines Blickes.
»Onkel Jan redet mit einem deutschen Offizier und wir durften nicht auf die Panzerwagen«, sagt er empört.
»Typisch Erwachsene, Erwachsene sind falsche Fuffziger«, sagt Louise. Sie betont ihr neuestes Wort mit einem heftigen Schlag gegen ihren Kreisel.

Nach der Schule klingelt Ronny an dem stattlichen Haus von Hanny Levy, seiner Nachbarin, die Medizin studiert. Er ist beunruhigt und macht sich Sorgen.
»Ihr geht nie in die Synagoge, Hanny«, sagt er. »Dann seid ihr doch keine Juden, oder?«
»Unsere Familie wohnt schon seit Jahrhunderten hier und wir haben vor allem nichtjüdische Freunde«, sagt sie. »Aber ich habe vier jüdische Großeltern. Hast du dir meine lange Nase schon mal genau angeschaut?« Lachend dreht Hanny den Kopf zur Seite.
»Und meine?«, fragt Ronny.
Hanny betrachtet ihn prüfend. »Hmm, deine sieht eher aus wie die von einem englischen Gutsbesitzer. Leider abgelehnt.«
Ronny ist erleichtert. »Unsere Nasen taugen beide nichts, also gehören wir zusammen.« Er schüttet sein Herz aus: »Es ist ungerecht, die NSB-Kinder dürfen alles sagen, was sie wollen, auch wenn es gelogen ist. Wir aber müssen dauernd aufpassen, wegen dem Tomtom.«
Hanny versteht das Problem. »Das ist wirklich unangenehm für euch.«
Ronny nickt, zufrieden über ihr Verständnis. »In Deutschland hat es eine Kristallnacht gegeben, kann das hier auch passieren?«
»Wir wollen einfach den Mut nicht verlieren«, sagt Hanny tapfer. »Soll ich dir etwas vom schönsten Feuer meines Lebens erzählen?«
Sofort hängt Ronny an ihren Lippen.
»Ich war damals so alt wie du«, fängt Hanny an. »In einer Winternacht 1929 wurde ich wach. Unser Kinderzimmer war orangefarben erleuchtet. Ich schob den Vorhang zur

Seite und sah ein Flammenmeer über den Häusern auf der anderen Seite. Dahinter stand vorher der berühmte Industriepalast. Jetzt gibt es dort nur noch die Einkaufspassage, wo ihr immer Rollschuh lauft oder irgendetwas spielt. An dem Schmiedeeisen in der Passage könnt ihr noch sehen, wie prachtvoll der Industriepalast war. Ein riesiges Kuppeldach ragte über die Häuser hinaus. Und in diesem Dach wütete ein Flammenmeer. Das Feuer war so groß und so grell, dass die Feuerwehr überall geläutet hat. ›Alle raus, der Brand könnte übergreifen.‹ Es war eiskalt. Mit dem Wintermantel über dem Nachthemd rannte ich mit meinem Bruder und meiner Schwester hinaus auf den Platz. Dort hatte sich eine große Menschenmenge vor dem Feuer versammelt. Einige Frauen hatten Lockenwickler in den Haaren, andere einen Pyjama unter einem Pelzmantel. Ich stand ganz vorn, neben einem Ehepaar, das einen großen, goldenen Käfig mit einem Papagei hielt. Der Papagei fluchte ständig: ›Gottverdammt, gottverdammt.‹
Und auf einmal hat die Frau auch gerufen: ›Gottverdammt, Jan, wir haben das Baby vergessen.‹ Ich war fassungslos. An den Papagei hatten sie gedacht. Was hat sie geschrien! Das Baby konnte zum Glück gerettet werden. Inzwischen wurde es immer voller. Leute in Abendkleidung strömten aus den Theatern und Tanzsälen. Der Industriepalast war der Stolz Amsterdams. Alle schauten hinauf zu dem riesigen Engel auf dem Kuppeldach. Plötzlich bekamen die Flammen um den Engel herum alle Farben eines Regenbogens.
›Ooooh‹, rief die Menschenmenge.«
Ronny lauscht mit offenem Mund. Angenommen, sein eigener Engel, Fräulein Esther, würde in einem Regenbogen aus Flammen stehen. Er würde sie retten!

»Ein Mann schlug ein Kreuz«, fährt Hanny fort. »›Ein Wunder‹, murmelte er. ›Jesus, Maria, Gnade.‹ Ein anderer sagte: ›Ein schlechtes Omen.‹ Der Engel schwankte. Noch einmal formten die Flammen einen Regenbogen um die Flügel, und dann … stürzte der Engel unter lautem Geschrei und lautem Schluchzen zu Boden. Rate mal, woher dieser Regenbogen um den Engel kam?«
Ronny weiß es nicht.
»Ganz in der Nähe, auf dem Dachboden, standen Farbtöpfe, die Feuer fingen, von wegen Wunder«, sagt Hanny mit einem Blick auf ihre Uhr. »Ist es schon sechs? Lauf schnell nach Hause, Ronny, sonst kommst du zu spät zum Essen.«

Es wird Herbst, die Blätter färben sich gelb und blutrot oder braun. An vielen Gebäuden hängen nun rote Fahnen mit dem verhassten Hakenkreuz der deutschen Faschisten im weißen Kreis. Die rot-weiß-blaue niederländische Fahne ist streng verboten. Auch die Farbe Orange. Und sogar Fotos der königlichen Familie.
Was Ronnys Vater vorausgesagt hat, wird wahr: Die deutschen Besatzer zeigen jetzt ihr wahres Gesicht. Alle Juden, die beim Staat angestellt sind, werden entlassen, also auch die Polizisten und die Lehrkräfte.
Ronnys Engel geht mit einer schweren Tasche durch den Schulflur. »Die Hottentottin muss weg«, flüstert Kees.
Ronny tut, als müsse er zum Klo, aber er rennt Fräulein Esther nach und klammert sich an sie. »Nicht weggehen, Hottentottchen«, fleht er.
Sie lacht. »Aha, das ist also mein Spitzname, Hottentottchen. Da hast du dich gerade noch verplappert.«

Ronny schaut sie treuherzig an. »Mein Lieblingsname für Sie ist Engel.« Zu seiner Bestürzung fängt Fräulein Esther jetzt an zu heulen. »Niemand will, dass Sie weggehen, bleiben Sie bei uns, bitte«, stammelt er.

Sie nimmt ihn in den Arm, gibt ihm einen Kuss auf die Stirn und streichelt noch einmal über seinen Kopf. »Es muss sein, Schatz.« Vorsichtig macht sie sich von ihm frei. »Wirst du brav sein und dich bei Fräulein Rood anstrengen, ja? Sie ist sehr lieb.« Dann nimmt sie wieder ihre Tasche und läuft auf das Ende des Flurs zu. Dort dreht sie sich noch einmal um und wirft Ronny eine Kusshand zu. Eine Weile hört er noch die Schritte seines Engels auf der Treppe.

Peng, die Haustür geht für immer hinter ihr zu. Minutenlang bleibt er unbeweglich im Flur stehen, während der Knall der Tür in seinem Kopf nachhallt ...

Plötzlich gehen überall Türen auf, es ist Pause. Lärmend drängen einige Kinder hinaus, aber die meisten bleiben stehen und unterhalten sich ebenso bedrückt wie ihre Lehrer.

»Woher wissen diese verdammten Moffen, dass Hottentottin eine Jüdin ist?«, fragt Kees. »Wir wissen es doch selber erst jetzt.«

»Die meisten Beamten haben ein Papier unterzeichnet, dass sie nichtjüdisch sind«, erklärt Louise. »Wer nicht unterschrieben hat, ist also jüdisch. Und meine Schwester sagt, dass sie außerdem im Rathaus auch von jedem Einzelnen wissen, ob er katholisch oder evangelisch oder sonst was ist.«

Grüne Geländewagen fahren vorbei, und deutsche Soldaten, mit Gewehr, auf Motorrädern.

»Wär ich doch bloß ein Zauberer«, sagt Ronny laut. »Dann würde ich einen Verschwindezauber machen und sie in ein ekliges, weit entferntes Land zaubern.«
»Ach, ja«, sagt Louise begeistert. »Ins Land des luderigen Lurbek.«

Wegen des Vorfalls in der Schule denkt Ronny erst wieder an die geheime Verschwörung in ihrem Hotel, als Flip Heil mit zwei Freunden hereinkommt. Ronny belauscht Leute an einem Tisch, die sich gerade über das arme Judenviertel von früher unterhalten.
»Man hat beim Metzger in der Jodenbreestraße für einen Gulden alles für eine komplette Mahlzeit bekommen. Knochen, Gehacktes und ein Stück Fleisch. Wer nichts hatte, hat einen Topf mit Wasser aufgesetzt, damit es so aussah als ob.«
Inzwischen späht Ronny hinaus in den Flur. Flip und sein Vater flüstern schon wieder zusammen. Jetzt sieht Ronny deutlich, dass sein Vater Flip ein Päckchen gibt. Später reicht Flip es unter dem Tisch an einen seiner Kameraden weiter. Und der steckt es wiederum in eine Tasche.
Ronny spielt Detektiv. Dick Bos, der untadelige Held aus einer Comicgeschichte. Immer trifft Dickie, wie sich der Mann mit dem starken Unterkiefer selbst nennt, auf irgendwelche Verbrechen. Ronny hat sich von seinem Taschengeld ein Heftchen gekauft, *Der Fall Klein*. Genau wie Dick Bos verfolgt Ronny, was die anderen tun. Er ist fest entschlossen, das Geheimnis ihres Hotels zu enträtseln. Als er eines Tages mit Hetty aus dem Hutladen in der Einkaufspassage Murmeln spielt, erzählt sie etwas, worüber sich Dick Bos bestimmt das Seine denken würde.

»Ich habe ein lebensgefährliches Geheimnis«, beginnt Hetty. Zum Glück kann sie ihr Geheimnis nicht für sich behalten. »Diese Woche haben Männer versucht, den SD in die Luft zu sprengen. Du weißt bestimmt nicht, was der SD ist.«

»Klar weiß ich das«, sagt Ronny. »SD bedeutet Sicherheitsdienst, das ist die Geheimpolizei. Es gibt SDler in Zivil, die man nicht erkennt, und welche in Uniform. An der Sarphatikade haben sie Häuser beschlagnahmt, auch gegenüber dem Amstelhotel.«

»Genau. Und in den Häusern sitzen dann die ganz hohen Offiziere. Alles ist extra gesichert, mit Sandsäcken und Schildwachen«, flüstert Hetty verschwörerisch.

»Woher weißt du, dass sie den SD in die Luft sprengen wollten?«

»Abgelauscht, aber ich sag dir nicht, von wem. Einer wollte eine Bombe hineinwerfen. Und sie hatten neue Pistolen.« Hetty macht ein geheimnisvolles Gesicht. »Es waren Gäste von euch, du kennst sie.«

»Über so etwas darf man nicht sprechen«, unterbricht Ronny nervös das Mädchen, das gegenüber dem Hotel wohnt. »Es ist lebensgefährlich.«

Hetty ist tief beleidigt. »Ich habe doch nicht gesagt, wer, und du wolltest es doch schließlich wissen.«

»Los, wer die meisten Fledermäuse zählt«, ruft Ronny, um sie abzulenken. In der Einkaufspassage, vor allem in der Kuppel, hängen immer ganze Kolonien von Fledermäusen, mit dem Kopf nach unten an den Vorsprüngen, und schlafen. Die Kinder legen sich auf den Rücken, um Fledermäuse zu zählen, als Opa und Oma vorbeikommen. Ronny springt auf und geht mit ihnen.

»Moffen sind die schlechtesten Menschen von der Welt, wir müssen sie in die Luft sprengen«, sagt er nebenbei, als sie die Straße überqueren.
Opa schüttelt den Kopf. »Überall gibt es gute und schlechte Menschen. Sind alle Juden gut, nur weil die Nazis gemein zu ihnen sind? Und hunderttausend Niederländer sind Mitglieder bei der NSB geworden. Sind deshalb alle Niederländer schlecht? Dein Freund Max ist Deutscher, willst du den auch in die Luft sprengen?«
Ronny schweigt verwirrt. Max hat bald Geburtstag! »Ich darf morgen mit ins Kinderkino Flora.«

Aber sie gehen nicht ins Kinderkino. Der Vater von Max hat diesmal einen Projektor ausgeliehen. »Wir werden zu Hause einen Film zeigen, einen mit Dick und Doof.«
»Hurra, wir bleiben zu Hause«, jubelt Ronny. Er liebt Häuser, in die nicht ständig Gäste hereinkommen.
»Ruhig, Ronny«, sagt seine Mutter, die ihn hergebracht hat. »Es ist nicht nur schön. Bestimmt dürfen ein paar Kinder nicht mehr ins Kino.« Er kapiert sofort, dass sie die jüdischen Kinder meint. Warum gehorchen die Erwachsenen diesem Unsinn eigentlich? Erst lassen sie zu, dass sein Engel weggeschickt wird, und jetzt dürfen seine Freunde nicht mehr ins Kino. Warum bloß?
An diesem Abend essen sie ausnahmsweise unten, in ihrem Restaurant. Ronny hebt sich das leckerste Stück seines Wiener Rostbratens für zuletzt auf. Als seine Schwester versucht, es ihm zu klauen, schlägt er ihr auf die Hand. Sie fängt an zu brüllen.
»Psst, Tisch drei schaut herüber«, warnt ihre Mutter und lächelt höflich ein paar Gästen zu.

»Mama, du bist wirklich ein richtiger falscher Fuffziger«, sagt Ronny. Aber seine Eltern unterhalten sich mit ihrem Freund Isaak.
»Ich esse hier noch eine schöne Mahlzeit«, kündigt Isaak an, »danach treffe ich meine Maßnahmen.« Als er sieht, dass Ronny zuhört, sagt er: »Eure jüdischen Gäste ziehen für meinen Geschmack viel zu viel Aufmerksamkeit der Deutschen auf sich.«
Wie es der Teufel will, kommt ausgerechnet in diesem Moment der deutsche SD-Offizier wieder herein. Isaak verschwindet sofort. Aber während dieser Woche kommen Isaak und seine Frau noch ein paar Mal und genießen Lachs aus dem Rhein. Am dritten Abend umarmen Ronnys Eltern ihren Freund gerührt. Sie übertreiben wirklich, diese Erwachsenen, denkt Ronny. Sie wohnen nur einen Katzensprung weit entfernt. Ich küsse Kees und Louise doch auch nicht jedes Mal nach der Schule.
Doch von da an sieht Ronny nur noch die Frau des Rechtsanwalts.
»Warum kommt Isaak nicht mehr her?«
»Keine Ahnung, mein Schatz«, antwortet Ronnys Mutter in diesem neuen Ton, von dem er weiß, dass es sinnlos ist, weiterzufragen. Empört sagt die Mutter zu einer Freundin: »Die WA verlangt jetzt, dass Gastwirtschaften ein Schild aufhängen, auf dem FÜR JUDEN VERBOTEN steht. Es soll nur so ein missglückter Reiter ohne Pferd in seiner Reiterhose hier mit so einem Schild auftauchen, da wird ihn Jacob bestimmt hochkant rauswerfen. Sonst tu ich es. Ronny, hast du deine Mäuse schon gefüttert?«
O ja, das darf ich natürlich wieder nicht hören, denkt Ronny beleidigt. Dabei weiß ich, was WA bedeutet. Wehr-

abteilung, der Schlägertrupp der NSB. Unten im Restaurant reden sie auch dauernd über die WA.

»Überall provozieren sie jetzt Streit mit Juden«, erzählt Ies Vogel, Jacobs Freund. »In der Boxschule Maccabi bilden wir jetzt auch Schlägertrupps, um unsere Leute gegen den Terror zu beschützen. Im Eissalon Koco haben wir es der WA gezeigt.«

Ronny schlendert hinaus, als Hannys Mutter gerade aus der Tür kommt. Sie geht zum Albert-Cuijp-Markt, in Pantoffeln und in einer schicken Pelzjacke, und in ihrem Mundwinkel hängt eine Zigarette. Bestimmt ist sie nicht wirklich jüdisch, denkt er hoffnungsvoll. Da kommt auch Hanny, auf dem Fahrrad.

»Deine Mutter ist Französin, nicht wahr, Hanny?«

»Aber nein, sie kommt aus Rotterdam. Meine eine Oma ist sehr vornehm. Sie ist fast mal mit ihrer Schwester ertrunken, die um Hilfe schrie, aber meine Oma sagte zu ihr: ›Pfui, auch wenn wir in Not geraten sind, schreien wir nicht so ordinär.‹«

Ronny will gerade fragen, ob die Rotterdamer Juden sind, da kommt plötzlich lautes Johlen von der Van Woustraat herüber.

»Schnell, nach Hause, Ronny, das ist die WA«, warnt Hanny, die nun auch macht, dass sie ins Haus kommt. Durch das Fenster ihres Restaurants sieht Ronny WA-Männer in schwarzen Anzügen und Reitstiefeln auf das Judenviertel vorrücken. Die Gäste regen sich darüber auf.

»Sie verderben jedem den Sonntagsspaziergang zum Markt auf dem Waterlooplein«, faucht Flip Heil. »Und jeder zehnte Amsterdamer ist jüdisch. Meine Frau Lien ist jüdisch, und das hat mich nie interessiert. Ihre Familie lebt schon seit ein paar hundert Jahren hier, was geht das diese Moffen an? Übrigens lassen sie es selbst zu, von einem Ausländer beherrscht zu werden. Dieser Hitler ist nicht mal ein Mof, er kommt aus Österreich.«

Ronny fragt sich, ob Flip und sein Vater unter einer Decke stecken. Er hätte zu gern gewusst, was sein Vater Flip gegeben hat.

»Im Café Eisbrecher hängt jetzt ein Schild, auf dem steht: JÜDISCHES LOKAL«, fährt Flip empört fort. »Bald ist das noch der einzige Ort, an den ich mit meiner Lien gehen kann. Los, sollen wir dort Billard spielen?«

Aber alle Zugbrücken der Amstel stehen oben oder sind von den Soldaten und der grünen Polizei abgesperrt. Jacob und Flip kommen wütend zurück. »Dieses Gesocks schließt das Judenviertel ab.«

Nach dem Krawall, der nun entsteht, bleibt ein WA-Mann, der Koot heißt, tot zurück. Die Deutschen kümmern sich selbst darum. Keuchend bricht Ies Vogel in das *Atlantic* und erzählt eine grauenerweckende Geschichte.

»Es gibt eine Razzia auf dem Jonas Daniël Meijerplein, vor der Synagoge! Dieses Gesindel treibt die Menschen von allen Seiten zusammen. Wie Vieh wird man da eingeschlossen. In der Anthonies Breestraat will so ein Kerl mich packen. Ich habe ihm zwischen die Beine getreten und bin im Zickzackkurs gerannt, bevor er seine Waffe packen konnte, um mich niederzuschießen.«

Razzia. Ronny hört dieses Wort zum ersten Mal.

»Über vierhundert jüdische Männer haben sie einfach von der Straße aus mitgenommen. ›Auf die Knie‹, haben diese Scheißmoffen befohlen. Alle mussten sie auf den Knien vor ihnen kriechen. Dann wurden sie auf deutschen Lastwagen weggebracht. Wohin, weiß kein Mensch.«

»Wenn ich groß wäre, hätte ich mir das nie im Leben gefallen lassen«, ruft Ronny.

Aber Hanny zittert. »Ich traue mich nichts gegen Männer mit Gewehren.«

»Wenn ich groß bin, lass ich die Moffen zur Strafe auf dem Boden kriechen!« Ronny fühlt sich bei dieser Vorstellung ein bisschen besser.

Aber Hanny nicht. »Dann lassen ihre Kinder dich wieder zur Strafe auf dem Boden kriechen. Und deine Kinder zahlen es ihren wieder heim. Wie soll das dann aufhören?«

»Ich werde kämpfen«, knurrt Ies Vogel. »Mich kriegt kein Mof lebend in die Hände.«

Ronny und Ies bekommen, was sie gewollt haben. In Amsterdam kommt es zu einem Aufstand.

STREIKT! STREIKT! STREIKT! PROTESTIERT GEGEN DIE ABSCHEULICHEN JUDENVERFOLGUNGEN, liest Ronny auf einem verbotenen kommunistischen Flugblatt, das er heimlich von der Straße aufhebt. Es ist der 25. Februar 1941 und fast keine Straßenbahn fährt. Auch die Hafenarbeiter streiken. Ein Betrieb nach dem anderen leert sich.

»Es müssen Tausende von Menschen auf die Straße gegangen sein«, ruft Ronnys Vater begeistert. »Do, du glaubst es nicht! Die Leute akzeptieren es nicht mehr. Endlich!«

Die jüdischen Gäste des *Atlantic* strahlen. »Auf einer Wand stand: LASST EURE SCHEISSPFOTEN VON UNSEREN SCHEISSJUDEN. Glaubt ihr, dass es irgendwo in Europa so einen großen Streik gegen die Judenverfolgung gegeben hat? Und dann auch noch von Juden und Nichtjuden gemeinsam!«

Doch Oma Sweering schüttelt traurig den Kopf. »Gegen solch eine Übermacht verlieren sie. Und wer bekommt dann die Schuld dafür? Die Juden.«

»Wir kriegen sowieso die Schuld«, sagt Ies. »Nichtstun hilft noch weniger. Seyß-Inquart weiß jetzt, dass die meisten Amsterdamer nicht für Hitler sind.«

Ies geht mit einer Gruppe Männer wieder hinaus auf die Straße, um die Streikenden zu verteidigen. Ronny wünschte, dass man als Kind auch streiken könnte. Aber er darf nicht auf die Straße und es gibt gerade keine Schule. Wie soll man da schwänzen?

Die deutsche Übermacht ist zu groß. Wieder werden Menschen gefangen genommen und totgeschossen, auch eine Widerstandsgruppe, die »die Geusen« heißt. Ronny hofft, dass noch genug Geusen übrig sind.

»Natürlich«, sagt Louise. »Alle Kinder, die es erlebt haben, werden später auch Geusen, wetten?«

»Dann können wir den Moffen endlich zeigen, was wir von ihnen halten«, sagt Ronny hoffnungsvoll. »Sie sollen unsere Juden in Ruhe lassen.«

»Ich hoffe, dass mein Onkel um die Zeit wieder frei ist«, sagt Kees. »Dann kann ich wenigstens auch mitstreiken.«

Kurze Zeit später gerät die Stadt wieder in Schrecken. Eine Gruppe bekannter hochstehender Amsterdamer ist erschossen worden.

»So etwas nennt man Exekution«, sagt Lisa, Louises große Schwester.

»Warum machen die Deutschen das?«, fragt Ronny.

»Aus Rache für die Sabotage durch eine Widerstandsgruppe.«
»Was ist Sabotage und was ist Widerstand?«, will Louises Freundin Trees wissen.
»Dass man den Deutschen in die Quere kommt und Gebäude in die Luft jagt, in denen sie Waffen lagern«, sagt Louise flüsternd, wegen des Tomtom. »Oder man schießt einfach einen Obermof tot. Willst du etwa, dass sie für immer sich als Herren über uns aufspielen?«
»Wenn der Widerstand nichts getan hätte, wären die Menschen nicht erschossen worden«, widerspricht Piet. »Also ist es ihre Schuld.«
Aber Louises Schwester sieht das anders. »Die Moffen schießen mit Absicht Leute tot. Sie hoffen, dass die Niederländer dann den tapferen Widerstandsgeusen die Schuld geben. So hetzen sie die Leute gegeneinander auf.«
Die Schulglocke läutet.

Beim Mittagessen herrscht bedrückte Stille im Restaurant. Wieder kommt dieser deutsche SD-Offizier herein.
»Wie kann er es nur wagen, heute hierher zu kommen«, flüstert ein Billardspieler. Ronny versteckt sich schnell hinter einer Pflanze. Der Deutsche läuft so dicht an ihm vorbei, dass ein Zipfel seiner Uniformjacke über sein Gesicht streicht. Er bekommt eine Gänsehaut.
In einem Ton, der keinen Widerspruch duldet, verlangt der Offizier, den Direktor zu sprechen. Sofort packt Ronny die rote Billardkugel. Wenn dieser Mof Papa etwas tut, werfe ich ihm die Kugel an den Kopf, nimmt er sich vor.
»Verdammt«, ruft einer der Billardspieler. »Wo ist denn die rote Kugel?«

Ronny reagiert nicht. Der deutsche Offizier sagt etwas. Ronnys Vater erschrickt und läuft mit weißem Gesicht den Flur hinunter. Ronny legt unbemerkt die Kugel zurück und schleicht hinter seinem Vater die Treppe hinauf. Während sich die Billardspieler verwundert fragen, ob die Kugel vielleicht verhext ist, lauscht Ronny oben an der Tür seiner Eltern.

»Weißt du, was dieser hohe SDler gesagt hat«, fängt sein Vater an. »Er hat gesagt: ›Ich bin froh, dass ich Ihnen die Hand schütteln kann. Ich musste nämlich die Exekutionsliste unterschreiben. Wenn mein Kollege es hätte tun müssen, wären Sie jetzt nicht hier. Ihr Name stand auch auf der Todesliste.‹«

Hinter der halb offenen Tür wird Ronny steif vor Schreck.

»Er hat wirklich gesagt: ›Ich habe Sie von der Todesliste runtergenommen‹«, fährt sein Vater mit erstickter Stimme fort. »Er isst nämlich so gern hier ... Ist dann einer weniger erschossen worden oder heißt das, dass an meiner Stelle ein anderer umgebracht wurde? Do, es macht mich verrückt, wenn ich daran denke.«

Ronny rennt zu seinem Zimmer. Fast wäre Papa einfach totgeschossen worden, geht es durch seinen Kopf. Tot-ge-schos-sen. Ronny beginnt zu begreifen, was Krieg ist. Nicht spannend, nicht aufregend. Alles ist unheimlich und Angst machend. Man fühlt sich traurig und unglücklich.

»Augen zu! Eine Überraschung zu eurem Geburtstag!« Ein paar Tage später lacht Ronnys und Ys Mutter wieder, so wie früher. Sie hat den Arm voller Päckchen. »Weil ihr einen Tag nach dem anderen Geburtstag habt, dürft ihr zusammen die ganze Schule einladen.«

Zum Fest ist der große Saal mit Girlanden, Masken und Papierblumen geschmückt. Die ganze WC-Schule singt fröhlich: »Lang sollen sie leben.«
Ein Zauberer schwenkt seinen Zauberstock. »Abrakadabra ... Die Geburtstagsgeschenke mögen sich enthüllen.«
»Ooooh«, rufen die Kinder. Aus dem Zylinder schaut ein Kaninchen heraus. »Abrakadabra«, und noch eins. Sie sind für Ronny, er schließt sie zärtlich in die Arme. »Abrakadabra«, eine Puppe mit echten Haaren für Y. Der Zauberstock berührt Louises Ohr. Schokoladengeld rollt heraus, und bei Kees eine Zauberkugel. Und aus der Nase von Max kommt eine Art salzige Gewürzmischung zum Schlecken. Saartjes Pferdeschwanz ist voller Lakritzstangen.
Ronny hört seine Mutter zu jemandem sagen: »Wir wollten ein tolles Fest. Damit sie nie vergessen, wie schön gemischte Feste sein können.« Er möchte sie fragen, was sie meint, aber da tauchen plötzlich Artisten aus dem Zirkustheater Carré auf, mit einem Trapez. Ronnys Eltern ziehen die weiße Decke von einem Tisch voller Gebäck und Limonade.
»Ich wollte, ich würde im Schlaraffenland leben, so wie ihr, Ronny«, sagt Louise und stopft sich den Mund voll.
»Hinter dir! Pass auf, der Dieb!«, rufen sie kurz darauf dem Kasper im Puppentheater zu. Sie spielen Kuchenschnappen, Sackhüpfen, Eselschwanzanhängen, Taler-Taler-du-musst-wandern und Die-Reise-nach-Jerusalem zur Musik eines echten Pianisten. Im Dunklen spielen sie Nachtwache in allen Sälen. Am Ende des Fests bekommen alle Kinder ein kleines Geschenk. Noch tagelang ist die WC-Schule im Festrausch.

»Wenn wir groß sind, bleiben wir auch immer zusammen«, sagt Saartje verträumt.
»He, ja«, ruft Louise. »Dann machen wir unser eigenes WC-Hotel auf und Ronny wird der Direktor.«
Ronny schüttelt sich. »Bitte nicht. Von mir aus kannst du Direktor sein, ich werde lieber ein Stammgast.«
Ein paar Monate später fangen die Sommerferien an. Die Familie Sweering fährt natürlich wieder nach Brabant. Als sie zurückkommen, passiert im Hotel *Atlantic* etwas, was ihr Leben vollkommen auf den Kopf stellt.

An einem Sonntagmorgen sitzt Ronny mit seinen Großeltern, seiner Schwester und seiner Mutter oben im Wohnzimmer. Durch das offene Fenster klingen fröhliche Stimmen von der Terrasse herauf. Ronny sieht hinunter auf die Omas und Opas und Väter mit Strohhüten und Kindern auf dem Schoß. Mütter in geblümten Sommerkleidern schaukeln Kinderwagen. He, da ist ja auch Saartje!
In der Ferne brüllt die WA Marschlieder. Der Lärm kommt näher. Sie stampfen auf den Frederiksplein zu. »WA marschiert, WA marschiert, für Volk und Vaterland.«
Plötzlich springen sehr viele WA-Männer über das Terrassenmäuerchen des *Atlantic*. Zwei rücken die Pflanzentöpfe vor den Terrasseneingang auf der Grachtseite. Jetzt kann niemand mehr hinaus oder herein. Ein paar WAler heben ihre Knüppel und schlagen auf die Leute ein. Saartjes Vater packt seine Tochter und rennt mit ihr und seiner Frau ins Haus. Gellend schreiende Mütter, Omas und Kinder laufen in die Gasträume, verfolgt von Männern in schwarzen Uniformen, die sie stoßen und schlagen. Ronny und Opa wollen hinunterrennen.

»Hiergeblieben!« Ronnys Mutter hält sie zurück. Sie hören einen ungeheuren Lärm aus dem Restaurant, Leute schreien und rufen. Aus dem Fenster sehen sie Gäste durch den Hofeingang in der Westeinde wegrennen. Plötzlich hört Ronny das donnernde Klirren zerbrechenden Glases. Kristallnacht, denkt er zu Tode erschrocken, sie zerschlagen unsere Scheiben.
Von der Brücke aus schaut eine große Menschenmenge entsetzt zu. Es sieht aus, als würde das Hotel *Atlantic* abgerissen. Was für eine Prügelei! Hört das denn nie auf?
»Ein WA-Mann haut ab«, jubeln die Kinder nach einer Weile. Danach taumelt wieder einer davon, schlimm zugerichtet und blutend.
»Das geht nicht gut aus«, murmelt Ronnys Mutter. »Die Deutschen werden sich rächen.« Dann verschwindet die ganze Gruppe WAler, wie ein Haufen lahmer Krähen. Plötzlich ist es unheimlich still ...
Sie rennen die Treppe hinunter. Unten sehen sie noch die letzten Kampfhähne verschwinden. Unglaublich, was für eine Zerstörung. An Stühlen und Tischen sind die Beine abgebrochen. Alle Flaschen mit Getränken sind zerschlagen. Die riesigen Fensterscheiben liegen zersplittert auf dem Boden. Alle Spiegel sind kaputt, der Boden ist übersät mit einer dicken Lage Glasscherben. Mitten in dem Trümmerhaufen steht Ronnys Vater, sein Anzug ist zerrissen und er blutet aus einer Kopfwunde.
»Faschistenpack«, keucht er. »Als ich sah, wie diese Nazis auf eine Frau mit einem kleinen Kind eingeschlagen haben, habe ich rotgesehen.« Während seine Frau ihm das Blut von der Schläfe wischt und ihn verbindet, erzählt Ronnys Vater aufgeregt weiter.

»›Wir sind gekommen, um diesen Judenstall zu säubern‹, hat dieser Lump gerufen. Und ein Oberlump hat mir sein dreckiges Schild FÜR JUDEN VERBOTEN in die Hand gedrückt. Ich habe es ihm unter den Gürtel geschoben und ihn mit Fußtritten hinausbefördert. Ein anderer hat die Telefonleitungen herausgerissen, damit wir die Polizei nicht anrufen konnten. Aber der Stoßtrupp von Maccabi kam zu unserer Verstärkung. Blitzschnell habe ich das Personal in einer Linie aufgestellt. Wir haben uns Billardschläger aus den Regalen genommen und Stuhl- und Tischbeine abgebrochen. Und immer wieder haben wir eine Gruppe Gäste durchgelassen. Die WAler, die sie verfolgen wollten, bekamen unerwartet einen Schlag vor den Latz.« Ronnys Vater lacht triumphierend. »Ihr hättet diese Dummköpfe mal sehen sollen!«

Die Stimme von Ronnys Mutter zittert, als sie sagt: »Aber Jacob, die WA steht unter dem Schutz der Deutschen, sie werden dich in ein Lager schicken, oder sie erschießen dich sofort.«

»Dootje, hätte ich hinnehmen sollen, dass sie auf unsere Gäste einschlagen und so ein dreckiges Schild aufhängen?«, fragt sein Vater.

»Nein, du hast ja recht«, flüstert sie und küsst ihn gerührt.

Aber als die Polizei endlich kommt, faucht sie sie an: »Ihr seid aber schnell. Eine ganze Brücke in einer Dreiviertelstunde überquert. Was für ein Tempo, unglaublich. Wirklich, Helden in Uniform.«

Die Polizisten sind von der Station direkt gegenüber. Sie spielen oft heimlich Karten im *Atlantic*, wenn sie eigentlich ihre Runde drehen müssten. Ihr Chef kontrolliert sehr

streng. Wenn es regnet, darf Ronny die Polizisten oft nass spritzen. Dann können sie ihrem Chef weismachen, sie wären auf ihrer Streife nass geworden. Nichts ist schöner, als Polizisten vollzuspritzen. Doch nun ist Ronny tief enttäuscht von ihnen. Flüsternd erklärt einer die Situation.
»Die WA wird von den Deutschen beschützt. Wir können ihr schlechtes Benehmen nur rapportieren, sonst nichts.«
Doch Ronnys Mutter ist unerbittlich. »Sogar für einen schlappen Augenzeugenbericht seid ihr zu spät.« Sie dreht ihnen den Rücken zu.
Nachmittags wird Ronny von bewundernden Kindern aus der Nachbarschaft umringt.
»Ich habe alles gesehen«, sagt Ko Boef, der Älteste. Er lehnt sich über das Lenkrad seines Minimotorrads, das er selbst im Fahrradladen seines Vaters gebaut hat, und berichtet: »Es hat bestimmt fünfundzwanzig Minuten gedauert, schrecklich lang für so eine schwere Prügelei. Sobald die WA abgehauen ist, habe ich mich verzogen.«
Sammie, ein anderer Nachbarjunge, hebt das verschmierte Schild auf. »Für Ju-den ver-bo-ten«, liest er laut.
»Finger weg«, befiehlt Ronny. »Du fasst doch auch keine Hundescheiße an, oder?« Er tritt das Schild in die Gosse.
Der Glaser setzt neue Fensterscheiben ein, drinnen wird gezimmert. Ein Nachbarmädchen versetzt Sammie einen Stoß.
»Ich darf nicht mehr mit dir spielen, hat meine Mutter gesagt. Ihr Juden habt Jesus ans Kreuz geschlagen, mit sooo langen Nägeln.« Sie hält die Hände auseinander, um zu zeigen, wie lang die Nägel waren.
»Lügenmaul! Das waren wir gar nicht«, protestiert Sammie.

»Ach nein?«, sagt das Mädchen. »Wer denn sonst?«
»Das müssen die Kleerekopers von Nummer 16 gewesen sein, der Vater von denen ist immer am Hämmern.«
»Unsinn«, sagt Ko. »Jesus ist von römischen Soldaten ermordet worden. Aber sie haben den Juden die Schuld gegeben. Typisch Italiener.«
Den Rest des Tages warten alle angespannt auf die Rache der Deutschen. Würden sie die ganze Familie mitnehmen oder nur Jacob? Die Koffer stehen bereit. Ronny geht mit seinen Freunden in die Küche. »Bekommen wir Pfannkuchen?«
Der Koch nickt. »Solange es noch geht.«
Ronny versteht es nicht. »Warum haben Sie mit Papa gekämpft? Sie sind doch bei der NSB?«
»Gäste sind Gäste. Ob sie reich, arm, grün, gelb oder jüdisch sind«, sagt der Koch. »Meinen Lebensunterhalt lasse ich mir nicht in die Pfanne hauen.«

Abends bringen beide Eltern Ronny ins Bett.
»Du bist der beste Sohn der Welt und du bist immer mein lieber Junge.« Sein Vater gibt ihm einen Kuss. Tränen schießen Ronny in die Augen. Er will alles Mögliche sagen, aber seine Zunge macht nicht mit. Später am Abend hört er seinen Vater noch einmal ins Zimmer kommen. Ronny tut, als schliefe er. Etwas Warmes fällt auf seine Wange. Eine Träne von Papa? Er hält die Luft an. Was passiert jetzt mit uns, wenn die Soldaten Papa mitnehmen? Als sein Vater wieder hinausgegangen ist, wird Ronnys Wange noch nasser, aber nun von seinen eigenen Tränen. Stundenlang liegt er still da und wartet auf einen deutschen Überfallwagen. Todmüde fällt er gegen Morgen in Schlaf. Am nächsten Tag passiert wieder nichts, auch nicht am Tag danach.

Ronnys Mutter wird immer nervöser. »Was bedeutet das? Die Deutschen lassen doch nie eine Schlägerei unbestraft.«

»Papa, da sind sie!«, warnt Ronny, der wie gewöhnlich als Erster die Gefahr entdeckt. Wieder der deutsche SD-Offizier, nun mit einem niederländischen WA-Mann in einem langen, schwarzen Mantel. Ronny erkennt ihn sofort, er ist ein Onkel seines Mitschülers Klaas.

»Das war besonders dumm, was Sie getan haben, Herr Sweering«, fängt der Deutsche an, und der WA-Mann nickt triumphierend dazu. »Aber ich kann es verstehen«, fährt der Deutsche zu aller Überraschung fort. »Trotzdem müssen Sie sich entschuldigen.«

Jacob Sweering sagt nicht: »Ich muss sagen, dass es mir leid tut«, wie Ronny es tat, als er den Brei aus dem Fenster geworfen hatte. Mit Mühe bringt er heraus: »Ich bitte um Entschuldigung.«

Auch der WAler muss sich für den Überfall auf die Gäste des *Atlantic* entschuldigen. Erstaunt, als würde er nicht das Geringste kapieren, gehorcht er zähneknirschend. »Es tut mir leid, dass wir Ihnen das Verbotsschild nicht höflich angeboten haben.«

Unter dem Tisch ballt Ronnys Vater die Hände zu Fäusten, während er höflich bemerkt: »Das *Atlantic* wird von jüdischen Gästen besucht, und das bleibt auch so.«

»Jetzt haust du aber auf die Pauke, Sweering, jetzt gehst du zu weit.«

Was für ein falsches Lachen, denkt Ronny. Wetten, dass dieser Onkel von Klaas für seine Karikatur Modell gestanden hat?

»Dann rate ich Ihnen, das *Atlantic* bei der Verwaltung als jüdisches Lokal anzumelden«, antwortet der deutsche Offizier ebenso entschieden und ebenso höflich wie Ronnys Vater. Er steht auf und winkt dem WA-Mann.

Die Familie Sweering bleibt verblüfft zurück. Wird Jacob nicht verhaftet oder geschlagen? Will dieser SDler vielleicht etwas von ihm?

»Als jüdisches Lokal bist du vogelfrei«, warnt ein jüdischer Freund.

Trotzdem beschließen Ronnys Eltern, das *Atlantic* auf die Liste der jüdischen Lokale setzen zu lassen, auch wenn die Direktion nicht jüdisch ist. »Vorläufig lassen sie uns dann in Ruhe«, sagt Ronnys Mutter. »In den Eisbrecher dürfen offiziell auch nur Juden, aber das kontrollieren sie nicht. Normale deutsche Soldaten dürften dann natürlich nicht mehr zu uns kommen.«

»Was für ein Verlust«, spottet Ronnys Vater. Aber nach einer Weile macht er sich doch Sorgen.

»Warum bleibt der SD-Offizier weiter Gast bei uns, zusammen mit seinem Adjutanten? Sie verhalten sich anständig unseren jüdischen Gästen gegenüber. Wenn die SD hier spionieren will, würden sie doch lieber jemand in Zivil schicken, oder? Diese Männer fallen mit ihren Uniformen auf. Dahinter steckt doch was.«

Der ranghöhere Offizier stellt sich sogar einmal vor. Ronny postiert sich schnell neben seine Mutter, um sie zu beschützen.

»Ich heiße Hans, und das ist mein Adjutant Arthur«, sagt Hans. Um Ronnys Mutter einen Handkuss zu geben, beugt er sich vor. Einen Moment lang schauen die hohlen Augen des Totenkopfs und die scharfen Augen des Adlers auf sei-

ner Mütze Ronny von ganz nahe an. Haben diese beiden gefährlichen Männer vielleicht bei der Kristallnacht mitgemacht?
Der Offizier will ihm auch die Hand geben. Schnell versteckt Ronny seine Hand hinter dem Rücken. Ihm ist doch der Umgang mit uniformierten Deutschen verboten, oder etwa nicht? Na also.
Ronny wünscht sich, er könne Dick Bos treffen, den Helden seiner Bildergeschichten. Er würde ihn um Rat fragen.

3. Die Mauer

Wegen all der Aufregungen zu Hause ist Ronny froh, als die Schule wieder anfängt. Endlich kann er wieder mit seinen Klassenkameraden spielen. Am ersten Schultag ruft er schon von weitem: »Hallo, Kees, Saartje, Max!«

Kees geht einfach ins Schulhaus, aber Saartje und Max winken und rufen etwas Seltsames.

»Hallo, Ronny, wir gehen zur Rückseite. Bis gleich.«

Vor der Schule steht Kees' Mutter mit einem verheulten Gesicht. Die Lehrer benehmen sich auch ganz seltsam. Drinnen steht eine große Gruppe Kinder verwirrt vor einer funkelnagelneuen Mauer mitten im Flur.

»Was soll denn diese blöde Mauer? Wie sollen wir nun zur Rückseite?«

In der Mauer ist eine Tür. Louise will sie aufmachen, aber der Hausmeister schickt sie hinauf in ihre Klasse. Die ist halb leer.

»Fräulein Rood, wo sind die anderen?«

»Die sind jetzt im rückwärtigen Teil der Schule.«

»Warum? Dürfen wir auch hin?«

Traurig antwortet Fräulein Rood: »Es tut mir leid, der rückwärtige Teil ist in Zukunft für die jüdischen Kinder.«

Piet hört sich bedeutungsvoll an: »Germanen und Arier gehören auf die Vorderseite, Germanen, Arier und Christen.«

Als sich Fräulein Rood später zu seinem Tisch bückt, flüstert Ronny: »Darf ich bitte auch nach hinten? Ich bin kein Christenkind, und unser Hotel ist jetzt jüdisch.«

Sie schüttelt den Kopf und streichelt ihm über die Haare. »Es muss nun mal so sein.«
Klaas hat sie bestimmt belauscht. »Hier gehören nur Arier her, Ronny«, sagt er plötzlich.
In der Pause versuchen Ronny, Kees und Louise es noch einmal. »Fräulein Rood, Eddy und Max sind auch Heiden, die gehen nie in die Synagoge. Dürfen sie nach vorn, zu uns?«
Aber es ist nach Meinung von Fräulein Rood nichts daran zu ändern.
In ihrer Wut vergisst Louise sogar das Tomtom. »Unsere besten Freunde dürfen alle auf die Rückseite, eine Gemeinheit«, ruft sie mit einem bösen Blick auf Klaas.
Harry weiß von seinem Vater, was es mit der Sache auf sich hat.
»Unsere Juden haben sogar noch Glück«, erklärt er Ronny und Kees auf dem Schulweg. »Alle anderen jüdischen Kinder sind aus ihrer Schule weggeschickt worden, in eine getrennte jüdische Schule. Mein Vater kapiert nicht, dass diese Mauer überhaupt erlaubt ist.«
Als sie in der Schule ankommen, steht die Zwischentür offen. Wer unterhält sich denn da mit Fräulein Rood? Fräulein Esther.
»He, die Hottentottin ist wieder da!«, rufen die Kinder auf der Vorderseite.
»Fräulein Esther ist jetzt die Rektorin der hinteren Schule«, erklärt Fräulein Rood.
Nach der Schule rennt Ronny zur Rückseite. »Guten Tag, Fräulein Esther!«
»Ach, du bist's, Ronny!« Sie zwinkert ihm zu. »Wir denken uns die Mauer einfach weg. Dann sind wir doch wieder zusammen.«

Auf der Vorderseite ist es weniger schön, seit die Schule geteilt ist. »Wir sind so wenige, Klaas und Piet hören alles, was ich sage«, klagt Louise.
»Ich wünschte, alle NSB-Kinder wären wie Harry«, sagt Ronny. »Dem kann man ruhig trauen.«
Zu allem Unglück haben die Lojedajes es besonders auf die WC-Schule abgesehen. Und ganz besonders auf Ronny.
»Logisch, sie wollen dir den Abgang der WA in eurem Hotel heimzahlen«, sagt Harry.
Bevor er zur Schule geht, schaut Ronny erst aus dem Fenster des Restaurants. Ja, Harry hat recht. Zwei Lojedajes warten auf ihn. Sie sind ein Stück größer als er. Ronny holt tief Luft. Das lasse ich mir nicht gefallen. Was Papa kann, traue ich mich auch.
Er ist kaum draußen, da versucht der Größere, Ronny einen Stoß zu versetzen. Mit einem Sprung, den Jammerkatze nicht besser könnte, weicht Ronny dem Angriff aus. Aber als der andere Junge ihm ein Bein stellt, stolpert er. Ronny beißt sich auf die Lippe und spürt den Geschmack von Blut. Wütend gibt er dem einen Jungen einen Tritt und rennt weiter. Aber ihre Beine sind länger als seine. Wumm! Mitten auf der Weteringschans kriegt Ronny einen heftigen Schlag in den Rücken. Nach Luft schnappend dreht er sich um und boxt den Angreifer auf die Nase.
Zum Glück schaut Louise zufällig in diese Richtung. Sie schwenkt ihre Schultasche und stürmt auf die Lojedajes zu. »Dreckige Feiglinge, Verstärkung! Helft doch, sie sind in der Überzahl!«, kreischt Louise. Nun drehen sich auch Mütter um und die Lojedajes ergreifen die Flucht. Aber aus sicherer Entfernung drohen sie Ronny.
»Du bist uns noch nicht los, WC-Topfbengel.«

Breitbeinig, die Hände in die Seiten gestemmt, schreit Louise: »Ihr verdammten feigen Lojeangsthasen, allein traut ihr euch auch nicht, oder?«
»Sag mal, Louise«, sagt Fräulein Rood in der Klasse. »Ich habe vorhin meinen Ohren nicht getraut. Benutzt du zu Hause auch solche Worte?«
Louise wird rot und schüttelt den Kopf.
»Das habe ich mir gedacht«, sagt Fräulein Rood.
Ronny kommt seiner Freundin zu Hilfe. »Sie hätten die anderen erst mal hören müssen. Sie haben angefangen.«
Doch für Fräulein Rood ist das kein Grund. »Es ist sehr tapfer, für seine Freunde einzustehen. Aber man kann einem Quälgeist auch die Meinung sagen, ohne gleich zu fluchen.«
Den ganzen Vormittag über wartet Ronny nervös auf die Klingel. Als es endlich läutet, ist er mit einem Schlag ganz ruhig. Ohne ein Wort zu sagen, laufen Kees und Harry neben ihm her. Und ein Stück hinter ihnen geht Kees' Bruder mit einem Freund und Louises große Schwester und halten ein Auge auf die Sache. Dass Harry mit ihm geht, findet Ronny besonders mutig. Die Lojedajes können ihn an seinen NSB-Vater verraten, und der hat Hände, die sind so groß wie Kohlenschaufeln.
»Jetzt, wo wir so viele sind, lassen sich die Lojedajes nicht sehen, diese Feiglinge!« Harry spuckt auf den Boden.
Am folgenden Morgen schaut Ronny beim Frühstück ab und zu aus dem Fenster, um zu sehen, ob seine Belagerer schon da sind. Sein Vater liest empört etwas aus der Zeitung vor.
»Furchtbar, wie jetzt auch *De Telegraaf* schreibt. Der Jude Nüssbaum ist dabei erwischt worden, als er Radio gehört

hat, und der Halbjude van de Berg wurde mit einer orangefarbenen Blume im Knopfloch ertappt. In was für einer Welt leben wir eigentlich?«
Jemand klopft, es ist Kees.
Ronnys Mutter lacht. »Hast du solche Lust auf die Schule? Du bist eine halbe Stunde zu früh.«
Kees gibt Ronny unauffällig ein Zeichen, woraufhin sich dieser schnell sein Butterbrot in den Mund stopft.
»Harry wartet auf der anderen Straßenseite«, flüstert Kees im Flur. Sie überqueren die Westeinde, in der Einkaufspassage kommt Harry hinter einem Pfeiler zum Vorschein.
»Wetten, dass die Lojedajes gleich auftauchen?«, sagt er. »Da gibt's was zu lachen.« Kees und Ronny verstecken sich hinter einem anderen Pfeiler. Tatsächlich, keine Viertelstunde später sehen sie eine Gruppe Jungen in Jugendsturmuniform ankommen.
»Schau an, sogar ihr Führer, Bleicher Bulle, ist höchstpersönlich dabei«, zischt Ronny. Kichernd schauen sie zu, wie der Lojedajesführer Befehle austeilt. Zwei stämmige Lojedajes kauern hinter einem Mäuerchen am Ausgang der Terrasse des Cafés. Der gefürchtete Bulle selbst stellt sich verborgen mit zwei Helfern in der Nähe des *Atlantic* in der Westeinde auf. Aber wer nicht kommt, ist Ronny.
Hinter den Pfeilern auf der anderen Seite ersticken die drei Jungen der WC-Schule fast vor Lachen.
Gegen neun rennen sie durch die Einkaufspassage zur anderen Kuppel am Frederiksplein. Heute ist das Glück auf ihrer Seite. Gerade als die Schulglocke läutet, biegt ein Pferdewagen von links ab, an der Schule vorbei.
»Sucht Deckung«, zischt Ronny. »Und jetzt los!« Sie rennen neben dem Wagen her, genau neben den Rädern. Erst

als der Wagen auf der anderen Seite ist, entdeckt sie ein Helfer von Bleicher Bulle.
»Da sind sie«, ruft er. Aber ihr Vorsprung ist zu groß. Gerade noch rechtzeitig stürmen die Freunde die Treppe hinauf in die WC-Schule.
Vom Fenster aus sehen sie, wie Bleicher Bulle mit seinen Lojedajes zur Jugendsturmschule rennt.
»Zu spät, das gibt Strafarbeit, Bulliboy«, prophezeit Kees triumphierend.

In der Klasse sind zwei neue Jungen. Jan fuchtelt mit den Armen und sabbert. Der andere heißt Bernard. Sie sind ein bisschen geistig behindert und sehr nett.
»Das hier ist ein Versteck für sie, die Deutschen wollen nichts von Behinderten wissen«, warnt Louise die anderen am ersten Schultag. »Wir müssen tun, als wären sie stinknormal, sonst kommen sie in Gefahr. Auch für sie müssen wir einstehen, hat Fräulein Rood zu meiner Mutter gesagt. In der Klasse kann sie das nicht tun, weil Klaas und Piet alles an ihre NSB-Eltern verraten könnten.«
In der Pause jammert Klaas: »Dieser Jan ist ja abnormal!«
Erschrocken werfen sich Louise und Ronny einen Blick zu. Bedächtig, wie immer, widerspricht Kees sofort: »Du irrst dich, er ist einfach abnormal krank gewesen.«
»Krank?«, sagt Klaas. »Ach, sag doch, was du willst, dieser Kerl ist einfach debil und ...«
Aber Ronny unterbricht ihn. »Nach einer Grippe mit einer komplizierten Lungenentzündung ist man im Allgemeinen lange durcheinander, das weiß doch jeder Dummkopf.«
Ronny hat im Restaurant so viele Gespräche belauscht, dass er auf alles eine Antwort weiß.

Klaas tippt sich an die Stirn. »Schwere Grippe, Pustekuchen. Das kannst du deiner Großmutter erzählen.«
»Das hat jemand gesagt, der selber Medizin studiert.« Ronny klingt so sicher, dass Klaas den Rest des Vormittags den Mund hält.

Katrien, das Mädchen mit der Mütze vom Jugendsturm, wird von ihrem Dienstmädchen von der Schule abgeholt.
»Schau doch«, sagt Ronny. »Dieses Mädchen läuft Arm in Arm mit einem deutschen Soldaten.«
Ein Junge tut etwas Schwefelpulver in einen Eisenbolzen und läuft hinter ihnen her.
Louise kichert. »Schau mal, ein Knallbolzen.«
Der Junge holt aus und wirft den Bolzen direkt hinter den Hacken des Deutschen auf den Bürgersteig. Peng!
Der Soldat macht einen Sprung, zieht seine Waffe und bekommt einen feuerroten Kopf. Als die Kinder laut lachen, steckt er seine Pistole wieder zurück.
»Wer hat das gemacht?«, schnauzt seine Liebste.
»Keine Ahnung«, antwortet Louise frech.
Katrien steht mit gesenktem Kopf daneben. Fast niemand spielt mehr mit ihr.
»Trotzdem tut sie mir leid«, sagt Kees' Mutter. »Wir gehen mit dir, Ronny, ich muss noch zu deiner Mutter.«
»Morgen treffen wir uns wieder«, flüstert Harry schnell. »Diesmal am Spielplatz. Wir nehmen jeden Tag einen anderen Weg.« Sie sind erleichtert, denn wenn Kees' Mutter dabei ist, trauen sich die Lojedajes bestimmt nichts.
»Mama, können Kees und seine Mutter mit uns essen?«, fragt Ronny zu Hause. Denn dann geht Kees' Mutter natürlich hinterher wieder mit zur Schule.

Alles läuft nach Plan. Sie kommen unbehelligt zur Schule, aber dort geht alles schief. Der Hausmeister schließt die Tür zwischen dem vorderen und dem hinteren Bereich der Schule zu.
»Klaas hat zu Hause verraten, dass die Lehrerinnen von vorn mit denen von hinten reden«, sagt Louise. »Vor allem Fräulein Rood und Fräulein Esther. Sein Vater hat Fräulein Rood gedroht: ›Wenn Sie noch einmal mit dieser Jüdin von hinten reden, sorge ich dafür, dass alle Juden von dieser Schule verschwinden.‹«
Ronny erschrickt. »Spricht er so über Fräulein Esther?«
Von nun an sind sie alle auf der Hut. Keiner erwähnt mehr die Kinder von der Rückseite. Ronny fängt an, die Schule zu hassen, und beklagt sich bei Opa. »Wegen der blöden Mauer können wir nicht mehr zum hinteren Garten. Die jüdischen Kinder können das zwar, aber die dürfen es nicht. Wir können uns nur heimlich in der Pause treffen.«
»Ist das vernünftig?«
»Das heißt Widerstand. Nicht verraten, Opa.«
Aber der Großvater runzelt die Brauen. »Ich halte nur den Mund, wenn du versprichst, dass niemand es merkt, und wenn du es nur ganz selten tust. Denn es ist viel zu gefährlich. Für sie und für euch.«
Ronny fragt nicht, warum. Er kennt die Antwort schon. Im Krieg geschieht nur das, was die gemeinen Menschen wollen. Hannys Vater darf als Rechtsanwalt nur noch Juden vertreten. Alle Erwachsenen haben einen Ausweis, damit die Deutschen sie besser kontrollieren können.
»Darf ich deinen Ausweis mal sehen, Opa?«
Opa hält ihm den Ausweis hin. »Schau, hier stehen mein

Name, mein Geburtsdatum und meine Adresse. Und auf der Rückseite des Passfotos ist mein Fingerabdruck.«

Ronnys Vater kommt herein. »Der Stempel ist fast nicht nachzumachen«, sagt er. »Das haben wir einem hohen niederländischen Beamten zu verdanken, der sich enorm für Seyß-Inquart anstrengt.

Übrigens, im Personalausweis von Juden steht ein J. Und wenn die Deutschen zum Beispiel eine Straßenbahn kontrollieren, können sie sie sofort festnehmen. Juden dürfen keine öffentlichen Verkehrsmittel mehr benutzen. Man könnte wirklich verrückt werden.«

Ronny läuft sofort hinüber zu Hanny. »Kann ich deinen Ausweis mal sehen?« Schweigend holt sie ihn. Zu Ronnys Schreck steht wirklich ein großes, schwarzes J darin, für JÜDISCH. »Jetzt können sie dich in der Straßenbahn kontrollieren. Pass ja gut auf.«

Hanny lächelt. »Laufen ist gut für die schlanke Linie.«

Überall, wo es schön ist, trifft Ronny nun Schilder mit der Aufschrift: FÜR JUDEN VERBOTEN. Parks, Anlagen, der Zoo, das Theater, die Konzerthalle und sogar das Schwimmbad und der Spielplatz sind FÜR JUDEN VERBOTEN.

»Alles ist so langweilig«, klagt Louise. »Was für Juden verboten ist, dürfen wir auch nicht mehr, meine Mutter will das nicht. Das heißt solidarisch sein. Aber sogar in der Bücherei hängt so ein blödes Schild an der Wand.« Louise wirft einen wütenden Blick auf ein paar Kinder auf dem Spielplatz. »Wenn sie hier einfach schaukeln, merken die Juden nicht einmal, dass es auch Kinder gibt, die nicht dort spielen, weil sie solidarisch sind. Sollen wir zu dir gehen, Ronny?«

Später, mit Blick auf eine Frau in einem prächtigen Sarong im *Atlantic*, flüstert sie Ronny zu: »Ich wünschte, wir hätten auch ein Hotelrestaurant mit so einer besonderen Frau in einem prachtvollen Sarong.«

Ronny tippt sich an die Stirn. »Nicht alle Gäste sind so lieb wie Corry«, sagt er. »Aber ich muss zu allen gleich höflich sein.«

»Alles ist besser als Langeweile«, widerspricht Louise.

Ronny mag Corry von allen Hotelgästen am liebsten. Sie ist kurz vor dem Krieg mit dem Schiff aus Java gekommen. Im *Atlantic* wartet sie auf ihren Mann Sjaak, der Chefkoch auf dem riesigen Passagierdampfer De Oranje ist. Sjaak ist mit Ronnys Vater befreundet. Nach dem deutschen Überfall konnte Sjaak nicht mehr ins Land und Corry nicht mehr hinaus. Sie versucht nun, das Beste daraus zu machen.

»Rrronny, mögen deine Frrreunde auch indonesisches Essen?« Bei dem R macht Corrys Zunge immer einen Purzelbaum. Louise versucht es ihr nachzumachen. Hingerissen probieren sie von dem fremden Essen, während Corry von Kantjil erzählt, dem Zwerghirsch im dunklen Urwald.

»Die Mondfrau warnt Kantjil vor dem Tiger. Sie lässt seine Raubzähne in ihrem Licht glänzen. Das sieht der Hirsch und läuft schnell davon.«

Plötzlich steckt ein Mann den Kopf um Corrys Tür. »Weißt du, wo Annie ist?«

Corry schüttelt den Kopf.

»Wer war denn das?«, will Louise wissen.

»Oh, ein anderer Dauergast«, sagt Ronny. Natürlich fragt Louise, wie er heißt.

»Jo Kickman«, erzählt Ronny. »Er ist eines Tages gekom-

men und nicht mehr weggegangen. Er ist Diamantenhändler und Millionär. Tante Annie trinkt immer mit ihm. Dann kriegen beide einen Schwips.«
»Siehst du, das meine ich«, sagt Louise. »Du erlebst wenigstens was.«
»Aber ihr geht doch sonntags alle zusammen in die Kirche«, sagt Ronny. »Dann ist bei uns alles voll.«
»Das hier ist viel lustiger«, sagt Louise. »In der Kirche muss man still sein. Wenn ich mal groß bin, will ich auch ein Hotel mit einer javanischen Prinzessin.«

Saartje hat Geburtstag. Es wird eine große Feier: Alle Kinder des vorderen und hinteren Bereichs sind eingeladen und dürfen bei ihr spielen, auch wenn es eigentlich verboten ist. Ronny kommt eine halbe Stunde zu früh. Überall, wo Saartje ist, sieht man Ronny auch. Jedes Kind, das hereinkommt, wird von allen ausführlich geküsst. Ein paar Mütter wischen sich Tränen der Rührung ab. Ronny versteht das nicht, das ist doch eine fröhliche Feier.
Auf dem Tisch, der mit einer weißen Tischdecke mit Spitzen und blauen Bändern gedeckt ist, stehen lauter Köstlichkeiten. Fischkuchen und Süßsaures, Brezeln und Schokolade. Ein Stuhl bleibt leer und ein Teller bleibt voll. Louise starrt gierig hin. Denn jetzt ist alles rationiert.
Seit Krieg ist, kann man nicht mehr einfach etwas kaufen. Erst muss man in einem Verteilungsbüro seinen Ausweis zeigen. Dann bekommt man Lebensmittelmarken. Denn im Laden muss man nicht nur bezahlen, sondern auch Marken abgeben. Ohne Marken bekommt man nichts mehr. Deswegen wird auch heimlich gehandelt, von Schwarzhändlern. Sie können viel Geld verlangen, denn

von allem gibt es zu wenig. Louises Eltern haben weniger Geld als die von Ronny und Kees, deswegen bekommt sie fast nie mehr irgendwelche Leckereien.
Louise deutet auf den Teller. »Für wen ist das?«
Die schöne Tante Ruth, die selbst Auto fahren kann, lacht geheimnisvoll. »Vielleicht, aber nur vielleicht, kommt noch jemand, aber niemand weiß, wer.«
»Ich weiß es!«, ruft Ronny. »Gläubige Juden halten immer einen Platz für den Messias frei.« Tante Ruth nickt, und Ronny fährt fort: »Der Messias wird die Juden von den Deutschen erretten.«
»Hör auf«, sagt Louise. »In der Bibel steht überhaupt nichts von Deutschen.« Alle Erwachsenen lachen. Doch am Ende des Nachmittags, als sie sich verabschieden, sind sie wieder traurig. Bis eine Mutter verspricht:«Wenn Brammetje Geburtstag hat, könnt ihr wieder zusammen spielen.«

Zu Hause vertieft sich Ronny in seinen neuen Comicband über Dick Bos, den berühmten Detektiv mit den breiten Schultern. Dick Bos sitzt wieder ganz schön in der Patsche, aber auch diesen Fall kann er lösen. Ronny weiß nun schon viele Tricks des Superdetektivs auswendig. Das ist gut, denn Ronny hat noch nicht herausgefunden, was der deutsche Offizier Hans und sein Adjutant Arthur im Schild führen. Sie sitzen immer an Tisch vier, am Fenster. Ronny glaubt, dass er seine Familie gegen sie beschützen muss. Selbst Flip Heil kommt nicht mehr, er findet das *Atlantic* zu unsicher. Das sagt doch schon alles.
An einem Mittwochnachmittag beobachtet Ronny die deutschen Offiziere. Als sie fertig gegessen haben, fängt Ar-

thur ein Gespräch mit Ronnys Mutter an. Hans, sein Chef, späht durch die offene Bürotür zu Ronnys Vater hinüber. Und als alle Kellner gerade hinten sind und der letzte Gast verschwunden ist, läuft Hans ins Büro. So schnell, dass sogar Detektiv Ronny es nicht rechtzeitig gemerkt hat. Die Tür fällt ins Schloss.
Ronny schaut erschrocken zu seiner Mutter hinüber. Wieso lacht sie jetzt mit diesem Arthur? Sie hat nicht mal mitbekommen, was passiert ist, denkt Ronny verzweifelt.
Er lauscht an der Bürotür. Kein Geschrei, kein Schuss, und kämpfen tun sie auch nicht. Der Kellner kommt wieder herein und belädt sein Tablett mit schmutzigem Geschirr. Kaum ist er verschwunden, schlüpft Hans aus dem Büro und geht zu Arthur und Ronnys Mutter. Sein Vater steckt etwas in seine Innentasche! Na also! Ronny beobachtet alles misstrauisch durch die offene Tür.
Von da an fragen sich Ronnys Eltern nie mehr, warum der Vater nach dem Kampf nicht verhaftet worden ist. Aber Ronny tut es dafür umso mehr! Steckt sein Vater mit Hans unter einer Decke? Unmöglich … Oder wird sein Vater von diesem Mof bedroht?

Als Detektiv steht Ronny vor einem Rätsel. Nach dem Mittagessen geht sein Vater oft zum Billardverein Kras um die Ecke. Aber heraus kommt er nie. Wie ist das möglich? Unbemerkt folgt Ronny seinem Vater einmal. Nach einer kurzen Unterhaltung verlässt Jacob das Haus durch eine Hintertür. Das erklärt, warum Ronny nie gesehen hat, dass er das Haus wieder verlassen hat. Aber warum geht er nicht nach Hause? Ronny folgt ihm, verliert seinen Vater aber mitten auf der Nicolaas Witsen Kade plötzlich aus den

Augen. Seltsam, Papa kann doch nicht einfach im Nichts verschwinden?

Fast jeden Tag verfolgt Ronny seinen Vater. Er schleicht von Baum zu Baum, denn Jacob schaut oft über seine Schulter. Und jedes Mal ist er wieder plötzlich verschwunden.

»Wo ist Papa?«, fragt Ronny zu Hause.

»Ach, der ist nur mal schnell zu Kras«, sagt seine Mutter dann immer.

»Nein, er ist über den Kai gelaufen und war plötzlich weg.«

»Oh, dann wird er bestimmt gleich kommen«, antwortet seine Mutter leichthin. »Beeil dich, Schatz, sonst kommst du zu spät zur Schule.«

Als Ronny von der Schule zurückkommt, schimpft sein Vater nervös mit einem jungen Kellner, der stottert: »Es tut mir leid, Herr Jacob.«

In der Nacht schreckt Ronny aus dem Schlaf hoch. Unten wird mit Gewehrkolben laut an die Tür geschlagen. »Aufmachen!«

Stiefel stampfen die Treppe herauf. Ronny springt aus seinem Bett. Jemand beginnt zu schreien. Mit klopfendem Herzen macht Ronny seine Tür einen Spaltbreit auf. Zwei Kellner werden von Polizisten und einem Deutschen die Treppe hinuntergestoßen! Bevor er fragen kann, was hier passiert und warum, wird er wieder ins Bett geschickt. Er hört, wie seine Eltern sich noch eine Weile aufgeregt unterhalten. Mäuschenstill liegt er dann da und wartet, bis es endlich hell wird.

Am folgenden Morgen sagt Ronnys Mutter warnend: »Merk dir gut, dass du Tante Annie nicht trauen darfst!

Und lass dir ja nie anmerken, dass Papa Radio Oranje hört.«

Alle tun geheimnisvoll. Leute kommen zu ihnen herauf und flüstern. Ab und zu fängt Ronny etwas auf.

»Der Einkäufer vom Bijenkorf sagt, dass Sie allen möglichen Menschen helfen«, flüstert jemand. Ronny versteht noch »Ausweise« und »im Watergraafsmeer.« Sobald sein Vater merkt, dass sein Sohn lauscht, sagt er laut: »Ja, ich bin jordanisch. Aber ich bin im Watergraafsmeer zwischen jüdischen Familien aufgewachsen, also gehöre ich auch ein bisschen zu ihnen.« Danach flüstert er: »Wenn es so weit ist, können Sie die Kinder jede Woche sehen.«

Als sie weg sind, sagt Ronnys Mutter: »Denk dran, du hast diese Leute hier nie gesehen.«

Ronnys Vater macht ihm ein großartiges Angebot. »Wie würde es dir gefallen, wenn du ein eigenes Zimmer nach hinten hinaus bekommen würdest? Als Spielzimmer und um Hausaufgaben zu machen. Wegen des Kriegs haben wir doch weniger Hotelgäste. Was hältst du von Zimmer sechs?«

Ronny findet das großartig. »In einem Hotelzimmer kann meine elektrische Eisenbahn immer aufgebaut bleiben. Dafür ist mein Zimmer zu klein.«

Nicht lange danach lässt sein Vater einen Tisch mit dicken Kugelfüßen in Zimmer sechs bringen. Aber als Ronny eines Tages in sein Spielzimmer läuft, wird er plötzlich angefahren.

»Nein, jetzt nicht«, schreit sein Vater.

Verblüfft bleibt Ronny in der Türöffnung stehen. An seinem neuen Tisch sitzen ihr Arzt Manie Leisen und ein Kunstmaler.

»Raus!«, schnauzt sein Vater.
So ist Papa sonst nie, denkt Ronny. Was hat er? Er merkt sich das, was er gesehen hat, genau, so wie Dick Bos es tun würde. Dann sucht er sich einen ruhigen Platz im Schuppen mit dem Kaninchenstall. Hier wohnt seit kurzem auch ein Schweinchen, das Grunz heißt. Ronny macht die Augen zu. Genau wie Dick Bos betrachtet er in Gedanken das, was er gerade gesehen hat.
»Was lag auf dem Tisch?«, fragt er sich laut. »Ein besonderes Tintenfass, ein Stift, Papiere … und ein Ei. Seltsam, wozu brauchen sie in meinem Zimmer ein Ei?« Dann überlegt er, was genau passiert ist. »Ich habe die Tür aufgemacht. Ich sah, dass Papa sich vorbeugte, er streckte die Hand aus nach …« Plötzlich schlägt Ronny die Hand vor den Mund.
»Einer der Kugelfüße war offen«, murmelt er. »Wie ist das möglich? Ein Geheimversteck. In meinem Tischbein!« Grunz antwortet mit einem fröhlichen Grunzen. »Nicht verraten, in meinem Spielzimmer ist ein Geheimversteck«, flüstert ihm Ronny ins Ohr. Mit glänzenden Äuglein bewegt Grunz sein Ringelschwänzchen.
Opa kommt mit Schweinefutter herein. Er schüttelt den Kopf.
»Wie oft muss ich dir noch sagen, dass du dein Herz nicht an Grunz hängen darfst? Wenn es groß ist und Not am Mann, wird das Schwein geschlachtet. Du darfst dich nicht mit ihm anfreunden, sonst gibt es dann das große Heulen.«
Am nächsten Morgen schleicht Ronny in aller Herrgottsfrühe in Zimmer sechs. Er betrachtet den Kugelfuß. Nichts ist zu sehen. Er klopft auf ihm herum. Es ist auch nichts zu

hören. Er fängt an zu fummeln. Wieder nichts Besonderes. Nach der Schule geht er sofort wieder in Zimmer sechs.
Die ganze Woche hindurch müht sich Ronny an diesem Tischbein ab. Seiner Meinung nach muss man irgendwo draufdrücken, dann springt eine Feder auf und legt den geheimen Eingang frei. So funktioniert die Geheimschublade in Omas Schreibtisch auch. Aber es passiert nichts. Mutlos denkt Ronny: Ich werde nie so ein guter Detektiv wie Dick Bos … Und dann reißt er plötzlich die Augen auf. Was ist das? Zwei winzige Rillen. Er tippt dagegen, und noch einmal. Und plötzlich löst sich ein Stück gewölbtes Holz. So einfach ist das, dass er verblüfft hinstarrt. Er kann nun eine Scheibe abheben. Ein Hohlraum liegt frei!
Ronnys Herz schlägt laut. Darin liegen Papiere und Formulare mit Stempeln, auf denen er das unheimliche Hakenkreuz erkennt. Voller Panik stopft er alles zurück, macht das Tischbeinfach wieder zu und rennt zum Wohnzimmer. Er sitzt als Erster brav am Frühstückstisch.

4. Das Sternenkleid

Die Lojedajes lassen Ronny in der letzten Zeit in Ruhe. Ihr liebstes Ziel sind jetzt die Kinder des hinteren Schulteils. Jeden Morgen müssen Ronny, Kees und Louise sich mit Gewalt zurückhalten.
»Warum dürfen wir ihnen nicht helfen«, stöhnt Ronny. »Jetzt sind wir genau wie die Erwachsenen.«
»Wir können nur von weitem aufpassen«, warnt Kees. »Wenn wir etwas tun, müssen sie bestimmt weg von der Schule.«
»Aber wenn wir sehen, dass sie in Lebensgefahr geraten?«
»Not bricht Gesetz«, sagt Louise feierlich. »Wir passen von weitem auf. Und wir schlagen zu oder holen Hilfe, wenn wirklich etwas schiefgeht.«
Als Ronny eines Morgens zu ihrem festen Wachpostenpunkt auf dem Frederiksplein kommt, steht Kees schon da. Er hat schlechte Neuigkeiten.
»Klaas sagt, dass die deutschen Soldaten jetzt schon fast bis Moskau vorgerückt sind. Sie haben Millionen russische Soldaten in Kriegsgefangenschaft genommen.«
Ronny zuckt mit den Schultern. »Klaas glaubt auch, dass Juden Vampirzähne haben.«
Aber sein Freund sieht immer noch bedrückt aus. »Seit dem Februarstreik wollen die Moffen aus den Niederlanden einen Erholungsort für Deutsche machen. Sobald Russland geschlagen ist, wollen uns die Moffen nach Sibirien bringen, wo es immer eiskalt ist. Dort tragen die Leute

Bärenfelle und leben in Hütten. Klaas behauptet, dass nur die NSBler hier bleiben dürfen.«

»Das ist mir doch egal. Ich kann schon hier genauso leicht auf Klaas verzichten wie auf Zahnschmerzen, ganz zu schweigen von Sibirien.« Doch Ronny ist nicht völlig beruhigt. In der Schule ist er nicht bei der Sache. Wie kommen wir an Bärenfelle für Sibirien?

»Ich wünsche mir zum Geburtstag ein Indianerkostüm mit Pfeil und Bogen«, flüstert er Kees zu. »Dann kann ich schon üben, wenn wir bald Bären schießen müssen.«

Kees verzieht das Gesicht, eine Bärenjagd ist erkennbar nichts für ihn.

»Wenn wir erst mal in Russland sind, dann erleg ich für dich auch einen Bären«, beruhigt Ronny seinen Freund.

In dieser Woche meldet das Radio, dass die deutsche Front dicht vor Moskau zum Anhalten gebracht worden ist, durch Stalin, den Befehlshaber der russischen Roten Armee. Die dunkle Stimme des englischen Premierministers Churchill donnert aus dem Radio: »In dem gefürchteten russischen Winter wird Hitler dasselbe erleben wie der hochmütige französische Kaiser Napoleon. In Russland erfrieren seine Soldaten. Die Zeit naht, dass der deutsche Diktator selbst dran glauben muss. Wir werden gewinnen.«

Der Koch und der Kellner, denen Ronny nicht mehr trauen soll, kündigen. »Wir haben uns bei der niederländischen SS gemeldet, Herr Jacob. Wir werden zusammen mit den Deutschen gegen die Russen kämpfen.«

»Seid ihr euch da wirklich sicher?«, fragt Ronnys Vater kopfschüttelnd.

»Ja, wir unterstützen unsere germanischen Brüder in Not.«

Als sie aus der Tür gehen, prophezeit Ronnys Vater: »Keiner von den beiden wird die Umarmung durch den eisigen russischen Bären überleben.«
Nach dieser Respekt einflößenden Mitteilung verkündet Ronny: »Ich wünsche mir zu meinem Geburtstag ein Indianerkostüm mit Pfeil und Bogen, vergiss das nicht, Papa.«
Unterwegs zur Schule versucht er sich vorzustellen, wie der Koch in den Armen eines russischen Eisbären erfriert. Eigentlich selber schuld, denkt Ronny. Er hätte keine lebenden Krebse in den Topf werfen dürfen.

Die amerikanische Kriegsmarine im Marinestützpunkt Pearl Harbor ist von den Japanern bombardiert worden. Es war ein schreckliches Blutbad. Außerdem ist ein großer Teil der amerikanischen Flotte vernichtet worden, meldet Radio Oranje.
Zu Ronnys Überraschung tanzen seine Eltern bei dieser schrecklichen Nachricht durch das Zimmer. »Der amerikanische Präsident Roosevelt ist so wütend, dass er jetzt bestimmt gegen Japan und Deutschland Krieg macht, denn die sind Freunde«, erklären sie. »Wenn Amerika endlich mitmacht, kann England die Deutschen schneller besiegen.«
Aber vorläufig spielen die Nazis noch die Herren. Die Stimmung in der Stadt wird grimmiger. Regelmäßig laufen Menschen mit Reisetaschen zum Hauptbahnhof. Immer mehr Juden werden aufgerufen, für Arbeitslager in Deutschland. »Wer geht denn freiwillig zur Schlachtbank?«, schimpft Ies Vogel. »Ich ärgere mich grün und blau, dass dieser brave Judenrat noch hilft, das zu organi-

sieren. Die sollten lieber Adressen zum Untertauchen suchen und zum Widerstand aufrufen. Auch diese braven Affen, die so gehorsam sind, werden nicht verschont. Und nach uns sind dann die Nichtjuden die Dummen.«

Ronny schaut ihn mit großen Augen an.

Am nächsten Tag ist die Schule gerade aus, als ein Luftalarm beginnt. Ronny will zur Einkaufspassage rennen, aber als er mitten auf der Straße ist, fliegen ihm Granatsplitter und Maschinengewehrkugeln um die Ohren. Entgeistert schaut er sich um.

»He, du da, weiterrennen!«, schreit eine Frau.

Blöde Kuh, schneller kann ich nicht rennen, denkt Ronny.

»Rennen!«, schreit die Frau wieder.

Ronny schaut zu Boden, seine Beine bewegen sich überhaupt nicht. Stocksteif steht er mitten auf der Straße. Genau wie das Kaninchen in Brabant, das gelähmt vor Schreck im Licht von Autoscheinwerfern einfach mitten auf der Straße sitzen geblieben ist. Zum Glück haben die Autos gebremst.

Der Schweiß bricht Ronny aus, eine Kugel schlägt neben seinem Fuß ein. Etwas glüht an seiner Wade. Warum bewegen sich seine Beine nicht? Dann rennt die Frau auf ihn zu und zerrt ihn mit in die Einkaufspassage. Ronny macht die Augen zu. Die Wand, an der sie lehnen, zittert. Wenn gleich alles einstürzt, hofft er, dass er auf einen Schlag tot ist, ohne Schmerzen.

Aber es geht vorbei und er lebt noch. Zusammen gehen sie zur Westeinde, wo ihm seine Mutter weinend entgegenkommt.

»Oh, Schatz, zum Glück ist dir nichts passiert.« Sie dreht

sich um. »Wie kann ich mich bei dir bedanken, Cato?«, sagt sie zu der Frau, die die Tür des Hauses öffnet, das gegenüber von Hannys liegt. Ronnys Mutter will ihren Sohn hochheben und umarmen, er kann es gerade noch verhindern.

Doch nachmittags, in der Schule, gibt er damit an: »Ich war in so großer Gefahr, dass meine Mutter wegen mir weinen musste.« In der Schulhalle liegen vier große Kugeln, die durch das Dach geschlagen sind.

»Zehn Minuten früher und wir wären tot gewesen«, ruft Louise. »Los, wer den größten Granatsplitter findet.«

Ronny findet einen großen Kupfersplitter von einer Granate. Sein Herz klopft schneller. Die Granate kommt aus einer Fabrik in Amerika oder England! Sie finden auch geheimnisvolle Streifen aus Silberpapier, die auf einer Seite pechschwarz sind.

»Morgen werfe ich einen Brief mit diesem Fund als Ball nach hinten«, flüstert Ronny Kees zu. »Wir lassen uns von so einer deutschen Mauer nicht unterkriegen, schließlich ist es unsere Schule. Wir können doch selbst entscheiden, was wir uns gegenseitig erzählen wollen.«

Ein Mädchen läuft auf sie zu. »Kommt ihr auch zu meinem Geburtstag? Wir gehen zu einer Kinderoperette.«

»Hurra! Hurra!« Louise tanzt um sie herum, doch plötzlich bleibt sie stehen. »Ist das ein richtiges Theater? Dann darf ich bestimmt nicht mit, das ist dann auch für Juden verboten.«

Die drei Freunde sind in der Klemme, sie möchten so gerne mit. Aber andererseits möchten sie in kein Theater, in das die Rückseitler nicht gehen dürfen. Sie gehören schließlich zusammen.

Ganze Familien ziehen nach Amsterdam, nun, da Juden nicht mehr in nordholländischen Orten wie Zaandam wohnen dürfen.
»Von einem Tag auf den anderen müssen sie ihre Hausschlüssel bei der Polizei abgeben und verschwinden«, erzählt Ronnys Vater empört. »Sie stopfen sie ins Transvaalviertel und in ein paar andere Viertel, in jüdische Häuser, deren Bewohner schon weggebracht worden sind. Der ganze jüdische Besitz wird gestohlen, für Moffen in den bombardierten deutschen Städten. Ihr ratet nie, wer die Umzugsfirma ist, die für die Moffen jüdische Wohnungen ausräumt. Herr Puls!«
»Das meinst du doch nicht im Ernst!« Ronnys Mutter traut ihren Ohren nicht. »Puls, dieser freundliche, nette Mann? Von ihm hätte ich mir so etwas nicht vorstellen können.«
Das Telefon geht, sie nimmt den Hörer ab.
»Das war Louises Mutter«, sagt sie kurz darauf. »Sie möchte lieber nicht, dass ihre Tochter mit zur Operette geht. Die Schauspieler sind Mitglieder bei der Kulturkammer, die nur aufführt, was den Deutschen gefällt. Aber nun ist Louise böse auf sie.«
»Klar«, sagt Ronny. »Die Kinder von NSB-Eltern dürfen viel mehr als wir.«
»Psst«, ruft sein Vater am Radio. »Japan hat die Schlacht auf dem javanischen Meer gewonnen. Die alliierte Flotte ist weitgehend vernichtet.«
Auch wenn die Deutschen ebenfalls Verluste in Russland erleiden, ist doch jeder niedergeschlagen. Vor allem durch den Anblick der traurigen und vertriebenen Juden, die weiter nach Amsterdam strömen. Die Stadt birst fast aus den Fugen.

In der Nähe vom *Atlantic* kommt auf einmal Ronny ein seltsamer Hund entgegen, mit langen, schwarzen Haaren und einer spitzen Schnauze. Er springt an Ronny hoch, als er ihn Tarzan nennt. Ronny gibt ihm zu trinken und klaut dem neuen Koch in der Küche ein Stück Fleisch. Tarzan setzt sich und gibt Ronny wohlerzogen die Pfote. Erst dann frisst er. Schwanzwedelnd läuft er neben Ronny her zur Schule. Vor dem Tor streichelt Ronny ihn zärtlich.
»Bis bald, lieber Tarzan, holst du mich später ab? Um vier Uhr ist die Schule aus.« Tarzan hält den Kopf schräg, als würde er jedes Wort begreifen.
Sobald es läutet, rennt Ronny als Erster aus der Klasse. Er stürmt die Treppe hinunter und reißt die Tür auf. Hurra! Tarzan sitzt auf der Schwelle und wartet. Er springt an Ronny hoch und leckt sein Gesicht. Überglücklich rennen beide zum Hotel *Atlantic*. Tarzan legt sich brav in eine Ecke des Restaurants und lässt Ronny keinen Moment aus den Augen.
»Mama, darf Tarzan bitte, bitte hier bleiben? Er glaubt schon, dass er hierhergehört.«
»Aber du hast schon so viele Tiere. Die Katze, die weißen Mäuse, Fische, Kaninchen und Grunz.«
»An Grunz darf ich mich nicht hängen, sagt Opa. Mama, bitte. Herr Kickman darf doch auch bleiben?«
Ronnys Mutter bricht in Lachen aus. Sofort springt Tarzan auf, um ihr eine Pfote zu geben, mit einem ebenso flehenden Blick in den Augen wie ihr Sohn. Ronnys Mutter streichelt seinen Kopf.
»Und wie bezahlt Tarzan die Hotelrechnung?«
»Er gibt Pfötchen und er beschützt mich gegen die Lojedajes.«

»Was für ein Prachthund. Hallo, Tarzan. Du machst bestimmt keinen Unterschied zwischen einem Lojedajes und einem WC-Schulkind. Du Glückspilz.« Ronnys Mutter klopft auf Tarzans Rücken. »Ein echter Groenendaler.«
»Nein, er ist ein jüdischer Hund, der seinen Herrn verloren hat. Und wir sind doch ein jüdisches Lokal.«
Diesem Argument ergibt sich Ronnys Mutter mit einem Grinsen.
»Na gut, er darf bleiben, weil er so freundlich ist. Aber du gehst mit ihm Gassi.«
Am nächsten Morgen rennen Ronny und Tarzan zum Frederiksplein, wo Louise und Kees schon auf die Rückseitler aufpassen.
»Er darf bleiben!«, jubelt Ronny schon von weitem. »Tarzan ist in Zukunft mein Hund.«
»Du bist ein Glückspilz, du darfst immer alles«, seufzt Louise ein bisschen neidisch. »Aber ich darf mit in die Operette. Für dieses eine Mal.«
»Dann dürfen wir bestimmt auch«, meint Kees. »Habt ihr gehört, dass wieder eine deutsche Stadt bombardiert worden ist? Die Moffen holen immer weniger englische Flugzeuge herunter. Meine Mutter findet es komisch, dass die Amerikaner erst jetzt Europa helfen, nachdem sie selbst angegriffen worden sind.«
Ronny gibt keine Antwort, er späht zur Rückseite hinüber.
»Sal de Vries ist nicht dabei. Wir haben ihn gestern schon vermisst.«
Es bedrückt sie. In der Pause schlägt Ronny vor, zur Rückseite zu gehen. »Wir müssen wissen, was mit Sally ist. Vielleicht brauchen die Rückseitler unsere Hilfe.«
Kees zögert. »Wenn ich etwas tue, was verboten ist, schie-

ßen sie meinen Onkel vielleicht zur Strafe tot.« Dieser Onkel ist Direktor bei der Eisenbahn; jetzt sitzt er als Geisel im Gefängnis. Nach Widerstandsaktionen rächen sich die Deutschen, indem sie solche Geiseln totschießen.

»Komm, Ronny, wir gehen zusammen«, sagt Louise. Im Vorbeigehen gibt sie Kees einen Stoß. »Lenk du die Gruppe um diesen blöden Klaas inzwischen ab.«

Von der Grünanlage in der Falckstraat hinter der Schule pfeift Ronny kurz darauf ihre Erkennungsmelodie: »Im Namen von Oranje, macht auf die Tür.«

Sofort hickelt Max unauffällig in ihre Richtung.

»Wo ist Sal?«

Max zuckt mit den Schultern. »Die ganze Familie de Vries ist plötzlich weg.«

Ronny und Louise werfen sich einen Blick zu. Ist nun auch ein WC-Kind einfach verschwunden?

»Sind sie untergetaucht?« Nun, da so viele Aufrufe für deutsche Arbeitslager kommen, sind manche Menschen plötzlich verschwunden. Dann wird geflüstert: »Untergetaucht?«

»Sals Haus ist gepulst«, sagt Max. Auch eines der neuen Wörter. Sie wissen alle, was Pulsen bedeutet: Diebstahl jüdischen Eigentums für die Deutschen, durch die Umzugsfirma Puls.

»Es ist überhaupt nicht schön ohne die Vorderseitler«, klagt Max.

Ronny nickt. »Uns gefällt auch nichts ohne euch.«

»Aufpassen, da ist die Hottentottin«, warnt Louise.

»Schön, dass ihr uns nicht vergessen habt«, sagt Fräulein Esther, als sie bei ihnen ankommt. »Aber leider geht das nicht. Lauft schnell zurück zur Vorderseite.«

Ronny gibt Max ein kostbares Geschenk von Kickman: ein Karamellbonbon. Einen Moment lang strahlt Max wie früher, es gibt fast keine Süßigkeiten mehr.
An der Vorderseite reden alle über die Operette, die sie in der kommenden Woche besuchen würden. Der Vater von Bart, der in ihre Schule geht, hat sie geschrieben.
»Du hast die Vorstellung bestimmt schon hundertmal gesehen«, sagt Louise. Aber Bart schüttelt den Kopf. »Ich darf nicht. Mein Vater geht selber nicht hin, weil das Theater für Juden verboten ist. Er kapiert nicht, dass so viele Nichtjuden trotzdem hingehen.«
»Ich gehe auch nicht«, beschließt Ronny sofort.
Louise und Kees nicken.
»Aber wir können doch nichts dafür, dass Juden nicht mehr hingehen dürfen«, sagt das Mädchen, das Geburtstag hat, mit bedrücktem Gesicht. »Bekomme ich dann auch kein Geschenk von euch?«
»Wie habgierig du bist!« Louise hebt die Nase in die Luft und spaziert davon.

»Die deutschen Verordnungen werden immer absurder. Jetzt dürfen Juden und Nichtjuden schon nicht mehr heiraten!« Ronnys Vater zerknüllt wütend die Zeitung, in der das steht, und trampelt darauf herum.
Ronny geht zu Hanny, er will sie fragen, wie das gehen soll. »Wenn ich groß bin, möchte ich eine Frau wie dich heiraten.«
Hanny macht ein paar Tanzschritte. »Was für eine Ehre. Aber die Nazis bleiben nicht ewig an der Macht. Weißt du übrigens, dass orthodoxe Juden, die sich streng an die Religion halten, gegen eine Ehe mit einem so genannten Edel-

germanen sind? Das finde ich auch Blödsinn. Für mich zählt nur die Liebe, nicht Religion oder Rasse.«

Hanny lacht vergnügt. »Ich habe mal einen Antrag von einem orthodoxen jüdischen Jungen bekommen, der sehr nett war. Du weißt, dass in Amsterdam viel mehr arme Juden als reiche wohnen. Aber diese Familie war extrem reich. Ich war nicht verliebt in diesen Jungen, deshalb sagte ich Nein. Seine Mutter hat meine zum Tee besucht.

›Oh, Frau Levy‹, hat sie gejammert. ›Mein Sohn schwindet dahin. Er isst nicht, er schläft nicht. Wenn er ihre Tochter nicht bekommt, wandert er nach Lateinamerika aus.‹«

Hanny lacht. »Wahrscheinlich war der Junge sehr verwöhnt«, erklärt sie, »und hat zum ersten Mal in seinem Leben etwas nicht bekommen. Das ist natürlich ganz gesund, aber seine Mutter hat das anders gesehen.

›Ach, Frau Levy‹, hat seine Mutter meine angefleht, ›legen Sie doch ein gutes Wort für ihn ein. Hanna kann die Hälfte von meinen Juwelen bekommen, wenn sie ihn heiratet. Brillanten, Diamanten, Gold, Platin, alles, was ihr Herz begehrt. Sie als Mutter müssen doch verstehen, was ich durchmache.‹

Meine Mutter hat es mir erzählt. Ich war stinkwütend und rief: ›Ich bin nicht käuflich.‹ Meine Mutter nickte zufrieden.

Mein Anbeter ist tatsächlich nach Lateinamerika gegangen. Vor dem Krieg, dieser Glückspilz. Bestimmt ist er mit einer anderen glücklich geworden und niemand macht ihm Schwierigkeiten wegen einer krummen Nase. Und alles meinetwegen, weil ich mir nichts aus Diamanten mache.«

Wieder machte Hanny ein paar wunderschöne Tanzschritte.

Im Mai 1942 bekommen die Rückseitler einen gelben Stern auf ihre Kleider. In der Mitte des Sterns steht mit seltsamen schwarzen Buchstaben: Jude. Ronnys Mutter sagt, die Deutschen wollen damit die Juden erniedrigen. Aber die Mutter eines Jungen aus Ronnys früherer Klasse, der Hannan heißt und jetzt zu den Rückseitlern gehört, sagt: »Dieser Davidsstern bedeutet, dass man etwas Besonderes ist.« Sofort will Hannans kleiner Bruder auch einen Stern. »Nein, nur Erwachsene und Kinder, die schon sechs sind, dürfen einen Stern tragen.«

Hanny kommt ihm mit einer Freundin entgegen. Ronny bleibt stocksteif stehen. Hanny hat auch einen Stern, aber ihre Freundin nicht. Als sie näher kommt, starrt er die schwarzen Buchstaben auf dem gelben Stern an. Hanny bückt sich zu ihm, ihre Augen lachen ihn an.

»He, Ronny, ich bin weiter die ganze normale Hanny. Kommst du mit rein?«

Schon auf dem Flur erzählt ihre Freundin Hannys Schwester, was Hanny an der Universität angestellt hat. »Wir fühlten uns ziemlich blöde gegenüber den Studenten, die plötzlich mit einem Stern herumliefen. Wir trugen ihnen die Taschen, holten Tee. Und jeder hat einen gelben Schal oder gelbe Socken oder eine gelbe Krawatte getragen. Der Hörsaal wurde voll. Nur die Plätze um den NSB-Studenten Marinus blieben frei. Der Professor wollte gerade anfangen, als die Tür aufging. Alle drehten sich um. Dort stand Hanny in einem Streifen Sonnenlicht, das durch das hohe Fenster hereinfiel, sodass das Diadem in ihren Haaren glitzerte. Sie ließ die Jacke von ihren Schultern gleiten. Unglaublich. Da stand sie, in einem langen, purpurfarbenen Samtgewand, das mit gelben Sternen übersät war. Stolz wie eine Königin schaute sie uns der Reihe nach an. Wahnsinn!«

Während ihre Freundin das erzählt, fängt Hanny an zu tanzen und zieht ihren Mantel aus. Ronny bleibt der Mund offen, eine Zauberin in einem Sternengewand.

»Einen Moment lang war es mucksmäuschenstill«, erzählt Hannys Freundin weiter. »Und dann brach donnernder Applaus los. Hanny ging durch den Hörsaal und ließ sich auf den leeren Stuhl neben Marinus fallen, dem NSBler. Mit der Hand unter dem Kinn musterte sie ihn. Als würde sie sagen: ›So, Marinus, du hältst mich also für einen Untermenschen! Sag es, wenn du dich traust! Oder hast du nicht gewusst, dass ich Jüdin bin? Erschrickst du nun, da ich eine Jüdin bin, die du hasst, ohne sie zu kennen?‹«

Hannys Schwester kichert vergnügt. »Dass du dich das getraut hast«, sagt sie.

Ronny setzt sich neben Hanny. Er findet das Sternengewand großartig. Aber warum macht es ihn zugleich traurig?

»Marinus hat einen feuerroten Kopf bekommen«, erzählt Hannys Freundin weiter. »Er hat Hanny nicht einmal angeschaut. Am Schluss der Vorlesung sagte der Professor: ›Möge Ihnen allen dieser lehrreiche Vormittag in Erinnerung bleiben.‹«

Hanny unterbricht ihre Freundin. »Hast du noch gehört, wie ich mit diesem schüchternen Mädchen gesprochen habe? Sie fühlt sich so gedemütigt mit ihrem Stern, dass sie sich kaum auf die Straße traut. Ich habe zu ihr gesagt, dass ich den Blödsinn, den die Nazis über die Juden erzählen, nicht ernst nehmen könne. Ich bin durch solche Menschen nicht zu beleidigen. Und ganz bestimmt nicht mit einem Stern.«

Als er wieder im Hotel ist, schnappt sich Ronny in der Vorratskammer eine Literflasche purpurrote Tinte und rennt damit zu seinem Gärtchen. Nun, da er immer seltener allein auf die Straße darf, weil es zu gefährlich ist, hat Ronny genügend Zeit, seinen Erdmännchen die letzten Neuigkeiten zu erzählen.

Erst gießt er die rote Tinte um den Flieder, sodass die Wurzeln sie trinken können. Während er darauf wartet, dass die Blüten ebenso purpurrot werden wie Hannys Kleid, beruhigt er die Erdmännchen.

»Erdmännchen bekommen bestimmt keinen gelben Stern. Ihr seid nämlich kleiner als der ganze Stern, also geht es gar nicht.« Er gräbt unter ihre oberirdischen Wohnungen einen unterirdischen Gang. Dieser Gang führt unter ihrem Paradiesgarten hindurch bis zu Opas Gemüsegarten.

»Wenn die Deutschen auch die Erdmännchen aufrufen, seid ihr bei mir untergetaucht, denn ich kriege keinen Stern«, erklärt er. »Auch wenn unser Hotel jüdisch ist, bekommen nur die Rückseitler einen Stern. Und Hanny platzt vor lauter Sternen.«

Die Erdmännchen antworten nicht und der Flieder wird nicht purpurfarben, also geht Ronny wieder ins Haus.

Im Sommer wird Bremen bombardiert, dann auch Hamburg. Aber die Deutschen tun, als würden sie überall gewinnen. Nachts hört man das laute Brummen der englischen Flugzeuge. Grelle Suchlichter flitzen über den Himmel. Wenn die Deutschen einen englischen Bomber mit ihren Suchlichtern fangen, bricht das Donnern der Abwehrgeschütze los. Ronny ist furchtbar aufgeregt. Sie schießen auch Leuchtkugeln ab, wie Feuerwerk. Was passiert dann mit dem Piloten?

Es wird immer gefährlicher, mit Juden zu verkehren. Aber Ronny geht trotzdem zu Hanny.
»Das Telefon ist abgestellt«, sagt sie. »Wir dürfen nur noch so wenig, dass ich sehr viel Zeit zum Lesen habe.« Ronny nickt, während er in den Taschen die Hände ballt. Er hat es mitgekriegt, wie Hanny immer weniger durfte. Erst nicht mehr Tennis spielen oder mit dem Zug fahren, dann nicht mehr mit der Straßenbahn. Auch Autofahren wurde verboten, Radio und Fahrrad sind ihr schon längst abgenommen worden. Sie darf schon eine ganze Weile nach acht Uhr abends nicht mehr aus dem Haus. Und nun das. Ronny leistet ihr oft Gesellschaft. Dann erzählt er alles, was er in der Welt hört, zu der Hanny nicht mehr gehören darf.
»Fräulein Rood redet einfach weiter mit Fräulein Esther, genau wie du und ich. Fräulein Esther muss jetzt den ganzen Weg zur Schule zu Fuß gehen. An einer Kreuzung wartet Fräulein Rood auf sie. Dann schiebt sie ihr Fahrrad und geht den Rest des Weges mit Fräulein Esther. Die Hottentottin warnt oft und sagt: ›Hüte dich vor Verrätern‹, aber Fräulein Rood entscheidet selbst, mit wem sie redet und wen sie nett findet.«
»Woher weißt du das mit den Lehrerinnen?«
»Von Kees, und der weiß es von seiner Mutter. Der Lebensmittelhändler Hermans auf der Albert Cuijpstraat hebt für Fräulein Esther Sachen auf. Denn sie darf eigentlich nur dann einkaufen, wenn sie auf der Rückseite Unterricht gibt.«
Etwas später erzählt Ronny, dass sein Engel die Einkäufe heimlich an der Hintertür abholt. »Sie darf den Laden nicht mal mehr betreten.«

»Eine Gruppe niederländischer Juden muss sich nun auch für Westerbork melden«, erzählt Ronnys Vater. »Das ist ein Lager in der Drenter Heide, mit Stacheldraht eingezäunt und mit deutscher Bewachung, ganz in der Nähe von Westerbork. Dort müssen sehr viele Menschen auf kleinstem Raum leben. Man schläft in Stockbetten und die Toilette ist draußen.«

Besorgt klingelt Ronny bei Hanny, aber niemand macht ihm auf. Am folgenden Tag macht wieder niemand auf. Ronny schlägt mit aller Kraft an die Tür und starrt das Schild an: ALFRED LEVY, RECHTSANWALT. Aber die Tür bleibt zu. Traurig geht er wieder nach Hause.

»Will Hanny nicht mehr, dass ich sie besuche, Mama?«

Mit Tränen in den Augen antwortet seine Mutter leise: »Die Levys sind weg, Ronny.«

Sprachlos starrt Ronny sie an. Ihm ist schwindliger als nach einem Schlag von einem Lojedajes. Als wäre eine Bombe in seinem Kopf explodiert. Als würde seine Welt untergehen, ohne dass jemand es merkt.

Wie betäubt läuft er zu seinen Erdmännchen. Hanny ist weg. Warum? Wohin?

Plötzlich zertrampelt Ronny das Erdmännchenparadies mit den Füßen, auch ihren Untertauchgang. Erdmännchen gibt es nicht wirklich. Ich werde nie mehr mit ihnen sprechen, beschließt er. Er rennt in sein Zimmer.

Zum ersten Mal schließt Ronny die Tür ab. Und er gibt keine Antwort, sosehr sie auch klopfen und rufen.

Er starrt aus dem Fenster des Hotels hinüber zu der Stelle, an der einmal ein Palast gestanden hat. Mit einer Kuppel und einem Engel, der verbrannte.

Ronny kann sich ein Leben ohne Hanny nicht vorstellen.

Er will es sich nicht vorstellen. Und was wird mit meinem Fräulein Engel und mit den Rückseitlern passieren? Er hat eine düstere Vorahnung. Und seit der Krieg angefangen hat, werden düstere Vorahnungen meistens wahr.
In dieser Woche verschwinden die Möbel der Levys im Umzugswagen der Firma Puls. Ronnys Vater steht am Fenster und schaut mit roten Augen zu. Da verschwindet der Schrank mit Hannys Ballettkleidern. Ronny wirft seine Kleider durch das Zimmer.
»Ich geh nicht mehr in die blöde WC-Schule mit der dummen Mauer. Ich will zu Hanny.«
Sosehr seine Eltern und seine Großeltern und Corry ihn zu trösten versuchen, Ronny bleibt dabei. Bis seine Mutter nachgibt.
»Du darfst bis zu den großen Ferien zu Hause bleiben. Aber danach musst du wieder in die Schule gehen.«
»Ich gehe erst, wenn ich wieder ganz normal mit Saartje und Max und den anderen spielen darf.«
»Das geht nicht, Schatz.«
»Dann müsst ihr eben dafür sorgen, dass es geht.«

5. Ronnys Baumhaus

Nach den Ferien muss Ronny wieder in die Schule, ob er will oder nicht. Kees, der ihn abholt, fängt schon im Flur an zu flüstern.

»Die Leute haben gesagt, dass Harrys Vater mitgeholfen hat, als sie Tosca abgeholt haben, im Haus daneben.«

Ronny bleibt stocksteif stehen. Abholen? Wieder etwas Neues. Als die Leute aufgerufen wurden, konnten sie wenigstens noch untertauchen. Aber wenn Soldaten vor der Tür stehen, geht das nicht mehr.

»Hat dieser Mistkerl von Vater gewusst, dass Harry in Tosca verliebt ist?«

»Darum hat er es doch bestimmt gemacht«, antwortet Kees. »Harry spricht nicht darüber, er wartet draußen. Ich trau mich nicht, davon anzufangen, er sieht so traurig aus.«

Mit hochgezogenen Schultern und einem schneeweißen Gesicht wartet Harry an der anderen Seite, unter einer der vier Kuppeln, durch die man in die Einkaufspassage kommt. Niemand darf sehen, dass sie sich treffen.

»Hallo, Ronny.«

»Hallo, Harry.«

Ihr Freund sieht todunglücklich aus. Und als wäre das noch nicht genug, versuchen die Lojedajes ihnen den Weg zu versperren. Tarzan rennt fröhlich bellend von einer Gruppe zur anderen, als wäre es ein Spiel.

Ronny und Kees kommen mit blutenden Nasen an der Schule an.

Harry kniet sich auf die Erde und streichelt Tarzan. »Ich wünschte, die Lojedajes würden uns auch ärgern«, flüstert er ihm zu. »Dann würden wir wenigstens echt dazugehören.« Tarzan leckt ihm über das Gesicht. Aber ob er einer Meinung mit ihm ist, verrät Tarzan nicht.

In der Pause suchen Ronny und Kees nach Louise, die nun leider in eine höhere Klasse geht. Sie tobt über ihre Erzfeinde.

»Diese Loje-Feiglinge gehorchen niemandem mehr, der einen Stern trägt. Wenn Fräulein Esther ihnen verbietet, die Rückseitler zu ärgern, lachen sie sie einfach aus! Einer von ihnen hat sogar nach ihr getreten!«

In den Pausen wird immer weniger gespielt. Überall stehen Kinder zusammen und flüstern. »Bei uns in der Kerkstraat sind Familien einfach weggeholt worden. Deutsche Soldaten und ihre grüne Polizei haben sie auf Lastwagen gestoßen. Und ein paar niederländische Polizisten tun mit!«

Morgens können Ronny, Louise und Kees manchmal von weitem beobachten, wie ihre Freunde durch das Tor auf der Rückseite der Schule rennen. Manchmal werden sie den ganzen Weg bis zur Tür vorwärts gestoßen, sodass sie stolpern.

»Könnten wir ihnen doch helfen«, stöhnt Ronny.

Zu Hause zieht sein Vater seinen Mantel an. »Wenn du willst, kannst du mich begleiten.«

Aber Ronnys Mutter mischt sich ein. »Kommt nicht infrage, viel zu gefährlich.«

»Dootje, mit einem Ausweis wie meinem kann uns nichts passieren«, sagt der Vater.

Ronny hofft, dass er mit darf, etwas Verbotenes zu tun. Ein

Ausweis ist schließlich eine Sondergenehmigung für etwas, das den meisten Menschen nicht mehr erlaubt ist. Sein Vater hat eine ganze Menge Sondergenehmigungen.

»Ein Kind ist eine prima Tarnung«, sagt sein Vater. »Wer erwartet schon, dass ein Vater zu so etwas sein Kind mitnimmt?«

Ronnys Mutter deutet auf ihren Kopf. »Nur ein Vater mit Sägespänen da, wo bei anderen ein Gehirn sitzt, geht so ein Risiko ein.«

Ihr Mann legt den Arm um sie. »Schatz, vertrau mir doch.«

Ungeduldig zieht Ronny seinen Vater mit. »Ich bin wirklich kein kleines Kind mehr, Mama.«

Die Mutter schaut ihnen kopfschüttelnd nach.

Erst holen sie einen Handwagen vom Hinterhof. Ronny fragt nicht, wo sie hingehen und was sie tun werden. Er hat sich daran gewöhnt, dass man vorher nie weiß, was passieren wird. Sie gehen an der Konzerthalle vorbei.

Am Willemsparkweg werden sie von einem Soldaten angehalten. Als der Vater seinen Personalausweis und ein Papier hinhält, erkennt Ronny erschrocken eines der Hakenkreuzpapiere aus dem Tischbein in seinem Spielzimmer. Zu seiner Erleichterung dürfen sie weiterlaufen. Nur mit Mühe gelingt es ihm, wieder ruhig zu atmen.

Ab da passt Ronny gut auf, damit er den Weg notfalls auch allein zurückfindet. Sie biegen in die Oranje Naussaulaan ein. Bei Nummer 1 gehen sie schnell durch den Vorgarten und stellen den Handwagen neben dem Haus ab, dann gehen sie zur Haustür. Auf einem Schild steht in Schnörkelbuchstaben der Name Ruben.

Ronnys Vater macht die Tür auf. Woher hat er den Schlüs-

sel?, überlegt Ronny. Sie betreten einen langen Flur. Durch eine offene Tür sehen sie in ein fast leeres Zimmer. Sein Vater flucht leise und sagt wütend: »Jetzt ist dieser Mistkerl von Puls wieder einmal schneller gewesen.«
Mit klopfendem Herzen folgt Ronny seinem Vater bis zum anderen Ende des Ganges. Die Tür quietscht. Sie sind nun in einer großen Küche, die bis auf ein paar alte Töpfe ganz leer ist. Noch nicht einmal ein Herd steht darin.
»Eins, zwei, drei, vier«, flüstert Ronnys Vater und tippt dabei jedes Mal mit dem Fuß auf eine Fußbodenfliese. Bei der Zahl fünf bückt er sich und benutzt sein Taschenmesser. Die Fliese bewegt sich und gibt ein Loch frei, in dem eine Blechdose liegt.
»Papa, stehlen wir jetzt was?«, fragt Ronny besorgt.
»Nein. Wir geben das dem Eigentümer, bevor es Puls in die Hände bekommt. Geh mal ins Vorzimmer und beobachte die Straße.« Ronny möchte lieber sehen, was in der Dose ist, aber dann gehorcht er. Sonst darf er beim nächsten Mal vielleicht nicht mehr mit.
Mit angehaltenem Atem schleicht er durch den Flur des totenstillen Hauses. Genau wie Dick Bos. Das Parkett im Wohnzimmer knarrt. Ronnys Herz klopft wie verrückt, während er sich umschaut. Nichts Verdächtiges ist zu sehen, außer dass fast alle Möbel weg sind.
Es steht noch ein antikes Schränkchen da, und ein Tischchen mit einer schönen Uhr. Die hellen Flecken auf der Tapete zeigen die Stellen, an denen Bilder gehangen haben. Hat Puls die ebenfalls gestohlen? Ronny versucht sich vorzustellen, wie es wäre, wenn jemand einfach ihr Haus ausrauben dürfte. Ohne dass sie zur Polizei gehen könnten. Das wäre doch schrecklich.

Er späht durch das Fenster des Wintergartens hinaus auf die menschenleere Straße. Auf dem Boden liegt das Foto einer Frau. He, die sieht doch aus wie die Frau, die mit ihrem Mann einmal bei ihnen war. Ist das etwa ihr Haus?
Schritte sind zu hören. Ronny wagt kaum, sich umzudrehen. Zum Glück ist es sein Vater.
»Steck diesen Umschlag in deine linke Tasche und den in die rechte. So, und jetzt werden wir in Sicherheit bringen, was Puls für sich und seine Freunde zurückhalten wollte.«
Ronny deutet auf den Boden. Sein Vater nimmt das Foto aus dem Rahmen und versteckt es unter seinem Hemd. Einen Moment lang legt er die Hand auf Ronnys Schulter. »Mein tapferer Kamerad.« Ronnys Brust schwillt vor Stolz.
Zusammen bringen sie den Handkarren hinter das Haus. Durch die offene Terrassentür tragen sie das antike Schränkchen hinaus und laden es auf den Karren. Dann gehen sie hinauf in den ersten Stock. Hier stehen alle Schränke offen, überall liegen Sachen herum. Nur in einem Zimmer stehen noch Betten, allerdings ohne Matratzen. Sie schleppen einen Sessel hinunter, alte Bilder und sonst noch ein paar Sachen.
Als der Karren voll beladen ist, wird ein Tuch darüber gelegt und mit einem Seil festgebunden. Dann schließt Ronnys Vater das Haus ab und sie ziehen den Karren hinaus auf die Straße. »Du musst jetzt einfach reden, als wäre nichts los«, sagt Ronnys Vater ruhig. »Weißt du schon, was du dir zu deinem Geburtstag wünschst?«
»Ein Buch mit chemischen Versuchen, in dem steht, welche

Stoffe man zusammenmischen muss, um etwas sprudeln zu lassen.«

»Und woher nimmt man die Grundstoffe?«

»Bekommt man einfach in der Drogerie. Dort kauft Kees' großer Bruder sie auch. Aber ich möchte immer noch ein Indianerkostüm mit Pfeil und Bogen, damit ich schon für die sibirische Bärenjagd üben kann.«

Sein Vater lacht laut. »Das kannst du dir ja zu Nikolaus wünschen.«

Nun, da ihre geheime Mission gelungen ist, hat Ronny auf dem Rückweg keine Angst mehr. Als sie sicher das Hotel erreichen, wird es schon dunkel. Sie schieben den Handwagen in den Schuppen.

»Komm, gucken wir mal nach den Fledermäusen, die sind jetzt bestimmt wach«, schlägt sein Vater vor. Zusammen überqueren sie die Straße und gehen hinüber, zur Kuppel der Einkaufspassage. Ronnys Vater stellt sich hinter einen Pfeiler und schaut erst einmal zur anderen Straßenseite. Ronny sieht, dass seine Mutter oben am Fenster steht und die Straße beobachtet.

»Dick Bos passt auch immer auf, ob ihm niemand gefolgt ist«, flüstert Ronny. Als seine Mutter den Daumen nach oben richtet, wirft sein Vater seinen Hut in die Luft. »Ich werde jetzt eine Fledermaus fangen.«

Die Fledermäuse schießen auf den Hut los. Als der Hut auf dem Boden landet, hebt Ronny ihn auf. »Nichts gefangen.«

Sein Vater versucht es mindestens zwanzig Mal. Vergeblich.

Ein paar Tage später wird Ronny von Geräuschen auf der Treppe wach. Es ist erst halb sieben! Er späht um die Tür seines Schlafzimmers. Was sollen die Umzugsleute hier? Da ist übrigens Puls selbst. Im Pyjama läuft Ronny hinter seiner Mutter her, die den Leuten vorausgeht. In eines der Zimmer wird ein antiker Schreibtisch gebracht, in ein anderes eine schöne Tischlampe. Sie lässt auch ein paar prachtvolle Bilder an die Wände hängen. Dann geht sie mit Puls ins Wohnzimmer. Sie bietet ihm keinen Stuhl an.
Mit abgewandtem Gesicht steckt Ronnys Vater Puls ein paar Geldscheine zu.
»Ich stehe Ihnen gern nochmal zu Diensten«, sagt Puls zuvorkommend. Er bekommt keine Antwort. Kurz darauf knallt der gut erzogene Direktor des Hotels *Atlantic* die Teekanne gegen die Tür, durch die Puls verschwunden ist.
»Nutzt beide Seiten aus, dieser Gierhals«, brummt er.
»Psst, denk an Annie«, flüstert seine Frau. »Sei froh, dass du noch etwas retten konntest.«
Mit dem Kopf voller Puzzleteile geht Ronny zur Schule, zusammen mit seinen Leibwächtern Kees und Harry. Die Lojedajes lassen sich nicht sehen. Sind sie zu sehr damit beschäftigt, andere Kinder zu ärgern? Auch zur Mittagspause laufen sie ungehindert heim.
Plötzlich bleibt Ronny stehen und deutet auf Hannys Haus.
Was ist da los?
An der Wand hängen zwei Schaukästen mit Fotos. Sie gehen näher.
»Nur Fotos von falschen Niederländern«, flüstert Kees in Ronnys Ohr. Harry bekommt einen roten Kopf.
Plötzlich geht die Tür auf. Ronny sieht erst zwei große

schwarze Stiefel, dann hebt er den Blick und sieht direkt in das Gesicht eines groß gewachsenen Mannes mit Bart. Ronny hasst ihn vom ersten Moment an. Was tut dieser Bartaffe in Hannys Haus?

Der Mann schaut Harry an, der etwas murmelt und schnell weggeht. Bestimmt ein Bekannter seines Vaters, denkt Ronny.

Der Mann streckt die Hand aus. »Guten Tag«, sagt er. »Ich bin der neue Nachbar.« Tarzan springt an ihm hoch und leckt seine Hand. Du kapierst wirklich nichts, du Verräterhund, denkt Ronny enttäuscht. Er dreht sich um und geht mit Kees nach Hause. Tarzan läuft fröhlich hinter ihnen her.

»Was für ein unverschämter Kerl«, sagt Kees. »Klaut Hannys Haus und will dir die Hand geben.«

»Er ist Fotograf für die NSB-Zeitung *Volk und Vaterland*«, erzählt Ronnys Mutter beim Essen. »So ist es nun mal.«

Das hat sie gedacht ...

Sofort nach dem Abendessen klettert Ronny auf das Schuppendach und von dort in den Kastanienbaum. Er sieht den NSB-Fotografen im Büro von Hannys Vater. Er hält ein Negativ vor eine Lampe und streicht sich den Bart.

So unerträglich auch der Anblick des Dummkopfs in Hannys Haus ist, Ronny kann den Blick nicht abwenden. Er muss schauen und schauen, bis seine Mutter ihn ruft.

»Ronny, wo bist du denn? Du musst ins Bett.«

Am nächsten Tag zieht er Kees und Louise ins Vertrauen.

»Jemand muss beobachten, was dieser gefährliche NSB-Fotograf in Hannys Haus ausheckt, nicht wahr? Gestern war er übrigens in dem feinen Büro von Hannys Vater!«

»Eine Unverschämtheit«, findet Louise.

»Ich werde ein Baumhaus bauen«, sagt Ronny. »Dann kann ich diesen Bartmann sehen, aber er mich nicht.«
Zu dritt untersuchen sie die Kastanie. Zwei dicke Äste scheinen als Stützen sehr geeignet. Auf dem Dachboden des Hotels finden sie Bretter und Tischbeine, die noch vom Streit mit der WA übrig sind.
Sie schleppen alles auf das Scheunendach, wo sie den Fußboden zusammenbauen. Den legen sie über zwei Äste. Sie arbeiten fleißig weiter, bis Louise und Kees nach Hause müssen.
Am nächsten Tag baut Ronny allein an seinem Haus. Erst eine Rückwand, dann zwei Seitenwände. Vorn bleibt es offen. Ab und zu ruht er sich in der Scheune bei den Kaninchen und Grunz aus.
»Wachs nicht so schnell, Grunz, du bist schon ein halbes Schwein, und das ist gefährlich«, warnt Ronny. »Die Erwachsenen wollen dich schlachten.«
Das Ferkel grunzt und schnüffelt an Ronnys Ohr.
Als das Flachdach auf seiner Hütte fertig ist, beginnt es zu regnen. Das Dach leckt kaum, was für ein wunderbares Versteck! Auf dem Dachboden findet Ronny noch alten dunkelgrünen Stoff, der ist gut als Vorhang für den Eingang und um die Wände damit zu bekleiden. Als er mit seinem Fund hinunterläuft, hört er, wie seine Mutter ihre Schwägerin Annie anfährt.
»Bald ist Kickman pleite bei eurer Sauferei. Eine Flasche Schnaps kostet auf dem Schwarzmarkt Hunderte von Gulden.«
Am nächsten Tag führt Ronny stolz seinen Freunden das Baumhaus vor. Louise staunt. »Nur wenn man es weiß, sieht man es.«

»Wie nennst du das Haus?«, fragt Kees.
»Falkennest«, sagt Ronny feierlich. »Kommt ihr mit? Am Pferdeweg an der Stadhouderskade liegen perfekte Wurfsteine. Damit kann ich mich gegen Angreifer verteidigen.«
Bald haben sie in einer Ecke des Falkennests Steine angehäuft. Ab jetzt zielt Ronny stundenlang auf irgendwelche Ziele unten, während er den NSB-Fotografen beobachtet. Der spaziert ab und zu durch Hannys Garten. Dann hält Ronny sich totenstill. Blöd, so eine Reithose, wenn man nie aufs Pferd steigt, denkt er. Und was für ein kindischer Angeber er ist, mit den vielen Orden auf seiner Jacke.
»Tarzan, pack ihn«, zischt Ronny plötzlich. Der Hund springt bellend am Kastanienbaum hoch. Fast hätte er damit Ronnys Versteck verraten.
Abends klopft Ronny an Corrys Tür. Sie öffnet ihm in einem prachtvollen Sarong. Ronny beklagt sich über das Verhalten seines Hundes. »Jammerkatze durchschaut solche Mistkerle sofort. Tarzan riecht noch nicht einmal, wie schlecht der NSBler ist. So ein Blödian. Meinst du, er hat früher vielleicht gar keinem Juden gehört, sondern einem Verräter?«
Corry weiß genau, dass es nicht so ist. »Seit er bei dir bleiben darf, denkt Tarzan wahrscheinlich, dass alle Menschen gut sind. Und er kapiert auch, dass ein guter Hotelhund zu allen freundlich sein muss. Aber den Unterschied riecht er, schließlich hat er sich ja dich als seinen besten Freund ausgesucht.«

»Bei uns liegen oft illegale Zeitungen der Untergrundleute unten an der Treppe«, erzählt Louise, als sie mal bei Ronny spielt. »Und da steht alles Mögliche drin, was man von den Deutschen aus nicht wissen darf. Auch über heldenhaften Widerstand. Wenn wir die Zeitungen gelesen haben, werfen wir sie woanders in den Briefkasten. Heimlich, man kann dafür eingesperrt werden.«

Ronny nickt. Oma Sweerings Freundin hat immer einen Packen solcher Zeitungen dabei. Und sie holt gefälschte oder gestohlene Lebensmittelkarten für Leute mit Untergetauchten. Aber darüber spricht man nicht.

Ronny wird nervös, weil Louise mit dem Fuß immer wieder an DAS Tischbein stößt. »Sollen wir zu dir gehen und Heftchen betrachten?«

Louises Schwester macht ihnen auf. Ronny hat seine Jacke noch nicht ausgezogen, als ihre Mutter hereinstürmt. Sie schiebt eine verwildert aussehende Frau ins Hinterzimmer und schickt Ronny weg.

Am nächsten Tag erzählt Louise, was passiert ist. »Diese Frau ist von einem dieser deutschen Lastwagen gesprungen, mit denen Juden weggebracht werden. Sie ist die Straße entlanggelaufen und hat Passanten festgehalten und gefleht: ›Retten Sie mich, retten Sie mich, bitte.‹ Alle Leute sind weitergelaufen. Sie hatten natürlich eine Heidenangst, die Soldaten würden ihr hinterherlaufen. Und dann wären sie auch dran, wenn sie ihr helfen würden. Mama war kurz vor zu Hause und hat die Frau unsere Treppe hochgeschubst.«

»Bleibt sie bei euch?«, fragt Ronny und hebt warnend die Hand, denn Kees kommt näher.

»Wir dürfen mit niemandem darüber sprechen«, zischt Louise. »Noch nicht mal mit Kees.«

Kurz darauf zählen sie zu dritt, wie viele Rückseitler in die

Schule gehen. Das tun sie nun immer, denn sie haben Angst, dass einer fehlen könnte. Bedrückt schaut Kees die beiden anderen an.

»Seht ihr Max? Fast alle sind drin, außer Max und Saar.«

»Nein, Saar ist dort«, ruft Ronny. Bevor die anderen ihn zurückhalten können, läuft er zur Rückseite, wo er plötzlich neben Saar auftaucht.

»Wo ist Max?«

»Max ist weg, keiner weiß wohin.« Saar sieht so verzweifelt aus, dass Ronny verspricht, ihn zu suchen. »Wenn wir Max finden, machen wir auf unserem Dachboden ein Versteck. Du darfst auch dorthin.« Sanft zieht er an Saars Pferdeschwanz.

Auf der Vorderseite schlägt diese Nachricht ein wie eine Bombe. Max, der Klassenclown, darf einfach nicht weg sein. Eine seltsame, spannungsgeladene Stimmung macht sich breit, alle starren traurig vor sich hin.

»Vielleicht ist er entkommen und hat sich irgendwo versteckt«, sagt Ronny hoffnungsvoll. Tief in seinem Herzen weiß er es besser. Trotzdem geht er nach der Schule mit Kees und Louise zu Max' Haus in der Kerkstraat.

»Schnell, sonst suchen sie nach mir«, sagt Louise. »Meine Eltern denken immer, dass ich in Gefahr bin.«

Bei Kees und Ronny ist es ebenso.

Sie verteilen schon mal die Aufgaben.«Ich werde heimlich die Kleider von Max waschen«, beschließt Louise. »Und das Essen kann Ronny im Restaurant zur Seite schaffen.«

»Ich kann Modellierbögen von Eisenbahnen mitbringen«, sagt Kees. »Sonst langweilt sich Max zu Tode, au...«

Ronny kneift ihn in den Arm. Schweigend deutet er auf das Haus, in dem Max gewohnt hat. Ein Mann trägt einen Karton zu einem Möbelwagen vor der Tür, auf dessen Seite steht: PULS – KERKSTRAAT 303–305.

Hilflos schauen sie zu, wie die Spielzeugkiste ihres Freundes im Möbelwagen verschwindet. Dann der Esstisch. Und das Bild von dem Mann mit Hut, der nachts auf der Straße Geige spielt …

Ronny sieht roten Nebel vor den Augen. »Gemeiner Dieb«, flüstert er. »Das traust du dich gegen Menschen, die ermordet werden.«

Erschrocken schaut Louise ihn an. »Glaubst du das wirklich? Aber Max hat doch nichts getan.«

Plötzlich schießt es Ronny durch den Kopf: Max stirbt. Mir machen sie nichts mehr vor. Laut schreit er es durch die stille Straße: »Die Juden werden ermordet, das weiß jeder!«

Die Kinder rennen weg, so schnell sie können. Denn wenn man einfach sagt, was man denkt, wird man von den Nazis erschossen. Als sie keuchend in der Kuppel stehen bleiben, deutet Ronny auf ein Haus etwas weiter weg, an der Stadhouderskade. »Dort, schräg gegenüber von unserem Hotel, wohnt die Schwester von Puls. Er kommt oft hin.«

»Wir müssen Wache halten«, schlägt Louise kühl vor. »Wenn Puls auf Besuch kommt, schleichen wir ihm nach und stoßen ihn in die Gracht. Bestimmt kann er nicht schwimmen.«

Am Pferdeweg verstecken sie sich hinter einem Baum. Aber kein Puls kommt. Nur ein NSBler läuft herum, der versucht, die Zeitung *Volk und Vaterland* zu verkaufen. Leise singen die drei das bekannte verbotene Spottlied:

An der Straßenecke steht ein Pharisäer,
er ist kein Mann, keine Frau, er ist NSBler.
Seine Zeitung will er uns verkaufen,
für fünf Pfennig verkauft er sein Vaterland.
Schlagt ihn tot, so wie Koot, stopft ihn in ein Kissen,
gießt ihr dann noch Wasser rein,
schwimmt er wie ein Fischlein.

Da nun immer öfter Kinder vom rückwärtigen Schulteil verschwinden, wird die Stimmung an der Vorderseite zum Schneiden. Schon eine Woche vor Kees' Geburtstag bekommt Ronny Bauchschmerzen. Welcher Rückseitler würde jetzt wieder fehlen? Doch zugleich freut er sich darauf, mit Saartje zu spielen.

»Wo ist Eddy?«, fragt Ronny, als Kees sein Geschenk auspackt.

»Eddy ist auf Transport nach Westerbork«, antwortet Kees' Mutter. Ronny weiß Bescheid.

Die Juden werden oft zur holländischen Schauburg neben dem Zoo gebracht, dann mit dem Zug zum Lager Westerbork. Man sagt, dass von dort überfüllte Züge zu Arbeitslagern nach Deutschland und Polen fahren.

»Ab und zu gelingt es jemandem, aus der Schauburg oder aus Westerbork zu entkommen«, erzählt Kees' Mutter. »Und es gibt auch tapfere Menschen, die ihnen helfen. Aber es sind zu wenige.«

Ronny muss immer an Hanny denken, und an Max und Eddy und die anderen Rückseitler, die verschwunden sind. Er beißt sich auf die Lippen. Er will nicht weinen, ausgerechnet jetzt, wo sie endlich zusammen spielen dürfen. Jedes Mal, wenn er Saartje anschaut, denkt er, dass es viel-

leicht das letzte Mal ist. Aber er will sie nicht traurig machen.
Saartje sitzt immer neben Ronny und nimmt jedes Mal seine Hand. Denkt sie vielleicht dasselbe?
Der Abschied ist schrecklich. Früher waren sie immer ganz überdreht, wenn ein Geburtstag zu Ende ging. Jetzt küssen sie sich, ein paar Kinder weinen.
Traurig geht Ronny mit seiner Mutter nach Hause.

Als sie das Wohnzimmer betreten, zwinkert Ronnys Vater ihnen zu. »Überraschung«, sagt er. »Du darfst bei Oma schlafen und morgen kriegst du wieder einen Indianer.«
Ronny ahnt, was das bedeutet. Seiner Meinung nach schlafen immer Fremde in ihren Betten, wenn er mit seiner Schwester bei Oma Sweering übernachtet. Aber warum? Wenn er danach fragt, sagen seine Eltern: »Wie kommst du denn auf so etwas? Es stehen doch Hotelzimmer leer, oder nicht? Nein, du bekommst einfach einen Indianer.«
Wieso war dann ein fremdes Haar auf seinem Kissen? Ronny hat dazu seine eigene Meinung. Am Tag darauf bekommt er immer einen Indianer oder ein Pferd oder einen Wigwam für sein Indianerdorf. Das ist in den vergangenen Wochen ganz schön angewachsen.
Diesmal bekommt Ronny einen Indianer, den er Flammender Pfeil nennt. Er galoppiert auf einem weißen Pferd und hat einen Speer in der Hand. Neben ihm schwenkt Brüllender Bär auf einem schwarzen Hengst seine Wurfaxt.
»Packt die Bleichgesichter«, ermutigt Ronny seine Krieger. Die tapferen Indianer stoßen so kriegslüsterne Schreie aus, dass die Katze einen Buckel macht. Patsch, ein Pfeil trifft ihren Schwanz und sie zieht jaulend ab.

Louise, die fast nie Geschenke bekommt, erscheint plötzlich mit einer Schachtel toller Murmeln in der Schule. Sie sind rot, blau und grün mit Lila.
»Ein Mädchen aus meiner Straße hat sie mir geschenkt. Schaut euch mal diesen Brummer an.« Sie hält eine rotblaue Murmel ans Licht.
Nachmittags, als Ronny und Kees bei ihr spielen, verlangt ihre Mutter, dass sie die Murmeln zurückbringt.
»Aber das Mädchen hat selbst gesagt, dass sie sie nicht mehr braucht«, protestiert Louise vergeblich. Doch bei dem Mädchen macht keiner auf. Durch das offene Fenster im Erdgeschoss wehen die Gardinen. Ronny schaut hinein.
»Was für ein Durcheinander«, ruft er.
»Sie sind abgeholt worden«, sagt eine Frau. Erschrocken drehen sich die drei um und schauen die Frau im Nachbarhaus an. Dann laufen sie schnell weg.
»Das Mädchen hat gewusst, dass sie weg muss. Sie hat ihre Murmeln verschenkt, bevor Puls sie für ein deutsches Kind mitnehmen konnte«, sagt Kees.
Eine Träne fällt aus Louises Augen auf die Murmelschachtel. »Wo ist das Mädchen jetzt, das mir die Murmeln gegeben hat? Angenommen, wir müssten einfach weg.« Louise wirft eine Murmel gegen ein Plakat, auf dem steht, dass Deutschland siegen wird. »Jetzt freuen sie mich nicht mehr.«
Die Jungen stehen hilflos daneben.
»Mein Opa und meine Oma Boons wohnen im Transvaalviertel«, erzählt Ronny. »Dort holen sie jetzt immer einen Haufen Menschen mit großen Lastwagen ab. Sogar Opas Freund, den Stadtrat de Miranda.«

Louise nickt. »Das sind Razzien.«

Kees spricht laut aus, wovor auch die beiden anderen Angst haben: »Bald werden sie auch die restlichen Rückseitler holen.«

»Wir müssen etwas tun«, findet Ronny. »Können wir nicht ein paar Kinder auf unserem Dachboden verstecken, bevor die Moffen sie abholen?«

Louise schüttelt den Kopf. »Welches Kind taucht unter, ohne dass seine Eltern es wissen? Übrigens wohnt deine Tante Annie direkt unter dem Dachboden. Die würde sie doch hören.«

Alle Menschen, die nach Meinung der Deutschen Juden sind, leben in Panik. Im *Atlantic* geht es bei den geflüsterten Gesprächen nur um ein Thema: eine sichere Adresse zum Untertauchen. Im Sommer ist eine Landung der Alliierten bei Dieppe in Nordfrankreich misslungen. Aber nun steht der Winter vor der Tür und ihre Hoffnung wächst wieder. Der amerikanische General Eisenhower ist mit seinen Truppen in Marokko gelandet!

Im Wohnzimmer sitzt ein Student. Seine Kleider sind zerrissen. Ronnys Mutter verbindet seinen Knöchel, er stöhnt.

»Morgen bekommst du wieder einen Indianer«, sagt Ronnys Vater schnell und drückt Ronny seine gepackte Tasche in die Hand. »Schnell, Oma wartet schon. Lauf los und klingel sofort an der Tür.«

Einen Moment lang schauen Ronny und der junge Mann, der heute Nacht in seinem Bett schlafen wird, einander an. Er erinnert Ronny an jemanden. Aber an wen?

Er rennt los, über die Brücke. Oma Sweering steht schon

am Fenster und winkt. »Du hast aber Glück, schon wieder ein Indianer«, sagt sie.
Ronny behält seine Gedanken für sich. Abends fällt ihm ein, wem der Junge ähnlich sieht: Der Frau auf dem Foto, das in dem großen, leer gepulsten Haus auf dem Fußboden lag.
In dieser Woche muss Ronny noch zweimal bei seiner Oma übernachten. Er hofft, dass Rückseitler in seinem Bett schlafen. Aber es ist sinnlos zu fragen. Die Erwachsenen würden ihn sowieso belügen. Sein Indianerclan wird durch ein Mädchen mit langen Zöpfen vergrößert, das er Schnelle Füße nennt. Sie rennt immer los und warnt vor Bleichgesichtern. Ein neuer Indianer mit einem bunten Schild ist der tapferste von allen. Über seinen Namen muss Ronny nicht lange nachdenken. Er muss Winnetou höchstpersönlich sein.
Eines Tages warnt Harry: »Heute muss man nach dem Essen im Haus bleiben, es ist Standrecht. Wenn man tagsüber mit mehr als drei Leuten auf einmal redet, wird man sofort erschossen.«
»Gilt Standrecht auch für Kinder?«
Harry glaubt das schon. »Wir sind doch auch Menschen, oder?«
Zur Sicherheit geht Ronny nach Hause. Seine Großeltern sind zu Besuch gekommen. »Ich übe schon Steinewerfen«, verrät ihnen Ronny. »Bald werfe ich allen Lojedajes ein Loch in den Kopf.«
»Pass auf«, warnt Oma, »sonst können wir dich bald nicht mehr von einem Lojedajes unterscheiden.«
Ronny zuckt mit den Schultern. Sogar Opa und Oma verstehen nicht, wie die Welt jetzt für Kinder aussieht. Er läuft

hinunter. Vor dem Hotel steht sein Vater, die Hände auf dem Rücken, und starrt über das Wasser. Ronny stellt sich neben ihn.
Plötzlich flüstert sein Vater Ronny ins Ohr: »Ich habe Neuigkeiten für dich. Ihr findet nach einem Luftkampf doch immer diese geheimnisvollen Silberstreifen, die auf einer Seite schwarz sind, nicht wahr? Die sind dazu da, um den deutschen Radar zu stören. Psst, nicht weitersagen.«
»Woher weißt du das?«, fragt Ronny.
Mit einem Finger auf den Lippen antwortet sein Vater, der keine verbotene Sendung verpasst: »Radio Oranje.«

Arthur kommt von der Einkaufspassage herüber über die Straße. Der Adjutant ist heute alleine, ohne Hans. Zu Ronnys Ärger kommen die beiden SD-Offiziere fast jeden Tag zum Mittagessen ins *Atlantic*.
Wie es sich für einen Hoteldirektor gehört, nickt sein Vater Arthur höflich zu. Was soll Ronny davon halten? Tante Annie klebt mit Arthur zusammen, Ronny weiß kein anderes Wort dafür. Sie stellt sich an, riecht nach Parfüm und malt sich die Lippen knallrot. Onkel Jan und Tante Annie sind sich nicht treu. Das weiß Ronny von seinem Cousin. Nun hat es Annie also auf Arthur abgesehen. Er hat sogar einmal gehört, dass seine Mutter zu seinem Vater sagte: »Was ist, wenn die Kinder es merken? Oder die Nachbarn? Oder jüdische Freunde? Sie macht uns Schande durch ihr Geflirte mit den Deutschen.«
Ronnys Vater ärgert sich auch darüber, aber er versucht, den Frieden zu bewahren. Denn als sein eigener Vater sehr früh starb, musste er ihm auf dem Sterbebett versprechen, immer auf seinen kleinen Bruder Jan aufzupassen.

Da taucht Arthur wieder auf, diesmal mit Tante Annie am Arm. Ronny kapiert es nicht. Seine Eltern ärgern sich oft über Annie, aber sie bleiben immer höflich zu Arthur und seinem Chef Hans. Weil er Papa von der Exekutionsliste gestrichen hat?, überlegt Ronny. Aber all die anderen hat er nicht gestrichen. Und ich darf nicht nett sein zu deutschen Soldaten.

Stunden später kommt Annie wieder zurück. Angeheitert stößt sie im Flur mit Ronnys Oma zusammen, die nie einen Tropfen Alkohol trinkt. »Jetzt kannst du schon tagsüber die Finger nicht vom Schnaps und von den deutschen Uniformen lassen«, faucht die Oma plötzlich.

Annie zischt zurück: »Ein Wink von mir und Arthur lässt dich auch abholen, du dreckiges rotes Miststück.«

Zusammen mit seiner Schwester läuft Ronny hinter Annie her. Ihre Tante steuert im Restaurant auf Jo Kickman zu und setzt sich dann neben den Stuhl. Ronny und seine Schwester kreischen vor Lachen. Sie wissen, dass die Ober ihrer Tante jetzt keinen Schnaps mehr ausschenken dürfen, der Vater hat es verboten. Kickman hilft Annie hoch, sie ruft einen Ober. »Bring mir einen Kaffee, du weißt schon, welchen.«

Ronny späht hinter die Theke. Aha, Tante Annie tut nur so, als würde sie Kaffee trinken. Der Kellner gießt eine Kaffeetasse mit Kognak voll. Der ist auch braun und sieht aus wie Kaffee. Zuletzt gießt er noch einen Schuss Ersatzkaffee dazu. So wird dieser nachgemachte Kaffee heute genannt, Ersatzkaffee. Echten Kaffee und echten Tee gibt es nicht mehr. Es gibt Ersatzseife und Ersatzeis. Alles, was echt ist, wird von den Deutschen geklaut.

Als die beiden deutschen Offiziere abends wieder zum Es-

sen kommen, liegt Annie schon oben im Bett und schnarcht.
Ronnys Mutter faucht Arthur an: »Würdest du meine Mutter wirklich abholen lassen, wenn Annie das wollte?«
Erschrocken schüttelt der deutsche Offizier den Kopf. »So etwas würde ich nie tun.«
Ronny versteht, was er sagt. Er hasst die deutsche Sprache, aber sie ist nicht schwer zu verstehen. Er rennt in sein Zimmer, um nachzudenken. So etwas würde Arthur also nie tun. Wenigstens hat er das gesagt. Ob das stimmt? Ronny ist nicht ganz beruhigt; er muss wissen, wie gefährlich die beiden wirklich sind. Aber wie soll er das herausbekommen?
Ich muss Arthur angreifen, denkt er. Wenn sie mir dann nichts tun, lassen sie Oma bestimmt auch in Ruhe. Aber wenn sie mir wehtun, wissen wir, dass Oma ein Risiko eingeht, wenn Arthur in der Nähe ist. Es ist ein gewagter Plan, aber es geht um Oma.
Am nächsten Tag versteckt sich Ronny hinter einem Pfeiler in der Kuppel der Einkaufspassage. Er zittert vor Nervosität. Aber um Omas willen nimmt er seinen ganzen Mut zusammen.
Da kommen die beiden Deutschen in ihren Uniformen. Sie unterhalten sich eifrig. Hans lacht über etwas, das Arthur erzählt. Noch zehn Meter, noch acht, noch fünf, jetzt sind sie nur noch zwei Schritte von ihm entfernt. Sie gehen am Pfeiler vorbei …
Ronny schleicht ihnen nach. In dem Moment, in dem sie die Straße vor dem *Atlantic* überqueren wollen, duckt sich Ronny und … landet mit einem Riesensatz auf Arthurs Rü-

cken. Die Mütze mit dem Totenkopf und dem Adler fällt herunter.
Zu Ronnys Verblüffung reagiert keiner der beiden Männer bösartig. Arthur bricht in Lachen aus. »Ach, du bist es, Ronny!«
Hans ermutigt Ronny sogar. »Greif ihn an, Tiger, du gewinnst!«
Ronny lässt los. Insgeheim findet er diese deutschen Männer eigentlich ganz nett. Zögernd schaut er hoch. Hans streichelt Ronny sogar über den Kopf. Er geht mit den beiden ins Haus.
Dort hört er Hans seinem Vater zuflüstern: »Bitte, Jacob, geh heute Abend mit. Wir müssen alles tun, um zu verhindern, dass sie uns verdächtigen.«
Ronny überlegt: Verdächtigen? Wen? Was meint er?

Mittags spielen Ronny und Hetty aus dem Hutladen Murmeln, genau an der Stelle, wo er Arthur angegriffen hat. He, bewegt sich da etwas hinter dem Kellerfenster von Nummer 21? Ronny läuft hinüber. Die Frau, die ihn beim Luftangriff gerettet hat, schiebt eben eine Gardine zur Seite. Sie nickt freundlich.
Ronny läuft wieder zurück zu Hetty und platzt fast. Sie hat alle Murmeln geklaut!
»Ich habe gewonnen!«, ruft sie frech.
»Du spielst falsch!«, schreit Ronny, tritt mit dem Fuß auf und verlangt: »Gib sie wieder her.«
Hetty weigert sich. »Du hättest eben besser aufpassen sollen. Selber schuld.«
»Was für ein dreckiger Judenstreich!«, kreischt Ronny. »Du gewinnst unfair.«

Sie fängt an zu weinen, und er rennt wütend nach Hause, wo die ganze Familie mit Corry dem Sender Oranje lauscht.
Danach spielen sie Mensch-ärgere-dich-nicht. Ronnys Eltern spielen beide mit, denn im Restaurant ist immer weniger zu tun. Die Portionen sind klein und teuer und die Gäste müssen dafür ihre kostbaren Marken abgeben.
»Heute Abend sehen wir, in welchem Luxus die Deutschen und die NSBler baden«, sagt Ronnys Vater. »Wir müssen mit Hans und Arthur zu einem Fest der hohen deutschen Offiziere.«
Müssen, denkt Ronny, wieso müssen sie das?
Seine Mutter riecht nach Parfüm. Aber sie zieht ein Gesicht wie drei Tage Regenwetter. »Ich werde so tun, als würde ich kein Wort Deutsch können. Sonst sage ich Ihnen aus Versehen doch noch ins Gesicht, was ich wirklich von ihnen halte.«
»Liebling«, beruhigt sie ihr Mann, »denk einfach immer an die Menschen, für die wir diesen blöden Abend mitmachen.«
Als sie weg sind, erzählt Corry so lange Geschichten, bis die Kinder eingeschlafen sind.
Mitten in der Nacht wacht Ronny plötzlich vom Rattern eines Lastwagens auf. Er schleicht zum Wohnzimmer. Seine Eltern sind noch immer nicht zu Hause. Auf der anderen Straßenseite hört er jemanden brüllen: »Aufmachen!«
Vorsichtig schiebt er das Verdunklungspapier zur Seite. Im Mondlicht sieht Ronny, wie Soldaten die Tür des Hutladens eintreten. Andere Soldaten stürmen die Treppe von Hettys Haus hinauf. Sie stoßen ihre Eltern heraus. Ein Soldat schnauzt: »Schnell.«

Kalte Schauer laufen über Ronnys Rücken. Da ist Hetty. Ihr rosafarbenes Nachthemd schaut unter dem Mantel heraus. Sie stolpert.
Ronny beißt sich auf die Lippe. Er würde ihr gerne zurufen, wie sehr es ihm leid tut, dass er »Judenstreich« gesagt hat. Er möchte ihr sagen, dass er ihr nicht mehr böse ist. Dass er sie eigentlich sehr gern hat, außer heute Nachmittag. Er möchte alles gutmachen und ihr alle Murmeln geben, die er besitzt.
Aber sie stoßen Hetty in den Lastwagen. Hinter ihr knallt die Ladeklappe zu. Ronny fühlt sich schuldig. Judenstreich, dies Schimpfwort geht ihm nicht mehr aus dem Kopf. Es ist fast morgen, als er endlich einschläft.
Das Erste, was Ronny nach dem Aufwachen denkt, ist: Ich habe mich mit NSB-Wörtern angesteckt, Scheißjude, Judenverbrecher, dreckiger Jude, Judenstreich. Er putzt sich mindestens zehn Mal die Zähne. Warum habe ich das gesagt? Wie kann man behaupten, Schimpfen täte nicht weh? Es tut doch weh. Vielleicht kann ich es nie wieder gutmachen.
Auf dem Frühstückstisch liegt eine Tafel Schokolade.
»Ein Geschenk von Hans«, sagt sein Vater.
Ronny fühlt sich bei jedem Bissen schuldiger. Er möchte etwas gegen die Moffen tun. Er will nicht nur dem blöden NSBler in Hannys Haus nachspionieren.
»Los, Kinder, beeilt euch, ihr kommt zu spät«, mahnt ihre Mutter gähnend.

Harry hat geweint, Ronny und Kees sehen es an seinen dicken Augen. Diesmal erzählt er ihnen von selbst, was passiert ist.

»Wenn ich groß bin, schlage ich meinen Vater tot. Er hat mit Absicht einen Juden aus dem Fenster geworfen und ich musste zuschauen.«

Die anderen schweigen tief beeindruckt.

»Ich werde dir helfen, wenn du ihn zusammenschlägst«, bietet Ronny an.

»Ich auch«, sagt Kees.

Insgeheim beschließt Ronny noch etwas: Ich werde es der NSB und den Lojedajes heimzahlen, dass ich zu Hetty »Judenstreich« gesagt habe. Denn es ist ihre Schuld, dass ich solche Schimpfwörter überhaupt kenne.

Ronnys Chance kommt schneller, als er denkt …

6. Willy

Hettys Hutladen ist gepulst worden. Im leeren Schaufenster steht noch eine Schaufensterpuppe und grinst dumm vor sich hin. Unter der Kuppel der Einkaufspassage hängen die Fledermäuse kopfunter und schlafen unbeeindruckt in ihrer eigenen Welt.
Wäre ich doch auch eine Fledermaus, dann könnte ich den ganzen Krieg verschlafen. Könnte ich mich mit Hetty doch nur aussöhnen, denkt Ronny zum soundsovielten Mal. Ziellos schlendert er die Westeinde hinauf. Gegenüber dem *Atlantic* macht er einen Handstand. Das Blut läuft ihm in den Kopf, bis es anfängt zu klopfen. Wie halten die Fledermäuse das bloß aus, mit dem Kopf nach unten?
He, was ist das? Im Kellerfenster vor seiner Nase bewegt sich die Gardine. Ein Finger kommt darunter hervor und schreibt mit Spucke den Buchstaben H auf die staubige Scheibe. Dann ein A, zwei L und ein O.
Erstaunt springt Ronny wieder auf die Füße. Nun malt der Finger ein R, dann ein O. Bis schließlich dasteht:

HALLO RONNIE

Neugierig kniet Ronny sich hin und versucht hineinzuschauen. Er hofft, dass es Hetty ist. Vielleicht ist sie aus der Schauburg geflohen. Nach einem schnellen Blick über die Schulter, ob auch niemand zuschaut, klopft er ans Fensterchen. Keine Reaktion, auch nicht, als er leise ruft: »Hetty.«

Da geht die Vordertür auf. Die Nachbarin, die ihm beim Luftangriff geholfen hat, winkt ihm. Sie hat nun einen gelben Stern auf der Brust. Sobald Ronny in der Diele steht, macht sie die Tür zu.

»Was hast du gesehen?«, fragt sie sehr ernst.

»Nichts«, sagt Ronny. »Na ja, einen Finger. Ist Hetty bei Ihnen?«

»Versprich mir, dass du nie mit jemandem darüber sprichst«, verlangt sie.

Hinter ihr geht die Zwischentür zum Flur auf. Aber es ist nicht Hetty. Ronny sieht einen fröhlichen Jungen, der ihm zublinzelt.

»Hallo, Ronny, willst du meine Bücher sehen?«

Die Frau dreht sich blitzschnell um. »Willy, geh sofort hinunter.«

»Och, Tante Cato«, sagt der Junge neckend. »Erst bin ich so dumm und verrate mich an Ronny, und dann verrätst du auch noch, dass ich Willy heiße.«

Voller Bewunderung schaut Ronny diesen Jungen an, der wie ein Erwachsener spricht. Woher kennt er seinen Namen? Die Frau schiebt Ronny zur Haustür und macht sie auf. Aber Ronny lässt sich nicht abschieben. Er streckt höflich seine rechte Hand aus.

»Danke, dass Sie mir beim Luftangriff das Leben gerettet haben.« Er macht das Lächeln nach, mit dem seine Mutter unangenehme Gäste ködert. Es funktioniert perfekt. Tante Cato ist angenehm überrascht. Sofort versucht Ronny, sie einzuwickeln.

»Wenn ich verspreche, dass ich niemandem etwas sage, darf ich dann bitte Willys Bücher sehen? Ich bin kein kleines Kind mehr wie damals, beim Luftangriff.«

Hinter dem Rücken seiner Tante hebt der unbekannte Willy anerkennend den Daumen. Dazu macht er ein so komisches Gesicht, dass Ronny sich Mühe geben muss, ernst zu bleiben.
Willy macht nun weiter. »Ronny weiß nun ohnehin schon, wer ich bin.«
Seine Tante dreht sich um und sagt streng: »Nur weil du die Regel übertreten hast, dich nie jemandem zu zeigen.« Mit einem tiefen Seufzer betrachtet sie die beiden flehenden Jungengesichter. »Aber nur, weil Ronnys Vater und dein Onkel sich von klein auf kennen …«
Willy wartet den Rest des Satzes nicht ab. Er kommt in die Diele gerannt und zieht Ronny durch die Zwischentür in den Flur. Dort schiebt er ihn durch eine offen stehende Tür die Kellertreppe hinunter, während er ruft: »Danke, liebe, beste, Bravo-Tante-Cato.«
Unten landen sie in einem düsteren, muffigen Gang mit vier Türen. Willy öffnet die hinterste Tür und macht eine Verbeugung. »Bitte tritt ein in meine unterirdische Domäne, atlantischer Freund.«
Und dann steht Ronny in einem dunklen Kämmerchen. Es geht auf einen kleinen, grauen Platz und die rückwärtigen Mauern der Läden in der Einkaufspassage. Beklommen schaut Ronny sich um. Und blitzschnell kapiert er: Das ist also Untertauchen. Ich kriege jetzt schon keine Luft, wie hält dieser Junge das aus?
Willys Reich besteht aus einem Klappbett und darüber ein Regalbrett mit einer Reihe Büchern. Auf einem kleinen Schreibtisch stehen ein paar eingerahmte Fotos, davor liegt ein Heft. Es ist vollgeschrieben mit dem Alphabet in Spiegelschrift und mit einem Namen: Ronnie.

»Ronny schreibt man mit Ypsilon. Woher weißt du, wie ich heiße?«

»Wenn ihr auf der Straße spielt, höre ich im Vorderzimmer alles.«

Willy nimmt ihn mit, an einem Kohlenkeller, einem Abstellraum und einem winzigen Badezimmer vorbei zu einem Vorzimmer, in dem auch ein Bett steht. »Hier schläft Jonas, ein Neffe meines Onkels«, erklärt Willy. »Aber zum Glück ist er in eine nichtjüdische Frau verliebt, also ist er oft bei ihr. Geh nicht zu dicht ans Fenster, Ronny. Tante Cato droht, dass sie das Fenster vernageln lässt, wenn jemand mich sehen kann.«

Die Kellerfenster sind direkt über der Straße. Wenn man mitten im Zimmer steht, sieht man deshalb nur die Beine der Passanten. Ein komischer Anblick. Vom Hotel *Atlantic* auf der anderen Straßenseite sieht Ronny vor allem den Keller und das Restaurant.

»Du kannst das Hotel besser sehen, wenn du dich auf den Boden legst«, sagt Willy.

»Nein, du bist dran«, hört Ronny draußen jemand sagen. Sofort dreht er Willy den Rücken zu, der andere braucht nicht zu sehen, dass er rot wird. Bestimmt hat er gehört, wie ich Hetty beschimpft habe, denkt Ronny bedrückt.

»Spielen wir Verstecken?«, schlägt er vor und fängt sofort an zu zählen.

Willy lacht. »Ich tu doch nichts anderes. Fällt dir nichts Besseres ein?«

Ronny schämt sich. Sofort beruhigt ihn Willy wieder. »Ich bin so froh, dass du endlich da bist, Ronny. Ich habe schon so lange auf eine Gelegenheit gewartet, dich zu treffen. Als ich gesehen habe, wie du diesen Mof angefallen hast, habe ich sofort gewusst, dass man dir trauen kann. Du bist dicht an diesem Fenster entlanggeschlichen, hinter den beiden Offizieren her. Erst hielt ich es für ein Spiel. Bis du dann über einen Meter weit durch die Luft geflogen und wie ein Tiger auf seinem Rücken gelandet bist. Wie mutig das war! Noch dazu bei einem hohen Uniformträger von der SD. Es hat mir richtig Spaß gemacht.«

Ronny fällt ein Stein vom Herzen. Wenn Hetty dies auch gesehen hat, hat sie natürlich kapiert, dass er das mit dem Judenstreich gar nicht so meinte.

Willy fügt noch etwas hinzu. »Als die Mütze runterfiel, habe ich beinahe einen Schlag gekriegt. Bist du bestraft worden?«

Ronny schüttelt den Kopf.

»Hmm«, sagt Willy. »Bestimmt, weil der eine was mit Gluipje hat. Wenn man vom Teufel spricht ... da ist der Wackelpudding. Wie heißt sie in Wirklichkeit?«

Ronny wirft einen gleichgültigen Blick zur anderen Seite und sagt: »Ach, das ist Tante Annie. Wie hast du Spiegelschrift gelernt?«

»Von allein«, erklärt Willy. »Ich wollte mich mit dir anfreunden, aber ich wusste nicht wie. Ich darf nämlich nicht aus dem Haus. Ich habe dir einen Brief geschrieben, aber sogar Jonas wollte ihn nicht abgeben.«

»Blöd, warum nicht?«

»Niemand darf wissen, dass ich hier bin. Aber ich habe genug gesehen, um zu wissen, dass ich dir vertrauen kann. Dann habe ich mir überlegt, dass ich etwas auf das Fenster schreiben könnte. Ich habe es an meinem eigenen Fenster auf der Rückseite ausprobiert. Vom Platz aus konnte ich sehen, ob es lesbar war. Denn wenn ich dicht an der Wand bleibe, sodass die Nachbarn mich nicht sehen, darf ich manchmal hinten raus. Zum Lüften.« Willy lacht spöttisch. »Ich bin nämlich jüdisch und das scheint plötzlich nicht mehr erlaubt zu sein. Von draußen habe ich gesehen, dass das Wort unlesbar war, auf ein Fenster muss man in Spiegelschrift schreiben. Deshalb habe ich angefangen zu üben.«

Ronny hört erstaunt zu.

»Eines Tages hast du so nahe vor meinem Fenster mit Murmeln gespielt, dass ich mich getraut habe«, fährt Willy fort. »Als Hetty einen Moment nicht hingeschaut hat, habe ich versucht, deine Aufmerksamkeit auf mich zu lenken. Doch dann ist plötzlich Tante Cato hinter mir aufgetaucht und hat mich wütend in mein Hinterzimmer geschickt. Sie hat dir sogar kurz zugewinkt, damit du nicht misstrauisch wirst. Weißt du es noch?«

Und ob Ronny es weiß. Gleich danach hat er ja »Judenstreich« gesagt, weil Hetty gemogelt hat. Erleichtert wird ihm klar, dass Willy es gar nicht gehört haben kann, weil seine Tante ihn zu diesem Zeitpunkt schon weggeschickt hatte.

»Ich darf überhaupt nichts mehr allein entscheiden«, klagt Willy. »Ich sitze immer nur zwischen den alten Erwachsenen und sie machen mich ganz verrückt mit ihrem Getue. Dass Kindergehirne ebenfalls funktionieren, ist ihnen einfach nicht beizubringen. Aber heute war ich zu schnell für sie.«

Sie gehen wieder zu Willys Zimmer. »Wie alt bist du, Ronny?«

»Fast neun«, antwortet Ronny, der gerade mal acht ist.

»Prima«, sagt Willy und schlägt sich auf die Brust. »Endlich mal jemand, der jünger ist. Ich bin fast zwölf. Mein

Bruder und meine Schwestern sind mindestens zehn Jahre älter.« Er schweigt, dann sagt er leise: »Aber die sind nicht hier.«

Für einen Moment vergisst Ronny seinen Kummer wegen Hetty. Willy, der beinahe zwölf ist, hat ihn als geheimen Besucher seines unterirdischen Untertauchverstecks ausgesucht. Ich kann dafür sorgen, dass er sich zwischen all den Erwachsenen weniger allein fühlt, denkt er. Wenigstens für Willy kann ich etwas tun. Ronny ist fest entschlossen: Ich lasse Willy nicht mehr im Stich.

Inzwischen legt Willy die Bücher von Jules Verne, die einen festen blauen Umschlag haben, vor ihn hin. Ronny betrachtet die Bilder und Willy erzählt ihm von Ballonfahrten und dem Unterseeboot des Kapitän Nemo, dessen Mannschaft Seegras gegessen hat. Und von der Reise um die Welt in achtzig Tagen.

Danach erzählt Ronny alles, was er über Wilhelm von Oranien weiß. »Nach seinem Tod haben die Geusen achtzig Jahre gegen die Spanier gekämpft«, beendet er seine Geschichte. Willy starrt still vor sich hin. »Aber die Zeit vergeht schneller, seit es Flugzeuge gibt, der Krieg also auch«, tröstet Ronny ihn sofort.

»In Den Haag, wo ich herkomme, habe ich gehört, dass die Stadtviertel am Meer geräumt oder sogar abgerissen sind. Dort werden Bunker für den deutschen Atlantikwall gebaut, die Verteidigungslinie entlang der gesamten europäischen Küste. Damit wollen die Deutschen die Amerikaner und die Engländer von einer Invasion über das Meer abhalten. Typisch, euer Hotel heißt auch *Atlantic.*«

»Aber mit einem C«, sagt Ronny. »Das nächste Mal bringe ich das dicke Vaterländische Geschichtsbuch mit.«

»Wenn Tante Cato erlaubt, dass du noch einmal kommst«, sagt Willy plötzlich düster. »Sie ist die Schwester meines Vaters, aber Onkel Angsthase ist hier der Chef.«
»Ich klingle einfach, dann kann sie mich schlecht vor der Tür stehen lassen.« Ronny betrachtet die Fotos auf dem Schreibtisch. »In meinem Buch sieht man auf einem Bild den feigen Mord von Balthasar Gerards an Wilhelm von Oranien«, erzählt er. »Aber die Geusen haben einfach weitergekämpft, auch als Wilhelm, ihr Anführer, tot war.«
Bestimmt sind die Leute auf dem Foto Willys Familie. Auf einem sind ein Mann und eine Frau zu sehen. Der Mann lacht ebenso ansteckend wie Willy, der aber sonst aussieht wie die Frau.
»Das sind mein Vater und meine Mutter«, sagt Willy leise. »Aber Papa bekam eine Lungenentzündung und ist gestorben. Mama hat erst das Klavier und das Mahagonischlafzimmer verkauft.«
»Hattet ihr ein Auto?«
»Nein, aber wir haben ganz nah am Strand gewohnt, man war schnell dort. Ohne meinen Vater wurden wir immer ärmer, zuletzt sind wir in ein Obergeschoss in der Van Speijkstraat gezogen.«
»Wie lange ist dein Vater schon tot?«
»Ungefähr fünf Jahre. Ich war wütend auf die Leute, die bei der Beerdigung gesagt haben: ›Wer weiß, was ihm alles erspart bleibt.‹ Aber jetzt scheint mir immer mehr, dass sie recht hatten.«
Ronny möchte gern etwas Nettes oder Ermutigendes sagen, aber was?
Doch Willy grinst schon wieder.
»Ich war noch so klein, dass ich wütend auf Mama wurde.

Wie konnte sie zulassen, dass Männer in schwarzen Anzügen meinen Vater in einen Sarg legten? Und warum hat mein großer Bruder nichts getan? Damals habe ich mich für meinen Vater eingesetzt. Ich habe mich an den sechs schwarzen Zylindern gerächt. Die habe ich durch den Flur getreten und habe darauf herumgetrampelt. Unser Dienstmädchen Jo, nach der ich ganz verrückt war, hat es gesehen, aber sie hat mich verstanden. Als die Sargträger fertig waren, haben sie ihre Hüte wieder zurechtgebogen. Mein Vater wurde also von Männern mit zerbeulten Hüten beerdigt. Meiner Meinung nach ist ihnen recht geschehen.«
Ronny wird sehr still. Willy hat schon so viele schlimme Dinge erlebt. Den Tod seines Vaters, Umzüge, Schulwechsel … und nun ist er ohne seine Familie eingesperrt in einem Keller. Sie betrachten die anderen Fotos. Auf die Rückseite hat Willy die Namen geschrieben: Mama, Papa, Sophie, Sjors und Sonja van Biene.
»Sophie und Sjors sind in Rotterdam geboren und Sonja und ich in Den Haag«, sagt Willy. Plötzlich nimmt er Ronny das Foto aus der Hand. »Blöd, nun weißt du meinen Nachnamen. Angenommen, du wirst verhört, dann solltest du besser nichts wissen.«
»Verhören die Moffen auch Kinder?«, fragt Ronny.
»Verrückt genug dafür sind sie«, sagt Willy.
Während Ronny sich bemüht, Willys Nachnamen wieder zu vergessen, betrachtet sein neuer Freund die Fotos. »Meine älteste Schwester Fietje hat gerade einen nichtjüdischen älteren Mann geheiratet«, sagt er. »Glaubst du, dass ich die anderen noch einmal wiedersehe?«
»Bestimmt«, sagt Ronny. »Bei Stalingrad ist die sechste deutsche Armee schon ziemlich erfroren.«

Willy springt auf. »Wirklich?«
»Das weiß ich vom Sender Oranje. Das darfst du niemandem verraten.«
Willy grinst spöttisch. »Ich spreche nicht so oft mit anderen Menschen. Du hast es den Moffen zu danken, dass Geheimnisse bei mir sehr sicher sind.«
Warum muss Willy untertauchen und seine Tante Cato nicht? Ronny weiß, dass man so etwas nicht fragt, wenn man den anderen nicht kennt.
Auf der Treppe sind Schritte zu hören. Mit einem ausgelassenen Lächeln singt Willy leise: »Ich bin mit Catootje – zum Buttermarkt gegangen – und ich machte aus Butter – ein dickes Mädchen. Komm herein, komm herein, sagte das dicke Mädchen.«
Seine magere Tante klopft an die Tür. »Komm rein, Tante Cato«, ruft Willy höflich.
»Ronny, du musst jetzt nach Hause«, sagt sie. »Ich bring dich, damit ich mit deinen Eltern besprechen kann, dass du hier gewesen bist.«
Ronny zwinkert seinem neuen Freund zu. »Auf Wiedersehen, Willy, bis morgen.«
Als sie die Straße überqueren, nimmt er Tante Catos Hand. »Frau Salomons, Sie können sich wirklich auf mich verlassen. Willy ist jetzt mein Freund, ich lasse ihn nicht im Stich.« Ronny versucht, ebenso entschlossen und erwachsen zu klingen wie Willy.
Aber zu Hause wird er aus dem Zimmer geschickt. Willys Tante bleibt lange bei seinen Eltern, um sich mit ihnen zu unterhalten. Inzwischen starrt Ronny durch ein Fenster zur gegenüberliegenden Seite. Er versucht, in Spiegelschrift auf die beschlagene Scheibe zu schreiben:

HALLO WILLY

Abends sitzt sein Vater auf seinem Bettrand und fragt: »Wie war es bei Willy?«

»Ich gehe morgen wieder hin«, sagt Ronny entschieden. »Er ist immer so allein. Und wenn ihr es verbietet, gehe ich trotzdem.«

Sein Vater seufzt. »Untergetauchte zu besuchen ist lebensgefährlich.«

»Ausgerechnet du musst das sagen«, antwortet Ronny empört.

»Ein solches Geheimnis ist eigentlich zu schwer für ein Kind.« Die Stimme des Vaters klingt sehr ernst.

»Ich weiß sehr wohl, was ich tue.« Ronny ist jetzt auch ernst. »Das geht dich nichts an, Papa. Das ist eine Sache zwischen Willy und mir.«

Was ein Krieg für Kinder bedeutet, darüber denken die Leute nie nach, überlegt er. Aber er spricht den Gedanken nicht aus.

Sein Vater redet ernst über das Risiko, als spräche er mit einem Erwachsenen. Dadurch begreift Ronny, dass er Willys Leben in Gefahr bringen kann. Und auch das von Willys Tante und seinem Onkel, und das Leben seiner eigenen Familie. Das ist eine Angst machende Vorstellung.

Aber Ronny denkt an Hetty, bei der er diese Sache vielleicht nie wieder gutmachen kann. Und an Hanny, die weg ist. Und an Max, der abgeholt wurde. Er möchte so gerne helfen, und wenn es nur einem einzigen Menschen ist.

»Ich werde sehr vorsichtig sein, Papa. Ich will nicht draußen spielen, während Willy allein in seinem Keller sitzt und uns zuschaut.«

Sein Vater seufzt tief. »Ich verstehe, was du meinst, Ronny. Ich war auch sehr jung, als mein Vater starb und ich verantwortlich für Jan wurde. Ich hätte dir gegönnt, länger Kind zu sein.«

Ronny zuckt mit den Schultern. »Ich spiele lieber mit Willy als mit Erdmännchen. Die geben einem nie eine Antwort.«

Am nächsten Morgen wird sehr früh an der Tür geklingelt. Es ist ein Polizist. Ronny gerät in Panik. Hat ihn vielleicht ein Verräter aus Willys Haus kommen sehen? Die Deutschen bezahlen demjenigen, der Untergetauchte verrät, sieben Gulden fünfzig pro Kopf. Gespannt belauscht Ronny das Gespräch. Ab und zu kann er etwas von dem verstehen, was gesagt wird. »Sag ihnen Bescheid ... es kommen Razzien.«

Ronny wagt wieder zu atmen. Es geht gar nicht um Willy.

Der Polizist nennt Straßennamen, aber Ronny versteht sie nicht genau.

Nach Schulschluss wartet sein Vater draußen auf ihn. »Kommst du mit?«, fragt er.

Ronny sieht an seinem Gesicht, dass es sich um etwas Gefährliches handelt. Ohne ein Wort zu wechseln, gehen sie in die Richtung Amsterdam-Ost. Nach einer Weile sagt sein Vater beiläufig: »Nimm das eben in deine Tasche. Und wenn dich jemand fragt, was du in der Tasche hast, sagst du einfach: ›Ach, nur meine Hand‹, und zeigst deine leere Hand.«

Ronny schiebt in jede Hosentasche einen Briefumschlag. Schweigend gehen sie weiter. Sie haben gerade den Trans-

vaalplein überquert, als schräg hinter ihnen zwei Lastwagen stoppen. Männer von der deutschen grünen Polizei springen heraus, und Soldaten mit glänzenden Stiefeln und Gewehren. Sie schreien laute Befehle.
Sie klingeln bei einem Haus nach dem anderen oder sie treten einfach die Türen ein. »Aufmachen! Herauskommen! Schnell!«
Die Bedrohung, die von ihnen ausgeht, ist so überwältigend, dass Ronny das Gefühl hat, alles zehnmal schärfer zu sehen und zu hören als sonst. Er ist auf der Hut, von den Haarspitzen bis zu den Zehen.
»Weitergehen«, zischt sein Vater. Ronny hört, dass Menschen Treppen herunterlaufen. Das Gebell von Schäferhunden. Krach, jemand wird mit einem Gewehrkolben geschlagen, die wenigen Passanten auf der Straße ziehen sich zusammen.
Auf der anderen Straßenseite wird eine junge Frau mit einem Baby aus dem Haus gezerrt. »Papa, hilf dem Baby!«, ruft Ronny verzweifelt.
Mit dem Gewehr im Anschlag machen nun zwei Soldaten ein paar Schritte in ihre Richtung. Sein Vater hält Ronny die Hand vor den Mund und zerrt ihn um eine Ecke. Erst ein ganzes Stück weiter nimmt er die Hand wieder weg.
Ronny ist wütend. »Feigling, hast noch nicht mal geholfen.«
Mit kreideweißem Gesicht zieht sein Vater ihn weiter. »Schneller! Vielleicht kommen wir für andere noch rechtzeitig.«
Sie rennen über die Transvaalkade, stürmen eine Treppe hinauf und klingeln. Eine zu Tode verängstigte Frau macht ihnen auf.

Im Flur flüstert Ronnys Vater: »Ich habe die Sperren.«
Sie schluchzt und sagt mit einem deutschen Akzent: »Kommen Sie herein.«
»Nein, wir müssen weiter. Gib schnell den Umschlag aus deiner rechten Tasche, Ronny.«
Als die Frau das Papier aus dem Umschlag nimmt und auffaltet, wird Ronny steif vor Schreck. Wieder so ein Hakenkreuzformular aus dem Tischbein in seinem Zimmer sechs. Mit Stempeln darauf. Nie hat er gewagt, das Versteck noch einmal zu öffnen. Aber sein Spielzimmer stinkt manchmal nach Ersatzzigaretten und sein Vater raucht nicht ...
Wieder auf der Straße, erklärt sein Vater traurig: »So ein Papier heißt Sperre. Es steht darauf, dass sie die Leute in Ruhe lassen sollen. Bis auf weiteres. Auf diese Art locken die Moffen den Leuten immer wieder das Geld aus der Tasche. Nach ein paar Wochen erklären sie die Sperren für ungültig. Wer kann, bezahlt noch einmal für ein paar Wochen oder Monate Aufschub. Und wer es nicht kann, den bringen sie weg. Könnte ich diese Gratissperren bloß für alle armen Juden besorgen.«
Kochend vor Wut hört Ronny schweigend zu. Es hat keinen Sinn, seinen Vater zu fragen, wie er an die Sperren kommt.
Auch bei der nächsten Adresse sind die Menschen seinem Vater sehr dankbar. Er winkt verlegen ab. So schnell sie können, laufen sie durch den Oosterpark zurück nach Hause.
»Sie hatten schon begonnen, Do«, flüstert Jacob seiner Frau zu. »Bei drei Familien sind wir rechtzeitig gekommen.« Ronnys Mutter sagt nichts, sie umarmt sie nur fest.

Ronny ist böse und durcheinander. Warum hat sein Vater das Baby nicht gerettet? Und warum hat er Hanny kein Hakenkreuzpapier oder eine Sperre gegeben? Oder Hetty und Max? Todunglücklich sitzt er auf der Bank, während sein Vater aus einem Säckchen Diamanten auf den Tisch schüttelt.
»Jacob, mach das doch woanders«, sagt Ronnys Mutter warnend.
Als würde ich nicht kapieren, dass er die für die Untertaucher auf dem Schwarzmarkt verkauft, denkt Ronny. Als wüsste ich nicht, was Krieg heißt.
Seine Mutter gibt ihm seine gepackte Tasche. Natürlich, schickt mich nur weg, denkt Ronny. Als er geht, schaut sein Vater kurz auf.
»Morgen bekommst du keinen Indianer, sondern einen Wigwam für Winnetou und die Weise Graue.«
Ronny ist so wütend, dass er nicht fragt, wer die Weise Graue ist. Und er sagt auch nicht auf Wiedersehen.
Später, bei Oma, kann Ronny nicht einschlafen. Immer wieder denkt er an den Schäferhund und die Gewehre. Angenommen, sie würden Willy abholen? Er wirft sich in seinem Bett hin und her, bis er eine Lösung hat: Ich suche einen Fluchtweg für Willy. Vielleicht kann er über die Rückseite fliehen. Wenn er sich dann versteckt, bis es dunkel ist, kann er sich zu unserem Hotel schleichen. Dann bleibt Willy für immer bei uns. Todmüde fällt Ronny in den Schlaf.

»Nein, heute kannst du nicht bei mir spielen«, sagt Ronny nach der Schule zu Kees.
»Warum nicht?«

Ronny steht hilflos da. Schließlich darf niemand wissen, dass er zu Willy geht. Aber muss er nun Kees anlügen, seinen besten Freund, der so ehrlich wie Gold ist?
Zum Glück kommt Louise in diesem Moment. Ronny geht schnell weiter.
Kees schaut ihm erstaunt nach. »Ronny ist einfach weggelaufen«, sagt er. »Dabei habe ich nur gefragt, ob ich bei ihm spielen kann.«
Louise versteht es auch nicht.
Eine Viertelstunde später geht Ronny über einen Umweg zum Ufer. Er hält die Arme übereinander geschlagen. Unter seiner Jacke schmuggelt er das große Vaterländische Geschichtsbuch seiner Mutter. Vor Willys Haus schaut er sich schnell um. Erst als er sicher ist, dass niemand ihm folgt, klingelt er.
Tante Cato öffnet die Tür sofort. Willy wartet schon im Flur hinter der Tür auf ihn.
Im Keller schlägt Ronny das Buch auf. »Hier wird der feige Mord an Wilhelm von Oranien beschrieben«, sagt er feierlich, während er das Bild sucht.
»Schau, der Mörder Balthasar Gerards hat sich in einer Nische der Kirche in Delft verborgen. Eine Feigheit, denn Wilhelm war natürlich in der Kirche nicht bewaffnet. Und er kannte Balthasar, deshalb hat er nicht vermutet, er sei ein Verräter.«
Aufmerksam betrachtet Willy das Bild, unter dem die Jahreszahl des Mordes steht: 1584. Auf dem Boden liegt eine noch immer rauchende riesige Pistole. Unten an einer Treppe liegt ein blutender Mann mit einem Spitzbart und einer Mütze. Jemand beugt sich über ihn. Beide tragen weite Mäntel und Puffhosen und spitze Spangenschuhe.

»Das ist Wilhelm von Oranien«, sagt Ronny. »Hier stehen seine letzten Worte als Vater des Vaterlands: ›Herr, habe Mitleid mit meinem armen Volk.‹«
»Sollen wir den Mord an Wilhelm von Oranien spielen?«, schlägt Willy vor. »Ich bin Wilhelm.« Er zieht die orangebraun karierte Decke von seinem Bett und hängt sie sich um. Für Ronny finden sie im Rumpelkeller eine kurze Eisenstange.
Feierlich betend stellt sich Willy auf die hölzerne Kellertreppe, während Ronny sich in einer dunklen Ecke des Gangs versteckt. »Jesus, halleluja, aaamen«, singt Willy laut. »Adieu, Gott«, fleht er dann. »Ich muss von dannen. Gib mir deinen Segen, denn ich werde wieder mit meinen Geusen gegen die Spanier kämpfen.«
Ronny muss das Lachen unterdrücken. Willy spricht so dramatisch, dass es sich komisch anhört. Sobald Willy seinen Fuß eine Stufe tiefer setzt, schießt Ronny hervor. Er hebt sein Schießeisen und kreischt: »Peng, peng, tot.«
»Oh, Balthasar, wehe dir, du feiger Mörder«, stammelt Willy, während er von der Kellertreppe stürzt. »Mein Gott, mein Gott, habe Mitleid mit mir und mit meinem armen Volk.« Minutenlang krümmt Willy sich stöhnend auf den Boden, bevor er die Augen für immer schließt. Dann springt er auf.
»Eine gute Sterbeszene, nicht wahr? Wir haben die Schauspielerei in der Familie. Meine eine Schwester ist nach unserer Großtante Sophie genannt, die war eine berühmte Schauspielerin. Warte, ich hole die Fotoalben.«
Kurze Zeit später deutet er auf ein Bild. »Das ist ein Foto von meinem Opa van Biene, der hatte ein Theater in Rotterdam. Er hat Lieder von Louis Davids herausgebracht,

dem beliebten jüdischen Sänger. Mein anderer Opa Strausz und mein Onkel sind Fotografen. Aber jetzt dürfen nur noch NSBler Zeitungsfotos machen. Wie dieser aufgeblasene Frosch auf der anderen Straßenseite.«

»Der gehört überhaupt nicht dahin«, sagt Ronny und erzählt ausführlich von Hanny und von seinem geheimen Baumhaus. Willy hört aufmerksam zu, auch als Ronny von den Lojedajes berichtet.

»Ich sammle Steine, um Rache an ihnen zu nehmen«, sagt Ronny. »Sie sind nämlich schuld daran, dass die Leute über Juden schimpfen. Überall hängen jetzt solche Plakate mit Beschimpfungen. Auch Leute, die das gar nicht so meinen, sagen manchmal aus Versehen so etwas wie ›Judenstreich‹.« Ronny ist drauf und dran, Willy zu erzählen, wie er Hetty beschimpft hat. Vielleicht versteht er ja, wie einem so etwas aus Versehen herausrutschen kann, wenn man immer angesteckt wird.

Aber es ist schon spät und er will heute unbedingt noch einen Fluchtweg für Willy herausfinden. Jeder Tag könnte ja der letzte sein.

»Kann ich mal schnell auf den Platz schauen? Ich mache nämlich einen Fluchtplan für dich.«

Zusammen gehen sie den Gang hinauf. Willy bleibt in der Türöffnung stehen, während Ronny den Mülleimer an den Zaun schiebt und draufklettert. Willy kann leicht über ein paar Zäune klettern und sich irgendwo weiter weg verstecken, das sieht Ronny sofort. O nein, denkt er dann. In all diesen Häusern wohnen Juden. Dort klingeln die Moffen natürlich auch. Das Gebell der Hunde auf dem Transvaalplein, wo die Soldaten Leute aus ihren Häusern zerrten, ist ihm noch gut im Gedächtnis. Er begreift, dass man hier wie

eine Ratte in der Falle sitzt, wenn die Soldaten kommen. Er selbst auch. Bedrückt schaut er sich um.
Plötzlich fühlt er, dass Willy ihn von der offenen Tür her anschaut. Mit einer Locke über der Stirn und diesem Lachen sieht Willy aus wie ein Kinderfilmstar. Wenn ich Willy wäre, denkt Ronny, könnte mich jeder für sieben Gulden und fünfzig Cent verraten. Warum hassen die Nazis Juden so sehr?
Nachdenklich geht er mit Willy zurück zum Untertauchkeller.
»Wenn du es zu gefährlich bei mir findest, dann verstehe ich gut, wenn du nicht mehr kommst, Ronny«, fängt Willy plötzlich an. »Ich habe dich trotzdem immer gern. Und dann besuche ich dich einfach nach dem Krieg.«
Ronnys Wangen glühen. Er schämt sich, dass Willy ihm angesehen hat, welche Angst er plötzlich bekam. Auch Angst um sich selbst. Er versucht, seine Stimme möglichst beiläufig klingen zu lassen. »Wenn die Moffen kommen, ist die Rückseite kein idealer Fluchtweg. Aber versuchen muss man es. Du musst dich verstecken, bis es dunkel wird, und dann zu uns kommen. Mein Vater tut alles Mögliche, was verboten ist. Und ich komme weiter zu dir. Freunde lassen sich gegenseitig nicht im Stich.«
»Du kennst mich erst so kurze Zeit und trotzdem bringst du dich meinetwegen in Gefahr. Begreifst du wirklich, welches Risiko du eingehst, Ronny? Ich hätte nie den Kontakt zu dir suchen dürfen. Durch meine Schuld bist du nun auch gefährdet.«
Willy, der den ganzen Nachmittag voller Witze und lustiger Einfälle war, ist jetzt todernst. »Ich habe den ganzen Tag Zeit, um über solche Dinge nachzudenken«, sagt er.

»Für mich ist Freundschaft nichts Belangloses. Ich habe dich gern, Ronny. Kinder wie du und ich werden dafür sorgen, dass die Welt besser wird. Ich werde immer für dich da sein, wenn es nötig ist. Und es tut mir leid, dass ich dich hier hineingezogen habe.«
Bei der Vorstellung, dass er Willy auch verlieren könnte, schluckt Ronny verzweifelt, um seine Stimme normal klingen zu lassen. Willy darf seine Angst nicht merken, er will nicht, dass Willy sich seinetwegen Sorgen macht. »Ich will dich nie als Freund verlieren. Wir gehören zusammen und ich habe überhaupt keine Angst. Warum ist Tante Cato nicht untergetaucht und du schon?«
»Meine Mutter denkt, dass man in Amsterdam nicht so gefährdet ist, weil es hier so viele Juden gibt. Aber weil Juden nicht reisen dürfen, darf ich als Den Haagener eigentlich gar nicht in Amsterdam sein. Deshalb ist es draußen gefährlich für mich. Mein Bruder ist irgendwo in de Peel untergetaucht. Ich hoffe nur, dass meine Mutter und Sonja auch untertauchen. Meine älteste Schwester ist einigermaßen sicher, denn wenn man einen nichtjüdischen Ehemann hat, kann man bleiben. Wenn ich doch bloß zu meinem Bruder gehen könnte! Aber ich muss bestimmt mit meinem Onkel und meiner Tante untertauchen.«
»Und wie erfahre ich dann, wo du bist?« Ronny kommt ganz durcheinander bei der Vorstellung, dass Willy bald weg sein könnte, so wie Hanny.
»Ich werde sie überzeugen müssen, dass mein bester Freund mich besuchen kann. Aber du weißt ja, wie Erwachsene sind.« Willy seufzt.
»Hör bitte auf von den Glänzenden Duanen«, sagt Ronny.

Willy lacht. »Wie nennst du sie?«
»Oh, das ist so ein Ausdruck von Louise.« Erleichtert über den Themawechsel erzählt Ronny von seinen zwei besten Freunden Louise und Kees. Und dass er an den Lojedajes Rache nehmen will.
Willy erzählt seinerseits von seiner alten Schule in Den Haag. »Vor ein paar Monaten mussten alle jüdischen Kinder ihre Schulen verlassen. Sie haben uns alle zusammen in eine getrennte Schule gesteckt, in der Bezemstraat. Das passt zu den Nazis, eine Straße mit so einem Namen auszusuchen. Aber eure Mauer kommt mir auch sehr seltsam vor. Dann ist man zusammen und doch nicht.«
»Wir sind die einzige Schule mit einer Mauer«, sagt Ronny.
Sie sind so ins Gespräch vertieft, dass sie es nicht einmal merken, als Willys Tante die Treppe herunterkommt. Sie blättert kurz in den Fotoalben.
»Willys Großtante Sophie Pauwels-van Biene war eine sehr berühmte Schauspielerin. Sie wuchs in der Pension von Willys Rotterdamer Urgroßvater auf. In dieser Pension wohnte eine Zeit lang auch die berühmte Schauspielerfamilie Bouwmeester. Bei den Bouwmeesters spielte Willys Großtante Sophie ihre ersten kleinen Rollen. Und früher gab es noch die Kinoreklamen vom Bureau Puvabi, das Willys Vater Jos gehörte. Er hatte noch ein Büro, das hieß Vero. Und als Jos es auf der Lunge bekam, musste er alles an Remaco verkaufen. Ihre Nachfolger drucken übrigens diese elenden NSB-Lügen über jüdische Untermenschen.«
»Zum Glück hat Papa das nicht mehr erfahren«, sagt Willy.

Als Ronny nach Hause kommt, wird er wieder zu Oma Sweering geschickt, um bei ihr zu schlafen. Diesmal bekommt er einen Totempfahl.
»Um diesen Pfahl können die Indianer tanzen«, sagt seine Mutter. Ronny würde lieber Indianerfeinde in grünen Uniformen daran festbinden und sie samt Totempfahl anzünden. Aber seine Mutter hält ihn dann bestimmt für einen Lojedajes. Deshalb hält er den Mund.

Eines Tages ist der Unterricht der Rückseitler etwas früher zu Ende als der Unterricht der Vorderseitler. In ihrem Klassenzimmer hören die Vorderseitler Geschrei von draußen, von der Rückseite.
»Dieses Lojedajespack schnappt sich unsere Rückseitler, wetten?«, flüstert Ronny Kees zu. »Das lassen wir uns nicht gefallen, jetzt hauen wir sie in die Pfanne.«
Als sie hinauskommen, ist das Geschrei noch deutlicher zu hören. Ronnys Blut beginnt zu kochen. Louise taucht auf.
Zu dritt wenden sie sich an alle Kinder, denen sie vertrauen. »Los, die Lojedajes müssen endlich damit aufhören, die Rückseitler zu ärgern. Macht ihr mit?«
Sie stürmen um die Ecke. Harry rennt ohne zu zögern mit. Kees schiebt den Kopf um die Ecke der Huidekopersstraat. Sofort drückt er sich wieder an die Mauer. »Allmächtiger«, keucht er. »Es ist ein geplanter Überfall. Sie haben jede Menge Stöcke und Steine, und sie sind sehr viele.«
Vorsichtig schaut auch Ronny um die Ecke der Falckstraat. Einen Moment lang gerät er in Panik. Selbst die allerkleinsten Rückseitler verteidigen sich tapfer gegen eine enorme Übermacht an Lojedajes. »Dieser Mistkerl von Klaas

macht bei den Lojedajes mit, und Piet auch«, meldet er. Alle sind empört.
Plötzlich hört Ronny in Gedanken, wie die Ladeklappe hinter Hetty zugeschlagen wird. Er sieht das Baby auf dem Transvaalplein vor sich. Und er denkt an Hanny und Max und an Willy hinter der Kellertür. Seine ganze aufgestaute Wut verleiht ihm einen Löwenmut. »Kommt«, ruft er. »Wir bewaffnen uns auch. Und passt gut auf, dass sie euch nicht sehen.«
Gebückt rennt er die Straße hinüber zu den Sträuchern hinter dem Schutzkeller in der Falckstraat. Kees taucht dicht neben ihm ins Gebüsch. Sie brechen sich Zweige ab, während auch die anderen unbemerkt einer nach dem anderen die Straße überqueren. Fieberhaft bewaffnen sie sich mit Straßensteinen und Zweigen.
»Beschissene WC-Juden«, brüllen die Lojedajes und schlagen auf die Rückseitler ein.
Ronny schiebt einen dicken Stock in seinen Gürtel, in jeder Hand hat er einen großen Stein. Sobald sie alle bewaffnet sind, ruft er: »Im Namen von Wilhelmina Catherina, angreifen.«
Die Kinder der Vorderseite stürmen nun zur streng verbotenen Rückseite, Ronny voraus und Kees und Louise dicht hinter ihm. Die Lojedajes und die Rückseitler schauen sich verblüfft um. Die Vorderseitler schwingen unter schrecklichem Kriegsgeheul ihre Waffen.
»Feiglinge, NSB-Idioten, lasst eure Finger von unseren Rückseitlern«, kreischen Louise und ihre Freundinnen Erna und Trees. Mit wahrer Todesverachtung rennen sie auf Bleicher Bulle los, den gefürchteten Lojedajesführer.
Louise stößt einen Kriegsschrei aus: »Pech, Pech, los und

hopp, auf deinen blöden Bullenkopp!« Normalerweise machen Louise und ihre Freundinnen lieber einen Umweg von drei Seitenstraßen, wenn sie vermuten, dass Bleicher Bulle irgendwo in der Nähe ist. Jetzt werfen sie hemmungslos mit Steinen nach ihm. Sie tanzen sogar noch einen Kriegstanz um Bleicher Bulle herum, der stöhnend zusammenbricht.

Louise, die auch einem Feind helfen würde, wenn er in Not gerät, schreit nun leidenschaftlich:

Wer sich an unsere Rückseitler macht,
den verhau ich, dass es kracht.
Blut ist rot,
Bulle, bald bist du tot.

Und dann passiert etwas Seltsames: Bleicher Bulle rappelt sich auf und macht ein paar schwankende Schritte auf Louise zu.

Sofort stellen sich Ronny, Kees, Hannan und Harry drohend neben sie. Mindestens vier Lojedajes rennen herbei, um ihrerseits Bleicher Bulle zu beschützen. Zu spät!

Bleicher Bulle greift sich an seinen Kopf, dreht sich um und geht davon! Ausgerechnet Bleicher Bulle selbst ergreift als Erster die Flucht.

Ein wildes Gejohle bricht aus, nun, da die WC-Schule dank dem Fall von Bleicher Bulle wiedervereinigt ist.

»Feiger blasser Bullenkopp!«

Aber die anderen Lojedajes geben sich nicht so schnell geschlagen. Da ringt Kees, der sonst keiner Fliege etwas zuleide tun kann, mit einem riesigen Jungen. Ein anderer Lojedajes greift nach Saartjes Pferdeschwanz und zerrt sie

über den ganzen Kampfschauplatz. Sie gibt keinen Mucks von sich.
»Mit einem Kriegsschrei wie ein Indianerhäuptling«, wird Louise später sagen, lenkt Ronny diesen Lojedajes mit Boxbewegungen ab. »I kill you«, schreit er im verbotenen Englisch. Er tritt ihn plötzlich hart gegen die Wade. Als der Lojedajes schwankt, boxt Ronny ihn so heftig gegen den Unterkiefer, dass er nach vorn kippt. Aber Ronny selbst sieht auch Sternchen nach einem Schlag auf sein linkes Ohr.
Saartje eilt ihm zu Hilfe. »Nein«, ruft Ronny. »Hau ab, lauf los, Saartje.« Er stößt dem Lojedajes seinen Ellenbogen ins Auge, holt tief Luft und rennt mit Hannan zu Trees und Louise. Diese versuchen, drei Lojedajes auf einmal mit Fußtritten von sich fern zu halten.
Als sie mit ihnen abgerechnet haben, steht Ronny plötzlich Auge in Auge mit Klaas. Er holt aus, boxt ihn in den Magen und stellt ihm gleichzeitig ein Bein. Klaas fällt auf den Boden, die Hand vor dem Gesicht, um es zu schützen. Aber Ronny setzt nur einen Fuß auf seine Brust und faucht: »Ich lass dich jetzt in Ruhe. Aber sobald du nur einen Finger nach Saartje ausstreckst, bist du dran. Dann schlag ich dich endgültig zusammen.«
Einige Mütter kommen um die Ecke gerannt. »Aufhören, Schluss! Seid ihr verrückt geworden?«
»Ja«, ruft Trees, während sie mit ihren Fingernägeln das Gesicht eines Widersachers bearbeitet. Immer mehr Lojedajes ziehen ab. Ohne Bleicher Bulle sind sie nichts, und Bleicher Bulle wiederum ist nichts ohne sie.
Die WC-Schule ist im Siegestaumel, Vorder- und Rückseitler kämpfen Seite an Seite, als hinge ihr Leben davon ab. Das Geschrei ihrer Eltern und ihrer Lehrkräfte kümmert sie

nicht. Louise schleppt mit feuerrotem Kopf einen halb bewusstlosen Lojedajes hinter sich her.

»Hannan, lauf weg«, keucht Ronny, »und nimm die anderen Rückseitler mit. Wir schaffen es jetzt schon. Das Huhn ohne Eier kann jeden Moment hier sein.« Die Rückseitler sind kaum verschwunden, da ist tatsächlich das Trillern einer Polizeipfeife zu hören. »Wagt es noch einmal, unsere Rückseitler anzufassen«, ruft Ronny noch. »Ich schneide euch die Verräterzungen aus euren Lojedajesmäulern.«

Und dann laufen alle auseinander.

Zusammen mit Kees und den drei Mädchen schleicht sich Ronny zu seinem Zimmer. Von hier aus können sie sehen, ob ihre Erzfeinde sie verfolgen oder auf sie warten.

Ronnys eines Auge ist zugeschwollen, sein linkes Ohr glüht und klopft, er hat eine blutige Nase, aber er fühlt sich großartig. Sie haben die Rückseitler befreit, sie haben gewonnen!

»Hach, Bleicher Bulle! Was für ein Abgang! Er ist als Erster k.o. gegangen, durch unsere WC-Mädchen.«

»Ich habe gar nicht gewusst, dass ich so etwas kann«, sagt Louise selbstzufrieden.

Kees stammelt etwas verwirrt: »Normalerweise kämpfe ich gar nicht, und habt ihr Harry gesehen? Er hat bei uns mitgemacht.«

Ronny lässt sich neben Kees auf sein Bett fallen. »Sobald ein Lojedajes einen Furz lässt, verursacht er damit in der WC-Schule einen Orkan.«

»Was hast du vorhin über Pech gerufen, Louise?«, fragt Erna.

»Das habe ich aus einem mittelalterlichen Geschichtsbuch von meiner Mutter. Da kommt eine gefährliche Frau drin

vor, die Kenau Simons Hasselaar heißt. Kenau warf glühendes Pech von einer Burgmauer auf die Feinde.« Vorsichtig beklebt sie alle Wunden mit Pflaster. »Pech ist eine Art Teer. Ich frage mich, was wir jetzt als Strafe bekommen. Ich darf nie kämpfen, und schon gar nicht gegen NSB-Kinder, denn die haben die Deutschen auf ihrer Seite.«
»Sie hätten bloß ihre Pfoten von unseren Rückseitlern zu lassen brauchen«, sagt Ronny.
Louise nickt. »Genau. Wir haben mit den Erwachsenen und ihren Deutschen nichts zu tun. Die WC-Schule gehört schließlich uns.«

Natürlich kommt alles heraus. »Wenn du noch einmal mit den Lojedajes kämpfst, darfst du Willy zur Strafe nicht mehr sehen«, droht Ronnys Mutter. »Du kriegst Hausarrest.«
»Wenn du mit NSB-Kindern kämpfst, kannst du die Verantwortung für Willy nicht übernehmen«, fügt sein Vater streng hinzu.
»Das musst du gerade sagen, du tust doch dauernd verbotene Sachen«, ruft Ronny empört.
Sie können ihm übrigens überhaupt keinen Hausarrest geben, denn er muss wieder bei Oma schlafen. Am Tag darauf bekommt er keinen Indianer, sondern ein Lagerfeuer.
»Deine Indianer können um das Feuer tanzen.« Sein Vater lächelt. »Oder eine Friedenspfeife rauchen. Und übermorgen schläfst du wieder bei Oma, dann bekommst du eine Indianerfrau.«
»Das heißt Squaw«, verbessert ihn Ronny. Er fragt nie, wer in seinem Bett geschlafen hat und warum. Er ist jetzt so mit seinen eigenen Angelegenheiten beschäftigt, dass er sogar keine Zeit mehr hat, um als Dick Bos seinem Vater auf sei-

nen Gängen zu folgen. Abends, nach dem Abendessen, beobachtet er noch immer Hannys Haus. Morgens muss er zählen, ob kein Rückseitler fehlt, und nachmittags leistet er Willy Gesellschaft.

Ronny hat ein riesiges Problem: Kees fühlt sich im Stich gelassen. Dabei wünscht er sich nichts sehnlicher, als dass Kees mit zu Willy gehen könnte. Dann wären sie alle drei die besten Freunde.

»Kommt ihr zu mir spielen?«, fragt Kees.

»Nein, ich muss Opa helfen.« Ronny überlegt sich dauernd neue Ausreden. Er brennt darauf, Willy zu erzählen, wie sie Bleicher Bulle geschlagen haben.

Ronny könnte sich keinen besseren Zuhörer wünschen. Willy rollt den Teppich auf. Mit Kreide zeichnet er einen Grundriss auf den Kellerboden. Ronny zeigt ihm, wo sich der Kampf abgespielt hat.

»Die Lojedajes kamen aus der Nieuwe Looiersstraat über die Reguliersgracht und sind dann die Falckstraat entlanggestürmt.«

Willy malt Pfeile in die richtige Richtung.

»Und ihr?«

»Wir sind aus der Huidekopersstraat gekommen, denn hätten wir die Reguliersgracht genommen, hätte uns eine Verstärkung von den Lojedajes in den Rücken fallen können.«

Nach Ronnys Anweisungen zeichnet Willy den Luftschutzkeller in der Falckstraat. »Da haben wir Deckung gesucht und uns bewaffnet.«

»Eine perfekte Strategie«, lobt Willy. Und dann sagt er: »Warte, ich mache ein Handtuch nass.« Denn Ronnys linkes Ohr glüht und klopft wie verrückt. »Wenn du etwas Kaltes draufdrückst, tut es weniger weh.« Aber Ronny vergisst sein Ohr bald. Willy will in einem fort die Geschichte des siegreichen Kampfs hören. Er erkundigt sich nach den kleinsten Details und genießt es immer aufs Neue, wenn Ronny nachmacht, wie Bleicher Bulle zu Boden gestürzt ist. Und Ronny findet es wunderbar, ihm wieder und wieder vorzuspielen, wie der Kampf abgelaufen ist.

»Louise hat am meisten abgekriegt«, sagt er. »Eine Mutter hat ihrer Mutter verraten, welche Schimpfwörter ihre Tochter benutzt hat. Wenn sie Louise noch einmal beim Schimpfen und Fluchen erwischen, darf sie nie mehr mit uns spielen.« Ronny schaut Willy besorgt an.

»Solche Sachen sagen die Erwachsenen nur, weil sie wollen, dass man tut, was sie sagen«, beruhigt Willy ihn.

Zu Hause bindet Ronny sich ein knallrotes Band um den Kopf und steckt hinten eine schwarze Krähenfeder hinein. So klettert er zu seinem Falkennest hinauf, zu seiner täglichen Beobachtung von Hannys Haus. Der NSBler steht auf dem Balkon. Mit einem Messer spitzt Ronny einen Zweig an. Ein gut gezielter Pfeil und es ist aus mit dir, du Bartaffe, denkt er blutrünstig.

Die Fledermäuse sind aufgewacht. Sie fliegen von ihrem Schlafplatz in der Kuppel der Einkaufspassage herüber und fangen mit weit geöffnetem Maul Insekten. Geleitet von ihrem Geräuscheradar fliegen die blinden Tiere mit seltsamen Bewegungen haarscharf an seinem Baumhaus vorbei. Ronny wünscht sich, er wäre eine riesige Fledermaus. Dann würde ich den NSBler mit meinem offenen Maul fangen, denkt er. Und ihn mit meinen Zähnen zermalmen.

7. My Bonny

Noch zwei Wochen gelingt es Ronny, seinen Freunden zu entkommen, sodass er unauffällig zu Willy gehen kann. Aber dann lässt Louise sich nicht mehr abwimmeln. Ronny trödelt in der Klasse, bis er glaubt, sie seien alle weg. Doch unten springt Louise plötzlich hinter der Treppe hervor, genau wie Balthasar Gerards.

»He, du Schlaukopf, warum spielst du nach der Schule nie mehr mit uns?«

Ronny schaut sich um, als wisse er nicht, wen sie meint. Sie tippt auf seine Schulter.

»Dich meine ich. Oder siehst du sonst irgendwo einen Schlaumeier? Für mich ist es nicht so schlimm, ich habe noch Erna und Trees. Aber Kees hat nur dich als besten Freund. Er ist todunglücklich. Sag mal, bist du blind oder was? Warum spielst du fast nie mehr mit ihm?«

»Ich kann es nicht ändern«, stammelt Ronny.

Das reicht Louise nicht. Sie will wissen, was er nicht ändern kann.

»Irgendwann kann ich alles erklären«, antwortet er, weil er nicht mehr weiter weiß.

»Und warum jetzt nicht?«

Ronny flieht zu Willy.

Am nächsten Morgen wartet Louise wieder auf ihn, jetzt am Hotel. Zusammen gehen sie zum Frederiksplein, von wo aus sie immer die Rückseitler beobachten. Louise greift ihn wieder an. »Bist du vielleicht in ein Mädchen verliebt und wir dürfen es nicht wissen?«

Ronny schüttelt den Kopf.
Da kneift Louise die Augen halb zu. »Ich weiß es schon. Es ist bestimmt irgendein Geheimnis.«
Ronny wird es warm. Louise ist schlau, gleich rät sie, was los ist. Zum Glück kommt Kees. Aber er begrüßt Ronny kaum. Ronny konzentriert sich auf die Rückseitler und beginnt zu zählen. Verärgert schaut Louise von einem zum anderen.
»He, stell dich doch nicht so blöd an. Sag einfach, was los ist.«
»Saartje ist nicht dabei«, unterbricht Ronny sie. Die beiden anderen vergessen, dass sie eigentlich böse auf ihn sind, so erschrecken sie.
»Wir müssen nachher in der Pause zur Rückseite gehen«, sagt Ronny. »Wir haben keine Wahl. Wenn das keine Notsituation ist, dann weiß ich es nicht.« Louise und Kees finden das auch. Wenn sie erwischt werden, müssen sie es halt hinnehmen, bestraft zu werden.
Auf der Rückseite schauen ihnen ihre Freunde traurig entgegen. Sie reagieren bedrückt auf die Frage, warum Saartje nicht da ist.
»Ist sie etwa abgeholt worden?«, fragt Louise.
Die Rückseitler zucken mit den Schultern. Sie wissen es nicht.
»Vielleicht untergetaucht?«, fragt Ronny hoffnungsvoll.
Niemand weiß es. Der Rest des Vormittags geht sehr langsam vorbei.
Sobald es klingelt, rennt Ronny hinaus. Und als Louise auf den Flur kommt, sieht sie, dass Kees seinem besten Freund todunglücklich hinterherschaut. Sie zieht ihn mit. »Lass Ronny doch in seinem eigenen Saft schmoren«, sagt sie.

Ronny rennt zu Saartjes Haus in der Tweede Jan van der Heijdenstraat. In welchem Haus wohnt sie? Hier sehen alle gleich aus. Ronny liest alle Namen, Tür nach Tür. Saartjes Name ist nicht zu finden. Dann geht er noch die ganze Van Woustraat bis zur Kreuzung ab. In allen Häusern müssten hier Freunde wohnen. Deborah mit der weißen Angorakatze. Brammetje vom Stand mit sauren Gurken und Zwiebeln, ein bisschen weiter Sammie und Esther. Hier, an der Centuurbaan, müsste Eddy Blindeman wohnen. Nirgends steht Saartje. So viele verlorene Namen schwirren durch Ronnys Kopf, dass er in Panik gerät.

Willy, denkt er plötzlich, bestimmt haben sie Willy auch schon abgeholt. Er rennt zurück zur Westeinde und drückt auf die Klingel von Nummer 21. Jonas macht auf. Ronny rennt ihn fast um, so eilig hat er es, die Kellertreppe hinunterzulaufen.

»He«, begrüßt Willy ihn erfreut. »Eine schöne Überraschung, du kommst sonst doch nie in der Mittagspause.«

Ronny fällt atemlos auf sein Bett.

»Ist etwas passiert?«

Ronny möchte am liebsten sein Herz ausschütten, über Saartje und Max und all die fremden Namen an Türen, wo eigentlich Freunde hätten wohnen müssen. Aber er überlegt sich noch rechtzeitig, dass das Willy auch nicht weiterhilft.

Er denkt sich eine Ausrede aus, die soundsovielte. »Ich habe doch Kaninchen, weißt du? Sie stammen aus dem Zylinder eines Zauberers, von unserer Geburtstagsfeier, bevor die Mauer gekommen ist. Das eine hat fünf Junge.«

Wie immer ist Willy ganz Ohr. Er lässt Ronny genau erzählen, wie die Jungen aussehen.

»Zwei sind ganz weiß«, erzählt Ronny, »und eines von ihnen hat einen Fleck auf der Nase.«
Willy seufzt und sagt: »Mein Hund Vicky ist auch weiß mit einem Fleck. So ein nettes Tier, ich durfte ihn nicht mitnehmen.«
Bei Willy wird Ronny etwas ruhiger. Für Willy kann er wenigstens etwas tun.
»Wenn die Kaninchen etwas größer sind, bringe sich sie einmal mit, in einer Tasche. Aber jetzt muss ich los, sonst wird meine Mutter unruhig.«

Nachmittags flüstern die Kinder bedrückt miteinander. »Bald sind keine Rückseitler mehr übrig.« Vorbei ist die ausgelassene Stimmung nach ihrem Sieg über die Lojedajes. Kees sagt kein Wort zu Ronny. Auch das noch.
Fräulein Rood sagt schließlich: »Niemand hat seine Aufgaben gemacht. Was soll ich bloß mit euch anfangen?«
Bockig sagt Ronny: »Das ist eine Mistschule geworden.«
»Sollen wir ein Lied singen?«, fragt Fräulein Rood.
»Ja«, sagt Ronny frech, »tun wir doch einfach, als wäre nichts los.« Von ihm aus können Klaas und der Tomtom zur Hölle gehen.
Fräulein Rood lässt sich nicht beirren. »Das Lied handelt von Bonny. Jeder von euch kann sich überlegen, wer sein Bonny ist. Irgendjemanden, den er sehr vermisst.«
Kees schaut Ronny an, seine Lippe zittert. Wenn er jetzt bloß nicht zu heulen anfängt, denkt Ronny schuldbewusst. Ich darf nun mal nicht über Willy sprechen, ich kann es nicht ändern.
»Bonny kann zum Beispiel die Oma sein, die umgezogen ist«, fährt Fräulein Rood fort. »Oder ein Freund oder eine

Freundin, die weg sind …« Nun wird es totenstill. Dann fängt Fräulein Rood mit ihrer schönen, warmen Stimme an zu singen.

»My Bonny is over the ocean, my Bonny is over the sea.«

Viele Kinder haben einen Kloß im Hals, sogar Klaas starrt traurig vor sich hin. Alle kennen dieses Lied, aber heute ist es, als handle es von ihnen selbst. Und von ihren Freunden auf der Rückseite, die einer nach dem anderen verschwinden. Niemand weiß, wohin. Die ganze Klasse singt mit.

»O, bring back my Bonny to me, to me. Bring back, o bring back, o bring back my Bonny to me.«

Als das Lied zu Ende ist, fängt jemand von vorn an. Sofort stimmen die anderen wieder mit ein. Alle singen, dass Bonny weg ist und zurückkommen muss, bis Klaas es nicht mehr aushält.
Er meldet sich. »Wir dürfen doch keine englischen Lieder singen?«
Sofort dreht sich Louises Freundin Erna zu ihm um und starrt ihn an, ohne zu blinzeln, mit ihrem gefürchteten MMB, dem Magischen-Mädchen-Blick. Der kann schlimm sein.
Ruhig antwortet die Lehrerin: »Das ist ein sehr altes Lied, aus einer Zeit lange vor dem Krieg, für einmal geht das schon, und …«

»Bring back, o bring back, o bring back my Bonny to me, to me«,

erklingt es auf einmal von der anderen Seite der Mauer. Man könnte eine Nadel fallen hören. Deutlich hören sie die Rückseitler singen. Fräulein Rood dreht sich zum Fenster, ihre Schultern zucken. Kees schnäuzt sich laut die Nase.

Wie auf ein Zeichen fallen nun alle Klassen an der Vorderseite in das Lied ein. Die ganze WC-Schule singt zusammen von Bonny. Genau wie früher, als sie noch zusammen im Blumengarten spielten. Wohin bringen diese Nazis ihre Freunde und Freundinnen? Was geschieht mit ihnen?

Jedes Mal, wenn er »my Bonny« singt, sieht Ronny Saartjes Pferdeschwanz vor sich.

Erst als es läutet, hört der Gesang auf. Aber alle summen die Melodie noch vor sich hin, als sie in den Flur gehen.

»Wehe demjenigen, der das seinem Vater erzählt«, faucht Louise dicht hinter Klaas. »Er wird so behext werden, dass er eines Tages nichts mehr erzählen kann.«

Er wagt es nicht, sich umzuschauen. Klaas hat eine Heidenangst vor den möglichen schlimmen Folgen eines MMB, von dem die Mädchen immer so geheimnisvoll sprechen.

Wenn Klaas von Willy wüsste, würde er ihn verraten, denkt Ronny. Aber wenn Willy ein Lojedajes wäre, fände er ihn bestimmt nett. Irgendwas in seinem Kopf ist durcheinander geraten.

Aufgedreht laufen einige Vorderseitler über die Grachten. Louise nimmt mit einer Hand Ronnys Hand, mit der anderen die von Kees. Irgendwo auf einer Brücke wird ihnen der Weg durch spanische Reiter versperrt. Das sind riesige Balken, die kreuzweise aneinander genagelt und mit Stacheldraht umwickelt sind. An vielen Stellen in der Stadt versperren sie den Durchgang.

Louise wird wütend. »Seit wann stehen hier spanische Reiter? Wir lassen uns von den Moffen nicht vorschreiben, ob wir hier durchgehen dürfen oder nicht. Wir wohnen hier.«

Etwa zehn Kinder zerren und schieben so lange an einem spanischen Reiter, bis er in die Gracht fällt. Schnell rennen sie über die Brücke.

Ein Lojedajes packt Louise am Arm. »Du musst mit zu den Deutschen kommen. Los.«

»Ich gehe nicht zu den Deutschen.« Louise reißt sich los und geht weiter, gefolgt von den anderen Kindern.

Keuchend stürmen sie zur Westeinde. Die ersten Kinder rennen ins Hotel *Atlantic* hinein, aber Kees will weitergehen. Ronny nimmt ihn an der Jacke.

»Komm bitte auch mit, Kees.« Sein bester Freund zögert keinen Moment, beide atmen sie erleichtert auf, während sie leise die Treppe zum Dachboden hinaufschleichen. Ronny stellt eine Leiter ans Fenster, und der Reihe nach klettern sie hinauf auf das Dach. Seite an Seite stehen sie schweigend im Wind über den Schornsteinen. Ronny unterbricht die Stille.

»Vielleicht ist Saartje irgendwo auf einem Dachboden versteckt. Wenn wir nur wüssten, wo. Dann könnten wir ihr heimlich helfen.«

»Wie denn?«, fragt Kees. »Keiner darf Untertaucher besuchen.«

Könnte ich Kees doch nur von Willy erzählen, denkt Ronny. Louise bekommt einen feuerroten Kopf. Erstaunt schaut Kees sie an. Was haben die beiden?

Louise beginnt zu summen.

»Bring back my Bonny to me, to me.«

Die anderen summen leise mit. »Ich bete immer für die Rückseitler«, sagt Louise plötzlich.
»Hilft das wirklich?«, fragt Ronny. »Bringst du mir bei, wie man betet?«
Louise nickt. »Ich weiß nur nicht, ob es hilft. Man muss es abwarten.«
Ungläubig schaut Ronny sie an. »Ich kann mir nicht vorstellen, dass Gott Deutsche vorzieht.«
Louise zuckt mit den Schultern. »Seit dem Krieg verstehe ich überhaupt nichts mehr von Gott. Er wohnt in seinem Himmel hinter einem goldenen Tor, du siehst ihn nie, aber er sieht dich. Vielleicht kann er nicht dauernd auf die ganze Welt aufpassen. Sonst würde er doch dafür sorgen, dass der Krieg aufhört, oder nicht?«
»Wir beten einfach jüdisch«, beschließt Ronny. »Jahwe zieht unsere Rückseitler bestimmt vor.«
»Aber ich kann nicht jüdisch beten«, sagt Louise und tippt ihn an. »Los, du bist dran.« Und dann rennen sie über den abgeflachten Teil des Hoteldachs und spielen Fangen.
Unten, im Restaurant, sieht Ronnys Mutter, wie Leute auf der Brücke mit dem Finger in die Luft zeigen. Ist etwas mit einem Flugzeug?
Sie rennt hinaus. Mitten auf der Brücke stößt sie einen entsetzten Schrei aus. Die halbe Klasse ihres Sohnes rennt über den abgeflachten Teil des Hoteldachs.
»Ronny, Roooony, komm runter.« Aber ihre verzweifelte Stimme dringt nicht die fünf Stockwerke hinauf. Zusammen mit einem Kellner läuft sie die Treppen hoch. »Das ist lebensgefährlich! Kommt vom Dach runter.«
Übermütig kichernd bewegen sich ein paar Kinder dicht am Dachrand. Aber mit Ronnys Mutter ist nicht zu spa-

ßen, wenn sie wütend ist. Schnell machen alle, dass sie wegkommen.
Ronny bekommt Hausarrest. Früher war ihm das egal, aber jetzt kann er nicht zu Willy.
Er hört seine Mutter auf der Treppe zu Oma und Opa sagen: »Die Kinder werden widerspenstig und aggressiv durch alles, was sie mitmachen. Allein die Sprache, die sie benutzen. Man kann es verstehen, aber wie gewöhnen wir es ihnen wieder ab?«
Hurra, meine Mutter versteht mich, denkt Ronny. Bestimmt darf ich dann doch zu Willy. Hoffnungsvoll läuft er zum Wohnzimmer, aber seine Mutter sieht sofort wieder sehr streng aus.

Nachts muss Ronny auf die Toilette, gerade als das laute Brummen von Bombern am Himmel anfängt. Opa macht die Wohnzimmertür auf.
»Kannst du auch nicht schlafen?« Er und Oma übernachten jetzt immer bei ihnen.
Ronny hockt sich zu Opa aufs Sofa. »Ich hoffe, dass die englischen Bomber alle deutschen Städte kaputtbomben. Bis alle Deutschen tot sind.«
Opa schüttelt den Kopf, er findet das zu grausam. »Deutsche Kinder können nichts dafür, dass Krieg ist.«
»Was kümmern mich die Moffenkinder«, ruft Ronny.
»Vielleicht verstehen einige Deutsche zu spät, wie gemein Faschisten in Wirklichkeit sind«, widerspricht Opa.
»Es war ihnen also egal, wie die Juden behandelt wurden, vor dem Krieg, in dieser schrecklichen Kristallnacht«, sagt Ronny.
Opa seufzt. »Und deshalb sollen ihre Kinder sterben?«

Ronny zieht die Nase hoch. »Deutsche Kinder haben schon Stiefel an, wenn sie geboren werden. Die können eher marschieren, als sie laufen lernen. Das hat Ko Boef selbst gesagt.«

Opa lacht. »Und Harry mit seinem NSB-Vater?«

»Harry ist anders, der gehört zu uns.«

»Piloten können von oben nicht sehen, ob sie Harrys treffen oder Lojedajes«, sagt Opa. »Nein, ich hoffe, dass sie nachts, wenn niemand arbeitet, Bomben auf Waffenfabriken werfen. Und auf die Eisenbahnschienen, über die die Moffen Juden abtransportieren.«

Wieder muss Ronny an Saartje denken. Sie ist vielleicht irgendwo in einem Zug, auf dem Weg in ein fernes Land. Er hört nicht mehr, was Opa sagt, bis der ihn anstößt. »Hörst du überhaupt zu? Habe ich dir schon mal von meiner Wanderung durch Europa erzählt?«

»Nein, nie«, sagt Ronny. »Los, erzähle.« Er ist verrückt nach Opas Geschichten.

»Ich war fünfzehn und genauso gegen jedes Unrecht auf der Welt wie du«, fängt Opa an. »Bei uns in Brabant bestimmte der Pfarrer, was man denken durfte. Und der Meister schrieb einem vor, was man tun musste. Wir Arbeiterkinder arbeiteten in einer Steinfabrik für wenig Lohn. Weißt du, wer unsere Idole waren?«

Ronny hat keine Ahnung.

»Wandergesellen«, sagt Opa. »Das waren freie junge Männer, aus Deutschland und der Schweiz, mit langen Haaren und Bärten. Die Glöckchen an ihren Hosen bimmelten bei jedem Schritt. Sie zogen von Fabrik zu Fabrik und schliefen unterwegs in Scheunen. Die Starken sorgten für die Schwachen. Sie waren sehr beliebt, von ihnen hörte man, wie es in anderen Ländern zuging. Damals gab es ja noch kein Radio. Als ich fünfzehn war, beschloss ich, ihrem Beispiel zu folgen. Ich schnitt mir einen kräftigen Stock von einem Baum und knüpfte ein kariertes Taschentuch daran, in dem mein Zigarrenmachermesser und ein Kanten Brot waren. Mit meinem ganzen Besitz über der Schulter wanderte ich durch fremde Länder und lernte fremde Sprachen und fremde Sitten kennen.«

Opa erzählt gerade, wie er dann, als er nach Brabant zurückkam, Oma kennenlernte, als sie im Nachthemd hereinkommt.

»Janus, das Kind gehört ins Bett.« Aber sie mault nicht lange. Gemeinsam erzählen sie Ronny von früher. Bis das Brummen am Himmel wieder loslegt und die Sirenen beängstigend heulen. Sie heben das Verdunklungspapier an und sehen, wie ein englisches Flugzeug brennend abstürzt.

»Hast du gesehen, wie dieser Liberator heute Nacht abgestürzt ist?«, fragt Kees am nächsten Tag nach der Schule. Als es noch gut war zwischen ihnen, haben sie über die amerikanischen und englischen Flugzeuge Buch geführt.

»Ich glaube, es war eine Halifax.« Ronny läuft schnell zum Toilettenraum. Er hat seine Enzyklopädie *Was ist das?* im Ranzen. Die will er in der Mittagspause heimlich bei Willy abgeben. Denn wegen seines Hausarrests darf er erst morgen wieder bei ihm spielen. Aber Kees bleibt vor der Toilettentür stehen und wartet auf seinen Freund.

»Ich habe Bauchweh«, ruft Ronny ihm zu. »Geh doch schon vor.«

Nachmittags, im Schulhof, ist Louise richtig böse.
»Ich musste vor die ganze Klasse kommen«, erzählt sie. »Hat Schleimer verlangt.« Schleimer, so nennt sie ihren neuen Lehrer. »Er sagt, dass er durch unsere Schuld vielleicht ins Konzentrationslager kommt. Weil wir den spanischen Reiter in die Gracht geworfen haben. Ich fragte, ob die Deutschen jemand wie ihn im Konzentrationslager haben wollten.« Brüllend vor Lachen stehen die Kinder um sie herum. Herr Schleimer läuft auf sie zu.
Ronny tippt Louise an. »Los, rennen.« Die Gruppe stiebt auseinander, nur um sich auf der anderen Seite wieder zusammenzudrängen. Klaas kommt plötzlich auf Ronny zu und tut sehr freundlich. Ronny ist gleich auf der Hut.
»Du schläfst ziemlich oft bei deiner Oma«, fängt Klaas an.
»Na und? Geht dich das was an? Setz doch aufs Tomtom, dass ich dann immer einen Indianer für meine Sammlung bekomme.« Mit diesen Worten rennt Ronny weg.
Nach der Schule geht Kees neben Ronny her. Nun, da er Hausarrest hat, darf er sowieso nicht zu Willy, also braucht er Kees nicht wegzuschicken. Doch ausgerechnet jetzt sagt Kees plötzlich ernst: »Wenn du nicht mehr mein Freund sein willst, solltest du es ehrlich sagen, Ronny.«
Tief unglücklich schaut Ronny seinen Freund an. »Das ist es nicht, wirklich nicht.«
»Warum willst du dann nie mehr mit mir spielen?«, beharrt Kees.
»Heute schon, aber das geht wieder vorbei«, stottert Ronny.
»Heute? Und morgen dann wieder nicht.« Kees dreht sich um und rennt weg.

Bedrückt trinkt Ronny mit seiner Mutter Ersatztee.
»Warum bist du so still?«, fragt seine Mutter.
Ronny hebt die Schultern hoch.
»Findest du es so schlimm, dass du Willy jetzt nicht mehr besuchen darfst? Also von mir aus, geh. Für ihn ist es ja auch schlimm.«
Kurz darauf macht Ronny seinen üblichen Umweg über den Frederiksplein. In einer Murmeltasche unter seinem Hemd hat er ein paar Indianer dabei, um sie Willy zu zeigen. Erst als er überzeugt ist, dass keine Verräter ihn beobachten, klingelt Ronny.
Willy ist dabei, das, was im Geschichtsbuch über den Aufstand gegen die Spanier steht, mit dem zu vergleichen, was in Ronnys Enzyklopädie zu finden ist.
»Haben sie dir den Hausarrest gekürzt?«, begrüßt er ihn erfreut. Willy freut sich so sehr über seinen Besuch, dass Ronny seine Sorgen vergisst. Irgendwann kann ich alles erklären, tröstet er sich, während er seine Indianer aufstellt. Dann wird bestimmt alles wieder gut zwischen Kees und mir.
»Sehr schön!« Willy ist beeindruckt. »Und du glaubst, dass für jeden Indianer irgendein fremder Mensch in deinem Bett schläft? Sehr interessant.« Willy deutet auf die Bücher.
»Weißt du, dass der spanische König die Niederlande geerbt hat? Wir mussten ihm viele Schiffe voller Gold bezahlen für seinen Schutz. Meiner Meinung nach war der spanische König Philip II. genauso fanatisch wie Hitler. Nur musste man bei ihm nicht arisch oder germanisch sein, sondern katholisch. Damals nannte man alle anderen auch nicht Untermenschen, sondern Ketzer. Die wurden ver-

folgt, enthauptet, verbrannt oder gefoltert. Vor allem Frauen waren schlecht dran, und natürlich die Juden, die damals hierherflohen.
Zur Strafe schickte der König uns eine Art Seyß-Inquart, der Alva hieß. Wir nannten ihn den Eisernen Herzog, denn er ließ alle Aufständischen enthaupten. Reiche Kaufleute hatten es satt, die grausamen spanischen Nichtsnutze auszuhalten. Sie gaben Wilhelm von Oranien Geld, um den Geusenaufstand zu führen. Wilhelms Spitzname war ›der Schweiger‹, denn er war ein Mann von wenig Worten. Und weißt du, was er auch war? Bei Festen die größte Stimmungskanone von ganz Europa, eine ungewöhnliche Kombination.«
Willy, der bei den letzten Worten sehr feierlich gesprochen hat, schweigt einen Moment. Dann verbeugt er sich vor seinem Freund und sagt: »Meine Schlussfolgerung? Der Schweiger war verrückt nach Tanzen. Nur beim Tanzen konnte er zugleich feiern und schweigen.
Der König von Spanien hat für denjenigen, der Wilhelm ermorden würde, eine hohe Belohnung ausgesetzt. Balthasar Gerards war ein echter Verräter. Er hat sich jahrelang als protestantischer Geuse ausgegeben. Deshalb hat ihm Wilhelm vertraut. Als Balthasar ihn 1584 ermordet hatte, nannten sie Wilhelm von Oranien den Vater des Vaterlands.«
»Hat dieser NSBler Balthasar Gerards die Belohnung eigentlich bekommen?«
Willy grinst. »Nein. Die Geusen ließen ihn von vier Pferden auseinanderziehen. Prachtkerle. Und 1648 kam der Frieden. Die Niederlande waren damals das erste europäische Land ohne König.«

Aufmerksam betrachten sie in einem der Bücher ein Bild mit vier Pferden, die in die verschiedenen Himmelsrichtungen laufen.
»Darf ich heute Wilhelm von Oranien sein?«, fragt Ronny.
Willy verbirgt sich unter der Kellertreppe, um ihn niederzuschießen. Danach ist er Wilhelm. In einer dramatischen Abschiedsrede spornt der Vater des Vaterlands seine Söhne an, niemals aufzugeben. Minutenlang liegt Willy tot auf dem Boden, dann schlägt er die Augen auf.
»Ich wünschte, ich würde meine Mutter und Sonja mal sehen. Aber wir dürfen sogar nicht mit dem Zug fahren, wenn jemand Geburtstag hat.« Willy erzählt wieder von früher, als sein Vater noch lebte.
»Es war immer so gemütlich. Jeder, der vorbeikam, aß einfach mit. Unser Dienstmädchen Jo aß nicht in der Küche, sondern bei uns am Tisch. Und an den Wänden hingen schöne Bilder.« Willy lacht. »In der Van Speijkstraat war ein großes Durcheinander. Mama vermisste Jo, aber sie konnte sie nicht mehr bezahlen. Wenn ich Geburtstag hatte, bekam ich auch immer ein Geschenk von Vicky. Glaubst du nicht auch, dass mein Hund mich sehr vermisst? Er kapiert doch nicht, warum er mich so lange nicht sieht.«
Ronny beißt sich auf die Lippe. Er hasst Geburtstage, seit immer mehr Rückseitler verschwinden. Aber Geburtstag zu haben ohne die Eltern kommt ihm noch viel schlimmer vor. Der arme Willy. Ronny kann sich schon jetzt das Leben ohne Tarzan nicht vorstellen. Aber Willy redet schon weiter, über ägyptische Grabstätten.
»In deiner Enzyklopädie steht, dass die Pharaonen in ihre

Gräber Geschenke für die Unterwelt mitnahmen. Also wenn dein Vater schon tot ist, oder deine Mutter, dann nimmst du ein Geschenk für sie mit, wenn du selbst stirbst.«

Zu Hause bespricht Ronny mit seinen Großeltern, dass er Willy etwas ganz Besonderes schenken möchte. Er runzelt die Stirn, so angestrengt denkt er nach.

»Das Beste wäre natürlich ein Hund, aber das geht bei Tante Cato nicht. Ich darf Tarzan noch nicht mal auf Besuch mitbringen.« Doch plötzlich ruft er: »Ich schenke Willy die beiden weißen Kaninchenjungen.«

Opa und Oma schauen sich an. »Meinst du, seine Tante ist damit einverstanden?«

Ein paar Tage später ruft Ronnys Mutter fröhlich: »Geh mal zum Hinterhof, da gibt's was zu sehen.«

Opa schreinert eine Art Puppenhaus mit zwei Zimmern unten und zwei Zimmern oben, mit ziemlich viel Platz außen herum und einem Zaun.

»Schau, die Fenster kann man aufmachen und das Dach ist zum Herunternehmen«, sagt Opa. »Meinst du, das ist was für Willy, so ein Kaninchenhotel? Ich habe mit seiner Tante gesprochen. Sie war gar nicht so leicht zu überzeugen, aber wenn du für Stroh und Fressen sorgst, darfst du Willy die beiden Jungen geben.«

Ronny ist sprachlos, das ist zu schön für Worte. Er darf sogar im Laden von De Ru die Farben für das Kaninchenhotel aussuchen: Rot, Violett und Blau und ein bisschen Orange. Denn über dem Eingang soll in Zierbuchstaben stehen: HOTEL WILLY.

Als die Farbe getrocknet ist, bringt Ronny sein Spitzengeschenk, mit einem Tuch abgedeckt, zusammen mit Opa zu Willy.

Ronny zieht das Tuch herunter. Das eine weiße Kaninchen streckt gerade die Schnauze durch das Fenster. Zärtlich kauert sich Willy zu ihm, gerade als das andere Kaninchen durch die Vordertür vom Hotel Willy hoppelt.
»Sind die wirklich für mich?«, flüstert Willy und drückt seine Wange an das weiße Köpfchen. »Dieses da nenne ich Bianca und das andere Vlekje. Das ist das allerschönste Geschenk, das ich je bekommen habe, von meinem besten Freund für immer.«
Willy liebt seine weißen Kaninchen. Nachts holt er sie manchmal aus ihrem Hotel, dann dürfen sie bei ihm im Bett schlafen. Zusammen mit Ronny baut er einen Kaninchenboulevard in seinem Zimmer.
Jede Woche stopft Ronny im Weinkeller seine Schultasche voll mit Flaschenhüllen aus Stroh. Dann geht er hinüber zu Willy. Und jeden zweiten Tag holt er Gemüseabfälle und altes Brot in der Küche. Willy langweilt sich viel weniger, seit er Bianca und Vlekje hat.
Eines Tages legen Ronny und Willy gerade eine Kaninchenrennbahn im Kellerflur an, als Tante Cato verärgert fragt, ob Ronny noch immer da ist.
»Mach dir nichts draus«, flüstert Willy. »Sie ist nervös, seit Jonas weg ist und wir nicht wissen, wo er ist. Geh jetzt schnell, bevor sie sich noch mehr ärgert.«
Nicht lange danach hat Ronny Modellierbögen bei sich, die er von Kees bekommen hat, als es noch gut zwischen ihnen war. Die Tür geht schon auf, bevor er klingelt. Willy steht selbst in der Öffnung. Um den Kopf hat er einen dicken, warmen Schal gewickelt. Ein lächerlicher Anblick bei diesem warmen Wetter. Man sieht nur seine zwinkernden Augen.

»He, Ronny, da bist du ja endlich!«
»Dummkopf, jeder kann dich sehen!« Erschrocken will Ronny schnell ins Haus. Aber Willy lässt ihn nicht. Er kommt heraus und zieht die Tür hinter sich zu.
»Willst du ein Eis? Ich habe den Eismann bimmeln gehört. Ich habe mindestens fünf Cent und lade dich zu einem Eis ein.«
»Erlaubt deine Tante das?«
»Es ist niemand zu Hause. Und mit diesem Schal vor der Nase sieht keiner, dass ich jüdisch bin.«
»Nein, du darfst nicht hinaus«, protestiert Ronny besorgt. »Überall sind Verräter.«
Aber Willy rennt schon zum Frederiksplein, zu dem Wagen mit Ersatzeis. Ronny rennt ihm nach. Angenommen, jemand will unter Willys Schal schauen, um zu kontrollieren, ob seine Nase nicht jüdisch aussieht? Was sollen sie dann sagen? In seiner Verzweiflung fällt Ronny eine prima Ausrede ein. Es ist noch nicht lange her, da wurde sein Cousin an den Mandeln operiert, und der musste immer Eis essen. Ich tu so, als wäre Willy auch an den Mandeln operiert worden, denkt Ronny.
Willy unterhält sich eifrig mit dem Eismann. Ronny versetzt ihm einen freundschaftlichen Stoß. »Du siehst blöd aus mit deinen operierten Mandeln. Deine eine Backe ist so dick wie ein Apfel. Musst du jetzt schon wieder Eis essen?«
Auf dem Rückweg lecken beide an einem großen Nougateis. »Du kannst aber prima lügen«, sagt Willy lachend. Er setzt sich auf den Bordstein. Zufrieden schaut er sich um. »Das muss ich öfter tun. Eis schmeckt am besten, wenn man es selbst beim Eismann kauft. Sogar Ersatzeis.«

Nervös denkt Ronny an den Lastwagen, der hier gehalten hat, für Hetty. Er verschlingt sein Eis so schnell wie möglich. »Komm jetzt, dann darfst du auch so oft Wilhelm von Oranien sein, wie du willst.«

»Noch einen Moment. Wenn sie mich holen, kann ich mich wenigstens daran erinnern, wie ich hier mit dir gesessen habe. Das können sie mir nicht mehr nehmen.«

Ronny ist sehr nervös. Allein die Vorstellung, dass Soldaten Willy mitnehmen würden! Sein Freund braucht ewig lange für dieses Eis in Freiheit. Erst als er endlich fertig ist, gelingt es Ronny, Willy zurück in den Keller zu locken.

Dort setzen sie die Modellierbögen zusammen. Wie immer spielen sie noch einmal die Ermordung Wilhelms von Oranien, dann muss Ronny nach Hause.

Am nächsten Tag macht ihm Tante Cato selbst die Tür auf. Sie hat rote Augen, Jonas ist noch immer nicht zurück. Gerade als Ronny an der Reihe ist, Wilhelm von Oranien zu spielen, ruft sie: »Willy, Hände waschen und zu Tisch. Ronny, nach Hause.«

Willy bringt seinen Freund zur Diele. »Morgen darfst du dann Wilhelm sein.«

Zu Hause fragt Ronnys Mutter: »Wieso reibst du so an deinem Ohr, Schatz?«

»Es juckt so komisch«, sagt Ronny.

»Eine Schande«, murmelt seine Mutter Corry zu. »Manie Leisen ist der beste Arzt von Amsterdam, aber er darf nicht mehr praktizieren, weil er Jude ist. Jetzt müssen wir zu seinem stümperhaften Ersatz.«

»Ich will nicht zu diesem Arzt«, ruft Ronny und verzieht sich in sein Baumhaus. Der NSBler hat die Vorhänge zugezogen, es ist nichts zu sehen.

Am nächsten Tag muss Ronny mit zu diesem unbekannten Arzt.
»Hast du irgendetwas Verdorbenes gegessen?«
»Nicht, dass ich wüsste«, antwortet Ronnys Mutter.
»Hast du von jemandem eine Süßigkeit bekommen?«, fragt der Arzt.
Ronny schüttelt den Kopf, aber er weiß, dass es nicht stimmt.
»Ersatzschlagsahne oder ein Eis oder so etwas?«, fragt der Arzt.
Ronny fühlt, wie ihm heiß wird. Verdammt, ich will nicht rot werden, denkt er und schüttelt heftig den Kopf.
Als sie wieder draußen sind, schaut seine Mutter ihn forschend an. »Warum hast du den Arzt angelogen?«
Ronny schweigt.
»Schatz«, sagt seine Mutter einschmeichelnd. »Mir kannst du es doch erzählen, oder?«
Ronny weiß schon längst, was die Uhr geschlagen hat, wenn Erwachsene in dieser Tonlage sprechen. Er presst die Lippen fest zusammen.
Seine Mutter bleibt stehen. »Du lügst doch sonst nie, was ist denn los?«
»Ich muss jetzt aber immer lügen. Ich darf doch mit niemandem über Willy sprechen, oder?« O je, beinahe hätte er Willy verraten.
»Ronny, schau mich an!«, verlangt die Mutter. »Habt ihr etwas Verbotenes getan?«
»Ich sag's dir nur, wenn du es Tante Cato nicht verrätst.«
Beunruhigt lässt sich seine Mutter auf eine Bank fallen, an der ein Schild ist: FÜR JUDEN VERBOTEN. Das tut sie sonst nie. »Raus mit der Sprache.«

Ronny tut plötzlich das Ohr so weh, dass er die Wahrheit erzählt. »Willy hat mich zu einem Eis eingeladen.«
»Was? Wie ist das möglich?«
»Einfach beim Eismann«, sagt Ronny zum Entsetzen seiner Mutter.
»Willy darf das Haus nicht verlassen!«
Ronny wird böse. »Du redest wie die Moffen. Willy darf nie was.«
»War er ohne Stern?«
»Er hatte einen Schal ums Gesicht, und es war nur ein einziges Mal.«
»Willy draußen«, wiederholt sie entsetzt. »Und mit dir. Ihr hättet beide geschnappt oder verraten werden können. Er sieht nicht besonders jüdisch aus, aber wer Böses will, erkennt es doch.«
»Rede nicht so dumm über Willy«, sagt Ronny. »Er ist zufällig mein Freund, hörst du.«
Sie kehren zum Arzt zurück. »Er hat ein Ersatzeis gegessen.«
»Das erklärt alles«, sagt der Arzt. »Paratyphus.«
Ronnys Mutter runzelt die Stirn. »Seit wann bekommt man von Paratyphus Ohrenschmerzen?«
»Vielleicht eine Begleiterscheinung«, sagt der Arzt.
Abends werden die Ohrenschmerzen wirklich schlimm. »Das habe ich ja noch nie gehört, dass man von einem Eis Ohrenschmerzen bekommt«, sagt Oma. »Ich würde den Quacksalber kommen lassen.«
»Eine einfache Erkältung, geht von selbst vorbei«, sagt der Arzt.
»Herr Doktor, das Kind hat eine Mittelohrentzündung.« Omas Stimme klingt entschieden.

»Wer ist hier der Arzt?«, sagt er beleidigt.
»Das habe ich mich auch gerade gefragt«, antwortet Oma.
Als Ronny am nächsten Tag zu Willy kommt, bietet sein Freund sofort großzügig an: »Du kannst den ganzen Nachmittag Wilhelm von Oranien sein, du bist dran.«
Aber Ronnys Ohr tut so weh, dass er auf gar nichts Lust hat.
»Es ist meine Schuld, dass du krank bist«, sagt Willy bedauernd. »Als meine Tante einkaufen war, ist deine Mutter zu mir gekommen. Ich musste ihr fest versprechen, dass ich nie wieder heimlich hinausgehe, sonst würde sie es Tante Cato erzählen.«
»Ich wollte dich bestimmt nicht verraten«, sagt Ronny unglücklich. »Aber sie hat gemerkt, dass ich den Doktor angelogen habe.«
»Du kannst nichts dafür«, beruhigt ihn Willy. »Ich hätte kein Eis kaufen sollen.«
»Meine Oma meint, dass man von verdorbenem Eis keine Ohrenschmerzen bekommt«, sagt Ronny. »Bist du böse, wenn ich nach Hause gehe? Es tut sehr weh.«
Willy berührt vorsichtig Ronnys glühendes Ohr. »Es tut mir so leid.«
»Blödsinn, du bist doch nicht schuld«, sagt Ronny.
»Kommst du wieder, sobald es dir besser geht?«
Ronny nickt. »Natürlich, du bist doch mein bester Freund, zusammen mit Kees.«

Beim Abendessen will Ronny nichts. Es sticht und klopft in seinem Kopf, als wäre eine ganze Schreinerwerkstatt darin. Er steht auf und fällt um.

»Eine schlimme Mittelohrentzündung«, gibt der Arzt endlich zu. »Wenn es nicht vorbeigeht, muss er operiert werden.«
Ronnys Mutter greift wütend den Arzt an. »Und Sie sind schuld, dass er so spät behandelt wird.«
Als er weg ist, lauscht Ronny mit seinem gesunden Ohr am Schlüsselloch, um zu hören, was die Erwachsenen sagen.
»Es geht nicht von allein vorbei«, hört er seine Mutter schluchzen. »Wenn sie jetzt nicht operieren, ist es vielleicht zu spät.«
»Vielleicht helfen die Ohrentropfen«, sagt sein Vater beruhigend. »Operieren kann man immer noch.«
»Dieser Arzt fasst mein Kind nicht mehr an«, ruft seine Mutter. »Jacob, ich habe solche Angst, es gibt keine Medikamente gegen so schwere Mittelohrentzündungen. Wir sind sehr spät dran, was sollen wir tun?«
Es geht um mich, denkt Ronny. Plötzlich fühlt er sich sehr ruhig. Er setzt sich einfach im Flur auf den Boden. Mama wird bestimmt nicht böse, weil ich aus dem Bett gestiegen bin, ich glaube, sie denken, dass ich sterbe. Au. Ronnys Kopf tut so weh, dass ihm Sterben gar nicht mehr so schlimm vorkommt. Dann fühlt man wenigstens nichts mehr. Und vielleicht gibt es doch einen Himmel, auch wenn Papa und Mama das nicht glauben. Ich möchte gern in den jüdischen Himmel, damit ich mit den Rückseitlern spielen kann, denkt er dösig. Dann kann ich Hetty auch sagen, dass mir die Sache mit dem Judenstreich leid tut. Ob sie mich in den jüdischen Himmel lassen? Aber wenn ich ihrem Gott erzähle, dass unser Hotel jüdisch ist, darf ich es bestimmt. Ob man im Himmel auch mit Murmeln spielen kann?
Drinnen geht das Gespräch weiter. Sie beschließen, ihren

alten Doktor Manie zu bitten, dass er heimlich herkommt, um Ronny zu untersuchen.

Ach so, also Manie ist gar nicht unauffindbar, denkt Ronny hinter der Tür. Wer weiß, vielleicht ist Manie auch in einem Keller auf der anderen Straßenseite. Oder bei Hanny und ihren Eltern. Warum erzählen sie mir nie etwas? Typisch Erwachsene. Er schleicht zurück in sein Zimmer, legt seinen Murmelsack unter das Kissen und dann wird es ihm plötzlich schwarz vor den Augen.

Als er wieder zu sich kommt, sitzt Opa bei ihm.

»He, Opa, passt du bitte darauf auf, dass die Murmeln mit mir begraben werden? Dann kann ich sie im Himmel gleich Hetty schenken.«

Es bleibt lange still, bevor sein Opa antwortet.

»Eine gute Idee, aber den Himmel gibt es nicht. Du solltest lieber dafür sorgen, dass du am Leben bleibst.«

Empört schaut Ronny ihn an. »Ich möchte lieber so tun, als gäbe es einen Himmel.«

»Von mir aus«, antwortet Opa. »Aber ich verspreche nur, dass ich auf deine Murmeln aufpasse, wenn du mir versprichst, dass du nach ein bisschen Murmelspielen wieder zurückkommst. Und außerdem, wer sagt denn, dass Hetty tot ist? Wenn du Pech hast, musst du noch ein paar Jahre warten, bis sie in diesen so genannten Himmel kommt. Während wir hier nicht auf dich verzichten können. Und Willy erst recht nicht.«

Darüber denkt Ronny eine Weile nach. Ein Himmel ohne Opa ... das ist auch nicht das Wahre. Und Willy darf er tatsächlich nicht im Stich lassen. Außerdem muss er Kees irgendwann erklären, dass er wegen Willy nicht mehr mit ihm spielen konnte. Er fasst einen Beschluss.

»Aber falls Hetty doch im Himmel ist, gebe ich ihr durch das goldene Himmelstor meinen Murmelsack. Den darf sie behalten, mit allen Murmeln, die sie mir geklaut hat. Wenn du also dafür sorgst, dass meine Murmeln mit mir gehen, verspreche ich dir, dass ich auf die Erde zurückkomme. Abgemacht, Opa?«

»Abgemacht, und wo genau willst du den Murmelsack haben?«

Opa bekommt keine Antwort. Ronny fühlt schreckliche, stechende Schmerzen in seinem Kopf. Und dann wird wieder alles schwarz.

8. Zwei weiße Kaninchen

Wo bin ich denn, um Himmels willen? Ronny blinzelt erstaunt. Er sitzt in ihrem ozeangrünen Peugeot Cabrio mit dem Klappdach aus Metall, von dem es nur wenige auf der Welt gibt. Am Steuer sitzt ein junger Mann mit einer gelben Chauffeursmütze. Und neben Ronny lächelt eine Frau mit langen braunen Haaren. Sie trägt ein Zauberinnengewand mit glitzernden Sternen, in denen nicht das Wort »Jude« steht. Und sie lacht, wie nur ein Mensch lachen kann.

»He, Schlafmütze, bist du wach?«

»Hanny, bist du es wirklich?« Kein Zweifel, er kennt diese fröhliche Stimme, das liebe Gesicht. »Wie komme ich hierher? Und wohin gehen wir?«

Hanny lächelt geheimnisvoll und schlägt auf ein paar bunte Säckchen, die zwischen ihnen liegen. »Was glaubst du, was hier drin ist?«

Im ersten Säckchen sind wunderbare Murmeln. Purpurrote und hellrote mit Violett oder Gelb, grüne mit blauen und roten Tupfen. »Oh, wie schön«, ruft Ronny begeistert. Ein paar leuchten und in anderen wohnen witzige kleine Wesen. Eines hat einen roten Mantel an und eine Zipfelmütze auf. Es schiebt gerade eine Luke auf, genau wie in dem Tischbeinversteck in Zimmer sechs, und steigt auf Ronnys Hand. Dort gähnt es ausführlich, streckt die Zunge heraus und schlägt einen Purzelbaum, bevor es wieder in seiner Murmelwohnung verschwindet. Es gibt auch ein Säckchen, auf dem SÜSSIGKEITENMURMELN steht. Ronny leckt an einer, hmm, Drops. Eine andere Murmel schmeckt nach

Vanille und eine rote nach Erdbeeren. Auf einem großen schwarzen Sack steht in Goldbuchstaben: WC-SCHULE, NUR IM NOTFALL BENUTZEN. WER ANFÄNGT, WIRFT SELBST DAS LOS. ECHT IST GERECHT.

»Was ist denn da drin?«, fragt Ronny.

»Das«, antwortet Hanny leichthin, »sind Kaninchenköttel, mit denen kann man nach den Lojedajes werfen. Aber nur, wenn sie anfangen. Sonst wenden sie sich gegen dich und dann geht die stinkende Bärengrube auf. Im blauen Sack daneben sind Kugelabwehrer.«

»Wo geht es hin, großer Geuse?«, fragt der Chauffeur fröhlich.

Die Stimme kommt Ronny sehr bekannt vor. »Erst nach Paris und dann zu Hetty«, ruft er. »Wir wollen ihr Murmeln bringen.«

Der Chauffeur schaut sich um und schiebt die gelbe Mütze hoch. Eine Locke fällt schräg über seine Stirn.

»He, Willy!« Mit seinem Freund hinter dem Steuer statt in dem düsteren Keller ist Ronnys Glück vollkommen. Willy startet den Wagen und sie schweben südwärts. Unterwegs ist es totenstill.

Kurz vor der Grenze zieht Willy an einem Knopf auf dem Armaturenbrett. Sofort senkt sich eine dichte Staubwolke um den Wagen, sodass niemand sie sehen kann, als sie die Grenze passieren.

»Schau mal«, sagt Hanny nach einer Weile, »der Eiffelturm.«

Willy legt einen Hebel um. Unter dem Auto beginnt es laut zu zischen, als lasse eine Lokomotive Dampf ab. Langsam erhebt sich das Auto in die Luft.

Droben auf dem Eiffelturm sehen sie einen deutschen Soldaten mit einem Gewehr. Schnell macht Ronny den Sack mit den kugelabwehrenden Murmeln auf. Wie schön sie sind, wie aus Bergkristall. Ronny sucht einen glitzernden Kugelabwehrer aus und wirft ihn auf den Soldaten. Als würde er durch einen Magnet angezogen, schwebt er direkt auf das Gewehr zu. Unterwegs schwillt er zu einer enormen Kugel an, in der sich das Sonnenlicht millionenfach bricht und sie in allen Regenbogenfarben leuchten lässt. Geblendet fasst sich der Soldat an die Augen. Sein Gewehr fällt über das Geländer des Eiffelturms. Aber noch bevor es unten auf dem Boden aufschlägt, schweben die Luftreisenden schon hoch über die französischen Pyrenäen.

Willy hält erst Kurs über Spanien, dann biegt er nach links ab, Richtung Ägypten. Unter ihnen glitzert das Mittelmeer.

»Bitte aussteigen.« Willy parkt den eleganten Wagen oben auf einer Pyramide, neben einem Eiswagen. Während Willy ihnen ein echtes Eis spendiert und Ronny ihn mit Fragen über die Pharaonen überschüttet, tanzt Hanny einen ägyptischen Tanz. Willy leckt an seinem Eis und lacht fröhlich.

»Weil du mein bester Freund bist, habe ich dir alles erzählt, was ich von der Welt weiß«, sagt er zwischen einmal Lecken und dem nächsten. »Willst du noch etwas wissen?«

Nach dem Eisessen steigen sie wieder ein. Erst lässt Willy das stählerne Dachgestell in den Kofferraum klappen, denn es ist glühend heiß. Sie fahren weiter. Über Jerusalem biegen sie in den Wolkenweg ab, danach folgen sie dem Schild, auf dem steht: JÜDISCHER HIMMEL.

Am Himmel ist viel Verkehr. Ronny schaut sich die Augen aus. Weiße Eisbären fliegen vorbei, mit erfrorenen deutschen Soldaten im Arm. Eiszapfen hängen an ihren Helmen. Ab und zu lässt ein Eisbär seinen Soldaten los. Der saust dann hinunter, direkt in das offene Maul einer Riesenfledermaus, die ihn mit Helm und Haut und Haar verschlingt. Dann und wann landet ein Vogel auf dem hinteren Kotflügel, um ein Schwätzchen mit ihnen zu halten.

»Wo habt ihr eigentlich eure Flügel?«, flüstert eine schüchterne Taube.

Bevor Ronny antworten kann, verlangt ein riesiger Adler ihren Platz, auch wenn er sich überall hätte hinsetzen können. »Warum habt ihr keine Augen auf den Seiten eures Kopfs?«, schnauzt der Raubvogel mit einem gierigen Blick auf die beiden Jungen. »So seht ihr doch nichts.«

»Flieg weiter, Adolf«, befiehlt Hanny und droht mit einem winzigen Murmelsäckchen, auf dem zu lesen ist: ADLERVERDRUSS.

Beleidigt breitet der Adler seine enormen Flügel aus. Der eine ist angeknackst, deshalb hängt er ungemütlich schief mitten in einer dunklen Wolke, die ein Gewittergesicht macht.

»Haltet euch fest«, warnt Willy, der das Dach gerade noch rechtzeitig wieder aufgeklappt hat. Ein eisiger Sturm kommt aus dem Mund der Donnerwolke, die ruft: »Bis auf weitere Anordnungen.« Er bläst den Adler geradewegs ins Weltall hinein, man sieht ihn kleiner und kleiner werden.

Der Wolkenweg färbt sich von Grau zu Violett und Grün. Ganz am Ende erstrahlt ein goldenes Portal, mit bunten Edelsteinen besetzt.

Willy drückt auf die Hupe. Laut schallt es nun durch die Luft: »Im Namen von Oranien, macht die Tür auf.« Ob die Geusen von früher uns jetzt hören?, überlegt Ronny. Oder

wird Alva, der spanische Eiserne Herzog, gewarnt? Ich hoffe, dass der feige Balthasar Gerards jetzt Angst bekommt.
Ein schneeweißer Engel mit dem Gesicht von Fräulein Esther wirft ihm eine Kusshand zu. Sie öffnet die Türen und dann fahren sie über einen bronzefarbenen Weg, vorbei an leuchtenden Wolkengestalten, die lachend über ihnen herumpurzeln.
»Wolkenwesen, die uns kennen, eilen herbei, wenn sie unsere Hupe hören«, erklärt Hanny. Sie und Ronny fallen nach vorn, denn Willy tritt plötzlich auf die Bremse, direkt neben einem Wolkenmann mit einer Kamera auf einem hölzernen Stativ.
»Opa!«, ruft Willy glücklich.
Ronny taucht unter das Tuch, das über der Kamera hängt, und verewigt Großvater und Enkel. Er will fragen, ob Willys Opa hier vielleicht eine Dunkelkammer hat, aber Willy lässt ihn nicht zu Wort kommen, er fragt seinem Opa ein Loch in den Bauch.
Ronny weiß nicht, wie ihm ist. Laut lachend taucht Hetty neben ihm auf. Bevor er sich von seiner Überraschung erholt hat, sieht er Saartje in der Ferne, mit Eddy und Maxje. Als sie Ronny sehen, verschwinden sie in den Wolken.
»Bist du nicht böse, dass ich ›Judenstreich‹ gesagt habe?«, fragt er Hetty leise. »Es tut mir so leid. Ich habe es nicht so gemeint.«
»Ich habe deswegen geweint«, sagt Hetty. »Aber ich habe gemogelt. Sollen wir uns wieder vertragen?«
Ronny nickt erleichtert und zeigt ihr seine Zaubermurmeln. »Du kannst so viele haben, wie du willst.«
Zusammen lassen sie Murmeln rollen, dann spielen sie Ver-

stecken. Ronny sieht Saartjes Pferdeschwanz hinter einem Wolkenbaum hervorkommen. Er zieht daran, aber seine Hand gleitet einfach durch ihren Wolkenkopf. Saartje muss schrecklich lachen. Bis Ronny erschrocken ausruft: »Schaut mal, ein Lojedajes. Wie kann euer Gott einen Lojedajes im jüdischen Himmel zulassen?«

Saartje zuckt mit den Schultern. »Es gibt keinen getrennten jüdischen Himmel und auch keinen katholischen, protestantischen oder islamischen. Es gibt auch kein getrenntes Jenseits für Heiden oder Buddhisten«, erklärt sie. »Jeder, mit oder ohne Glauben, folgt seinem eigenen Wegweiser. Aber die weisen alle zum selben Tor. Sobald ein Lojedajes stirbt, wird er genauso nett, wie er als Baby war. Das gilt eigentlich für jeden.«

Zur Sicherheit holt Ronny aber doch ein paar Köttelmurmeln aus dem Säckchen im ozeangrünen Auto seines Vaters. »Eine falsche Bewegung, und du kriegst die WC-Schulscheiße ab«, ruft er dem Lojedajes drohend zu.

Der zuckt mit den Schultern. Pfeifend purzelt er über die Wolken und ruft noch: »Fällt dir nichts Besseres ein?«

Saartje lacht über Ronny. »Ihr könnt hier einfach zusammen spielen, er tut hier niemandem etwas mehr.«

»Du wirst doch nicht mit einem Lojedajes spielen, nach allem, was sie dir angetan haben?«

Saartje lacht. »Alva und Wilhelm von Oranien streiten hier auch nicht, sie gleiten zusammen mit dem spanischen König durch das blaue Luftmeer, in dem auch arme Bauern und Herzöge schwimmen.«

»Und Balthasar Gerards?«

»Den kenne ich nicht, aber er darf bestimmt auch mitmachen.«

Ronny fragt sich, ob Saartje noch ganz bei Verstand ist, seit sie ein Wolkenmädchen geworden ist. Aber sie erklärt es ihm. »Hier fühlt man weder Schmerz noch Hass. Rache kennen wir nicht. Es gibt weder Geld noch anderen Besitz, allen geht es gut, und keiner ist neidisch auf den anderen. Wir haben nur Spaß.«

»Glaubst du, dass ich Wilhelm von Oranien mal sehen kann?«

»Du siehst ihn von allein. Alle benehmen sich ganz normal ihm gegenüber, es spielt hier keine Rolle, ob man berühmt, reich oder arm war. Niemand achtet darauf.«

Sie spielen, bis Hanny ruft, sie müssten vor Sonnenuntergang wieder weg. Saartje gibt Ronny plötzlich einen Kuss, einfach so. Er wird rot.

»Sehen wir uns morgen wieder?«, schlägt er vor, als sie Abschied nehmen. »Ich hoffe, dass wir Wilhelm von Oranien dann auch zu sehen bekommen.«

Plötzlich verwandelt sich Hanny in eine Wolke. Ronny nimmt ihre Hand, aber seine gleitet durch ihre hindurch. »Hierbleiben, bitte, Hanny.« Ronny schaut sich nach Willy um. Wo ist er geblieben?

»Willy, Hilfe!«

Ronny fühlt Hannys Hand auf seiner Stirn. Zum Glück ist sie wieder aus Fleisch und Blut. Aber ihre Stimme klingt wie die seiner Mutter.

»Du phantasierst, Ronny. Ich bin es bloß.«

Ronny fühlt gemeine Stiche in seinem Kopf. Er greift nach seiner Hosentasche. Wo sind seine Murmeln? Und wo ist Saartje? Wieder verliert er das Bewusstsein. Totenstill liegt er in seinem Bett, unter dem Bild von einem Mann mit einem Spitzbart und einer Mütze auf dem Kopf. Unter seinem langen, orangefarbenen Mantel steht: RONNY, SCHNELL GESUND WERDEN. WILLY.

Ronny stöhnt. Er hört die Stimmen seiner Oma und die ihres Arztes, Doktor Manie Leisen, der gerührt von seiner Mutter begrüßt wird.

»Ich bin Ihnen so dankbar, dass Sie dieses Risiko eingehen«, sagt sie.

Ronny macht ein Auge auf. Manie hat keinen Stern auf der Jacke. Mit einem Stern darf er natürlich nicht herkommen, denkt er.

»Wir sind doch Freunde, da versteht es sich von selbst, dass ich nach Ihrem Sohn schaue.« Die Stimme des vertrauten Arztes klingt sehr besorgt.

»Er ist jetzt schon zwei Tage fast dauernd ohne Bewusstsein«, schluchzt Ronnys Mutter.

Doktor Leisen beugt sich nun über ihn und blinzelt ihm zu.

»Aber jetzt bist du bei dir, Kleiner, nicht wahr?« Er schaut in Ronnys Ohr. »Das sieht nicht sehr gut aus. Verschleppte doppelte Mittelohrentzündung. Ich schicke Ihnen den besten Spezialisten der Stadt.«

Ronny weiß nicht, ob er geschlafen hat, aber auf einmal schaut ein anderer Arzt in sein Ohr. Auch er macht ein düsteres Gesicht. »Gegen solch eine durchgewucherte Infektion gibt es noch kein Medikament«, sagt er. »Sie könnte jederzeit auf sein Gehirn übergreifen. Ich gebe ihm keine Woche mehr. Für eine Operation ist es zu spät, fürchte ich.«

Durch einen dicken Nebel hört Ronny alles. Oder ist das auch ein Traum? Er kneift in die Hand seiner Mutter. Sie muss sein Leben retten. Zum Glück scheint sie zu begreifen, was er von ihr will.

»Wenn es schon so schlecht um ihn steht, könnten Sie eine Operation doch versuchen, nicht wahr? Wir haben doch nichts zu verlieren.«

Der Arzt seufzt. »Dann muss ich sein ganzes Gesicht aufmachen.«

Glauben sie etwa, ich wäre stocktaub, denkt Ronny empört. Denn der Arzt sagt leise, aber deutlich verstehbar: »Wenn Ihr Sohn am Leben bleibt, behält er von einer so schweren Operation ein missgestaltetes Gesicht zurück.«

»Wenn er nur am Leben bleibt«, hört Ronny die Stimme seiner Mutter weit weg. »Bitte, Doktor, tun Sie, was möglich ist, ich flehe Sie an.«

Der Arzt seufzt. »Gut, dann muss er heute Abend unter das Messer.«

Ronny erschrickt furchtbar. Er versucht sich vorzustellen, wie ein missgestaltetes Gesicht aussieht. Ich werde am besten zu Willy in den Keller ziehen, beschließt er. Damit andere Leute mein missgestaltetes Gesicht nicht sehen. Plötzlich wird er unruhig. Angenommen, ich sterbe, was ist dann mit Willy? Wirr, wie er ist, denkt er: Dann müssen sie Kees zu ihm lassen, zum Spielen. Meine beiden besten Freunde können sich bestimmt gut leiden. Ich muss es Mama schnell sagen. Doch als Ronny sich aufrichten will, wird alles schwarz.

»Willy«, flüstert Ronny, als der Arzt ihn in den Finger sticht. »Kees.« Er hat das Gefühl, als würde sein Kopf aufbrechen.

»Cato sagt, dass der arme Junge dauernd in seinem Keller sitzt und den Zeiger der Uhr anstarrt«, hört Ronny seinen Vater sagen. »Die Stunden ohne Ronny dauern immer so lange.«
Bin ich schon operiert?, fragt er sich, aber seine Zunge lässt sich nicht bewegen.
Sein Vater erzählt weiter: »Willy ist nicht aus dem Vorderzimmer wegzukriegen, dauernd beobachtet er unser Haus. Er traut der Sache nicht. Er denkt, niemand wagt ihm zu sagen, dass Ronny schon längst tot ist. Cato und ihr Mann tauchen vielleicht morgen mit Willy unter. Der Neffe ist immer noch verschwunden. Ich gehe schnell zu Willy und sage ihm, dass wir in einer Stunde mit Ronny zum Krankenhaus fahren. Wenn der Junge uns mit dem zugedeckten Ronny losfahren sieht, glaubt er bestimmt, sein Freund wäre tot.«
Ronny versucht sich aufzurichten. Er möchte sagen: Frag bitte, wo Willy untertaucht. Aber sein Vater verlässt das Zimmer und alles wird wieder schwarz. Als Ronny erneut wach wird, ist sein Vater schon wieder zurück.
»Er hat mir erst geglaubt, als ich sagte: ›Wenn Ronny tot wäre, hättest du einen Leichenwagen gesehen. Sobald es ihm besser geht, kommt er zu dir. Er hat deinen Namen gesagt, als er kurz zu sich gekommen ist. Du bist sein bester Freund, Willy, mein Sohn hat Glück gehabt mit dir.‹
Und dann hat der arme Willy gebeichtet, dass Ronny durch seine Schuld krank geworden ist. Leise, damit sein Onkel es nicht hörte, habe ich erklärt, dass der erste Doktor sich geirrt hat. Durch verdorbenes Eis kann man einfach keine Mittelohrentzündung bekommen. Und als ich ihm erzählt habe, dass Ronny heute Abend operiert wird, ist er ganz

weiß geworden. Er ist so traurig in seinen muffigen Keller zurückgegangen, dass ich mich später noch einmal von ihm verabschiedet habe. Auf dem Gang hörte ich, wie er seine Kaninchen getröstet hat: ›Ronny stirbt bestimmt nicht, Vlekje.‹ Dann hat er an seinen Fingern abgezählt: ›Ronny bleibt am Leben, er stirbt, er bleibt am Leben, er stirbt. Bei seinem zehnten Finger kam raus: ›Er stirbt.‹ Ich ging schnell zu ihm und schlug ihm vor, wir sollten es gemeinsam noch einmal probieren. Da hörte es natürlich mit ›bleibt am Leben‹ auf.

›Was zählt jetzt mehr?‹, hat er mich ängstlich gefragt.

Und ich habe zurückgefragt: ›Was glaubst du selbst?‹

›Leben natürlich‹, rief er. Ich gab ihm recht.«

Ronny hört, dass sein Vater seiner Mutter einen Kuss gibt. »Wir dürfen den Mut nicht verlieren, Dootje.« Dann fühlt Ronny, dass sein Vater sich über ihn beugt. Er will fragen, wohin Willy gehen wird, aber kein Ton kommt aus seinem Mund. Es ist, als würde er einfach wegsacken.

Ganz verschwommen begreift er, dass er in Decken gewickelt wird und in den Armen seines Vaters liegt. Er hört einen Motor und versteht, dass er mit einem Taxi zum Krankenhaus gebracht wird. Seit es fast kein Benzin mehr gibt, haben viele Taxis oben auf dem Dach einen dicken Behälter mit Gas. Es gibt auch Taxis mit Hochdruckflaschen, die sie in der Oosteinde füllen. Normalerweise findet Ronny das spannend. Jetzt würde es ihn sogar kalt lassen, wenn die goldene Kutsche für ihn gekommen wäre. Er möchte Willy zuwinken, aber er verliert schon wieder das Bewusstsein.

Bald darauf liegt Ronny auf dem Operationstisch des Spinoza-Krankenhauses gegenüber der Amstelbrauerei. Der Spezialist beugt sich über ihn. Ronny kommt kurz zu sich und blinzelt gegen das grelle Licht. Ja, ja, guckt nur fröhlich, bevor ihr mich verschandelt.

»So, junger Mann«, sagt der Doktor. »Bist du bei dir? Wir werden dich jetzt ganz gesund machen.« Während er fröhlich hinter seiner weißen Maske plaudert, zieht er eine Spritze auf.

Blöder Lügner, will Ronny sagen, ich sterbe oder ich bin missgestaltet. Aber sein Mund bewegt sich noch immer nicht und er fühlt einen schmerzhaften Stich im Bein.

»So, eine Beruhigungsspritze«, sagt der Doktor. Dann nimmt er eine Art eiserne Suppentasse mit Watte darin. Auf die Watte gießt er ein stinkendes Zeug aus einer Flasche, auf der ÄTHER steht. Dann stülpt er die Suppentasse über Ronnys Nase. »Lass mal hören, wie gut du zählen kannst.«

Als wäre ich ein Affe, der ein Kunststück vorführen soll, denkt Ronny böse. Was für ein Gestank. Mit Mühe flüstert er: »Eins.«

»Lauter«, befiehlt der Doktor.

»Zwei«, stöhnt Ronny, denn der Operationssaal dreht sich wie ein Karussell. Die Lampe wird immer kleiner, ein angenehmer Wind bläst in seinen Ohren, und dann merkt Ronny nichts mehr.

Willy starrt durch den Ritz im Verdunklungspapier aus dem Fenster des vorderen Kellers und wartet auf einen fallenden Stern. Denn wer eine Sternschnuppe sieht, darf sich etwas wünschen.

Der Mond kommt hinter einer Wolke hervor, sodass Willy die andere Seite besser sehen kann. Da kommen Ronnys Eltern! Könnte er sie doch schnell fragen, wie es Ronny geht. Gerade als er daran denkt, dreht Ronnys Mutter sich um und wirft ihm eine Kusshand zu.
Für mich, freut sich Willy, wie schön, dass sie versteht, dass ich noch wach bin. Während er auf seine Sternschnuppe wartet, denkt er: Wird sie jetzt schlafen?
Nein, Ronnys Mutter läuft mit unangenehmen Vorahnungen im Zimmer auf und ab. Ihr Magen krampft sich zusammen vor Nervosität. Weil man spätabends nicht mehr auf die Straße darf, mussten sie nach Hause fahren. Der Doktor war fast fertig gewesen mit der Operation ...
Während die Wunde an Ronnys Kopf ein bisschen weiter weg wieder zugenäht wird, halten seine Mutter und Willy Wache. Sie denken an Ronny, jeder für sich, auf den gegenüberliegenden Straßenseiten. Ohne dass sie sich sehen können, sind alle drei eigentlich nah beieinander.
Willy friert ein wenig, aber er wagt es nicht, seine Jacke zu holen. Er hat Angst, dass ausgerechnet dann ein Stern fallen könnte, genau wenn er nicht aufpasst.
Fährt ein Armeefahrzeug durch die Stadt? In Kriegszeiten bedeuten nächtliche Geräusche Unheil.
Da fällt ein Stern! Schnell legt Willy seine beiden Mittelfinger über die Zeigefinger. »Lieber Stern, ich wünsche mir, dass Ronny am Leben bleibt.« Erleichtert will er endlich ins Bett gehen, da hört er wieder diese Geräusche. Gleichzeitig mit Ronnys Mutter.
Es ist ein Lastwagen. Do Sweering macht das Licht aus und schiebt das Verdunklungspapier ein bisschen zur Seite. Das Motorgeräusch wird lauter, es kommt in ihre Richtung. Sie

hält die Luft an. Ein Militärlastwagen fährt in die Westeinde und hält auf der gegenüberliegenden Straßenseite. Ihr Herz klopft wie verrückt. O nein, das darf nicht passieren. Ihre ratlose Stimme zerreißt die Stille des dunklen Hotels.
»Sie kommen wegen Willy.«
Schnell zieht sie ihre Jacke an und rennt die Treppe hinunter. »Willy«, murmelt sie. »Lieber, fröhlicher Willy, wach auf und renn um dein Leben. Versteck dich hinten, irgendwo, egal wo. Ich hole dich, wenn sie weg sind. Ich werde dich verstecken und für dich sorgen, als wärst du mein eigener Sohn.«
»Hierbleiben!«, schreit Oma, die im Nachthemd auf den Gang kommt. »Dootje, du kannst nichts tun, sie schießen. Jacob, halte sie zurück. Sie geht drauf!«
Ronnys Vater rennt seiner Frau hinterher, er nimmt zwei Stufen auf einmal.

Im dunklen Haus auf der anderen Straßenseite sind alle Bewohner alarmiert. Sobald Willy den Lastwagen hört, rennt er in sein Hinterzimmer. Gewehrkolben klopfen an die Haustür, droben beginnt seine Tante vor Angst zu schreien.
»Aufmachen!«, brüllt eine barsche Stimme. Willy macht das Dach seines Kaninchenstalls auf und nimmt eines der weißen Kaninchen. Von oben kommt ein krachendes Geräusch. Die Vordertür gibt nach, gerade als Willy auch das zweite Kaninchen unter seinen anderen Arm nimmt. Mit ein bisschen Glück schaffe ich es noch rechtzeitig auf den kleinen Platz, überlegt er fieberhaft. Über seinem Kopf hört er die Stiefel der Soldaten.

Willy stolpert, die Kaninchen versuchen sich loszureißen. Aber er drückt sie fest an sich, während er den muffigen Kellergang entlangrennt. Gerade als er an der Tür zum Platz ankommt, trifft ihn das Licht einer Taschenlampe, die jemand von oben auf ihn richtet.
»Halt, oder ich schieße!«, schreit ein Soldat. Er steht oben auf der Kellertreppe, wo immer derjenige von ihnen stand, der Wilhelm von Oranien sein durfte. Willy, ein Kaninchen unter jedem Arm, steht auf dem Platz von Balthasar Gerards.
»Umdrehen!« Der grauhaarige Soldat ist nun dicht bei dem Jungen im Pyjama. Vlekje und Bianca zappeln so sehr, dass Willy sie fast nicht mehr halten kann. Er dreht sich um und steht Auge in Auge mit dem Soldaten, der murmelt: »Wie mein Jüngster.«
Der Mann schaut zu seinem Kameraden oben an der Treppe hinauf und sagt: »Mein Sohn hat auch so ein Kaninchen.«
Willy greift nach diesem Strohhalm. »Lassen Sie mich laufen, ich bin doch noch ein Kind«, fleht er.
Der Soldat zögert, aber sein jüngerer Kamerad lacht ihn aus. »Stell dich nicht so an wegen eines Judenjungen.«
Dann stößt der andere Soldat Willy mit seinem Gewehrlauf die Treppe hoch. Jetzt bin ich wie der echte Wilhelm von Oranien, denkt Willy noch. Der andere Soldat läuft zum Schlafzimmer von Willys Onkel und Tante, wo schon ein dritter Soldat mit einem niederländischen Polizisten ist.
Mit einem Gewehr im Rücken verlässt Willy das Haus. Draußen ist es stockdunkel und es weht ein Wind. Jetzt kann ich mich gar nicht von Ronny verabschieden, denkt er verzweifelt. Und was passiert jetzt mit der armen Bianca

und mit Vlekje? Wenn ich sie loslasse, werden sie natürlich von irgendjemandem gefangen und geschlachtet.
Unerwartet bekommt Willy Hilfe von dem Mond, der hinter einer Wolke zum Vorschein kommt. Dort, in der offenen Tür des Hotels *Atlantic*, steht Ronnys Mutter!
Wie ein Pfeil schießt Willy auf sie zu.
»Willy, nicht«, schreit sie. »Sie schießen auf dich, bleib, wo du bist, Willy!« Sie hält sich die Hände gegen die Ohren, als erwarte sie eine Gewehrsalve.
Aber der ältere Soldat ist jetzt allein. Er läuft ein paar Schritte hinter dem Jungen her, der sein Sohn sein könnte. Nach einem Blick über die Schulter bedeutet er der Frau, dass sie kurz mit dem Jungen reden kann. Sofort läuft sie Willy entgegen, während ihr Mann im Haus schreit: »Do, bist du verrückt geworden?«
Aber sie steht mitten auf der Straße und Willy drückt ihr die weißen Kaninchen in die Hand. Als würden sie verstehen, dass ihr Leben davon abhängt, verhalten sich Vlekje und Bianca totenstill.
»Wenn es Ronny besser geht, darf er so lange für meine Kaninchen sorgen. Dann können sie ihm Gesellschaft leisten. Ist das in Ordnung?«
Im Haus auf der anderen Seite kommen Stiefel die Treppe hinunter.
»Los, beeil dich«, befiehlt der Soldat nun barsch. »Schnell.«
»Ja, du Lieber, natürlich ist das in Ordnung«, stammelt Ronnys Mutter. »Lauf. Du bist und bleibst für immer Ronnys Freund. Willy, wir warten auf dich.« Und sie ruft ihm nach: »Hier bist du immer willkommen, vergiss das nicht!«

Noch bevor der andere Soldat Tante Cato und ihren Mann nach draußen stößt, klettert Willy auf den Lastwagen. Aus dem Hotel auf der anderen Seite schauen Ronnys Eltern zu, jeder mit einem zappelnden Kaninchen in der Hand.
»Verdammt«, flucht Ronnys Vater, »sie kommen nur wegen ihnen. Bestimmt hat sie jemand verraten.« Als der Lastwagen dröhnend davonfährt, gehen sie ins Haus, wo Ronnys Mutter in bitteres Weinen ausbricht.
»Warum soll so ein lieber, gescheiter Junge sterben? Was ist mit diesen Deutschen? Wie kann jemand das übers Herz bringen? O Jacob, wir sehen Willy nicht wieder, ich fühle es. Wir haben Willy verloren und vielleicht verlieren wir Ronny auch noch.«
Jacob legt den Arm um seine Frau. So sitzen sie einfach da, jeder mit einem zitternden Kaninchen auf dem Schoß. Beim Morgengrauen kommt Oma ins Zimmer.
»Geht jetzt mal ins Krankenhaus, ich kümmere mich um Bianca und Vlekje.«

Ronny kommt den ganzen Tag nicht zu Bewusstsein. Am zweiten Tag hört er aber alles. Doch seine Augen gehen nicht auf und sprechen kann er auch nicht.
Gemütlich, denkt Ronny. Hab ich nie gedacht, dass man im Himmel so gut hören kann, was sie auf der Erde sagen.
»Unsinn, Do, nie den Mut verlieren«, sagt Oma. »Wir gehen einmal zusammen um den Block. Ein bisschen frische Luft schnappen.«
Als sie weg sind, hört Ronny Opa summen, während er etwas Schweres verschiebt. Warum gehen seine Augen nicht auf? Oh, was für ein Lärm. Opa klappert mit seinem Murmelsäckchen laut neben seinem guten Ohr.

»Hallo, Ronny«, ruft Opa. »Hier ist der Murmelsack für Hetty. He, deine Fische haben einen Mordshunger. Ich würde an deiner Stelle endlich mal aufwachen. Hallo, deine Fische wollen Essen!«
Wie kann ich vom Himmel aus Fische füttern, denkt Ronny. Gib mir lieber das Murmelsäckchen für Hetty, wie wir es abgemacht haben.
Jemand kommt herein, eine Frau, man kann es am Lachen hören.
»Sie haben so laut gesprochen, dass eine vornehme Patientin im Zimmer nebenan ganz erstaunt war. ›Schwester, behandeln Sie auch Tiere? Ich hoffe nur, auf einer getrennten Station.‹
›Gnädige Frau‹, antwortete ich, ›wir behandeln hier jedes kranke Lebewesen. Vom Vogel Strauß bis zu Schlangen und Tauben.‹«
Die Frau und Opa lachen laut. »Ach, Sie machen es richtig«, sagt die Frau plötzlich. »Er muss einfach mehr Lust bekommen, aufzuwachen statt zu schlafen.«
Zu Ronnys Mutter sagt Opa etwas später: »Do, er kommt wieder zu sich, so wahr ich hier stehe.«
Doch als seine Mutter Stunden später weggeht, hört Ronny sie auf dem Flur sagen: »Bald haben wir auch keinen Ronny mehr.«
Auch?, denkt Ronny. Ist noch jemand tot? Dem werde ich dann wohl begegnen. Ich hoffe, dass es nicht Tante Annie ist. Da bin ich sie endlich los, und dann stirbt sie auch, typisch, denkt er verärgert, bevor er in einen tiefen Schlaf fällt.
Am nächsten Morgen späht Ronny durch die Wimpern. Er sieht ein blaues Veilchen. Wie ein bärtiges Köpfchen, das

ihn fragend anschaut. Witzig, im Himmel zeigen sich also die Erdmännchen wieder, denkt er. Er macht die Augen auf. He, ein Aquarium. Still verfolgt er die eleganten Bewegungen der Fische, bis etwas in seinem Kopf anfängt zu klopfen. Er schnappt nach Luft, so weh tut es. Aber im Himmel gibt es doch keine Schmerzen? Ob ich doch lebe? Darüber muss Ronny nachdenken. Dann bin ich in Zukunft ein Junge mit einem missgestalteten Kopf. Wäre ich doch ein Märchenprinz. Dann würde mir eine Prinzessin mit einem Kuss mein Gesicht zurückzaubern.

Die Tür geht auf. Ronny hält die Luft an … aber nein, es ist keine Prinzessin, sondern eine Krankenschwester, die ihn anlacht.

»So, du schöner Schläfer, bist du endlich wach?« Sie sieht, wie ihr kleiner Patient das Veilchen anschaut. »Das ist von deinem Opa«, sagt sie. »Und ein Gedicht liegt dabei, das hat er für dich gemacht.«

Opa schreibt über ein blaues Veilchen aus Ronnys Gärtchen, als wäre es ein Erdmännchen. Witzig, dass auch Opa sieht, dass die Veilchen Köpfe wie Erdmännchen haben, denkt Ronny.

Der Veilchenzwerg steht nun allein im Garten,
er ist ganz traurig von dem langen Warten.
Ein Tropfen Tau läuft ihm in seinen Bart.
Sag mir, wo ist mein lieber Junge hin?
Und weil er krank ist, geh ich jetzt zu ihm.

Plötzlich erfüllt eine große Trauer den Raum. Ronny versteht es nicht, aber er muss plötzlich schrecklich weinen. Ich war doch schon im Himmel, mit Hetty, Max und den anderen Rückseitlern! Stattdessen ist jetzt ein Veilchen zu mir gekommen. So lieb steht es in der Vase. Er streckt die Hand aus, zerdrückt das Veilchen und wirft es auf den Boden. Die Krankenschwester versteht es nicht. Ronny zuckt mit der Schulter, er versteht es auch nicht

Zum Glück kommt Mama herein. Sie nimmt ihn in den Arm und sagt lauter liebe Worte. Plötzlich findet Ronny es auf der Erde schöner als im Himmel. Nur gut, dass seine Mutter sich so schnell an sein hässliches Gesicht gewöhnt hat.

Mittags betrachtet Opa erstaunt das zerquetschte Veilchen auf dem Boden. Ronny schämt sich, aber er kann es nicht erklären. Opa redet weiter, als wäre nichts geschehen. Ronny seufzt erleichtert. Wenn Opa etwas nicht versteht, wird er nie böse. Dann sagt er bloß: »Du hast bestimmt einen guten Grund, das zu tun.«

Ronny fragt sich, wann sie ihm die schreckliche Nachricht mitteilen werden. Der Doktor tut nämlich noch freundlicher als vor der Operation.

»Du siehst prima aus.«

Aber Ronny fällt nicht auf ihn rein. Deine Sprüche kenne ich, du Lügner, denkt er.

»Du glaubst uns kein Wort«, sagt der Doktor und bringt einen Spiegel.

Ronny holt tief Luft. Er schaut schnell in den Spiegel und wieder weg. Nach einem verblüfften Blick auf den Arzt greift er wieder nach dem Spiegel. Überhaupt nichts Schlimmes ist zu sehen. Sein Mund geht auf, minutenlang starrt er blöd in den Spiegel und betrachtet sich selbst.

Amüsiert erklärt der Doktor: »Ich habe mir besondere Mühe bei dir gegeben. Ich habe deinen Kopf hinter dem

Jacob Sweering mit Ronny, 1934

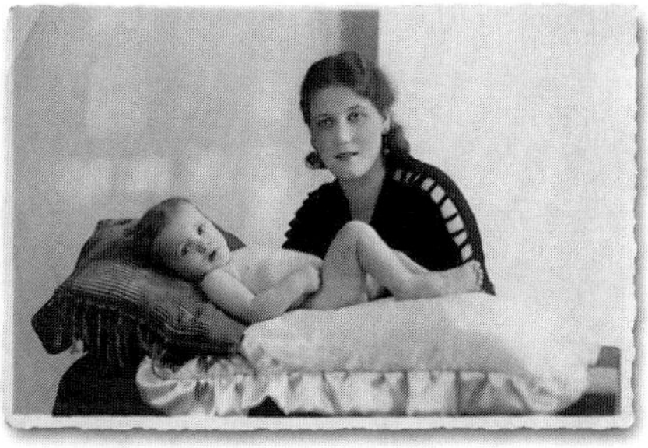

Do Sweering-Boons mit Ronny, 1934

Ronny, fünf Jahre alt, in seinem Garten bei dem Kastanienbaum

Sommer 1936. Vater und Sohn, Zandvoort aan Zee

Jacobs ozeangrüner Peugeot

Ronny

Fest an der Wilhelmina-Catherina-Schule, vor Errichtung der Mauer

Klassenzimmer, Rückseite
Wilhelmina-Catherina-Schule

Willys großer Bruder und
seine Schwestern, um 1928

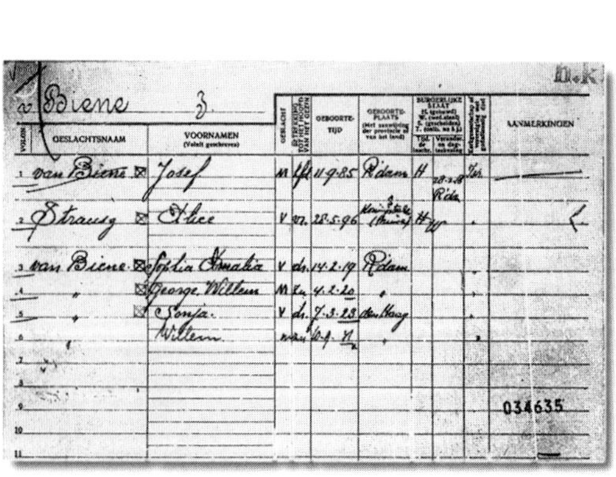

v. Biene 3.

Volgno	Geslachtsnaam	Voornamen (Voluit geschreven)	Geslacht	Betrekking tot het hoofd van het gezin	Geboorte-tijd	Geboorteplaats	Burgerlijke staat		Kerkgenootschap	Aanmerkingen
1	van Biene	Josef	M	Hfd	11.9.85	R'dam	H	28.2.18 R'da	Isr.	
2	Strauss	Alice	V	vr.	28.5.96	Königstein (Baden)	H		"	
3	van Biene	Sophia Amalia	V	dr.	14.2.19	R'dam			"	
4	"	George Willem	M	zn.	4.2.20	"			"	
5	"	Sonja	V	dr.	7.3.23	Den Haag			"	
6	"	Willem	M	zn.	10.1.31	"			"	
7										
8										
9										034635
10										
11										

Willy van Bienes Familie vor dem Krieg.
(Meldekarte des Einwohnermeldeamtes in Den Haag)

1941. Willy van Biene in der Schule für jüdische Kinder in Den Haag

Sonja, George und Sophie van Biene, um 1939

1961. Der Abriss der Häuser gegenüber vom Hotel *Atlantic*: Willys Keller mit Treppe

Aus Ronnys Heft mit Kampfflugzeugen

Hannys Verlobter Rudi Bloemgarten,
vor dem Krieg, mit seiner Schwester

Ronnys
Ausweiskarte vom Roten Kreuz

Jedes Kind
trug solch eine Karte

Kees

Herbst 1943. Schulausflug mit den »Vorderseitlern«.
Ronny links, mit Mütze (wegen seines Ohrs)

Louise, 1942

Louise
nach dem Sieg
über die Lojedajes

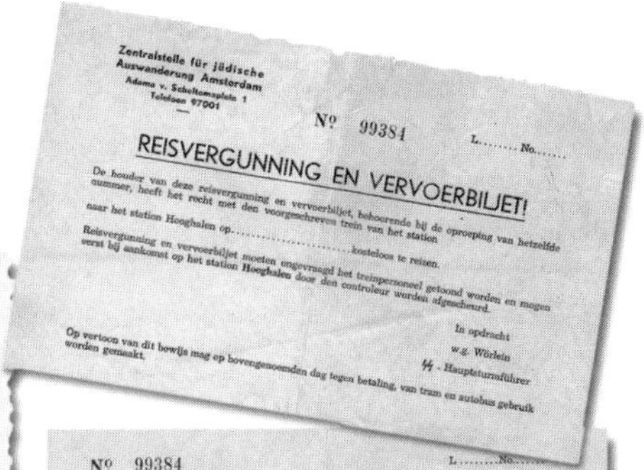

Zentralstelle für jüdische
Auswanderung Amsterdam
Adama v. Scheltemaplein 1
Telefoon 97001

Nº 99384 L........ No.......

REISVERGUNNING EN VERVOERBILJET!

De houder van deze reisvergunning en vervoerbiljet, behoorende bij de oproeping van hetzelfde nummer, heeft het recht met den voorgeschreven trein van het station naar het station Hooghalen op........................kosteloos te reizen.

Reisvergunning en vervoerbiljet moeten ongevraagd het treinpersoneel getoond worden en mogen eerst bij aankomst op het station **Hooghalen** door den controleur worden afgescheurd.

In opdracht
w.g. Wörlein
SS - Hauptsturmführer

Op vertoon van dit bewijs mag op bovengenoemden dag tegen betaling, van tram en autobus gebruik worden gemaakt.

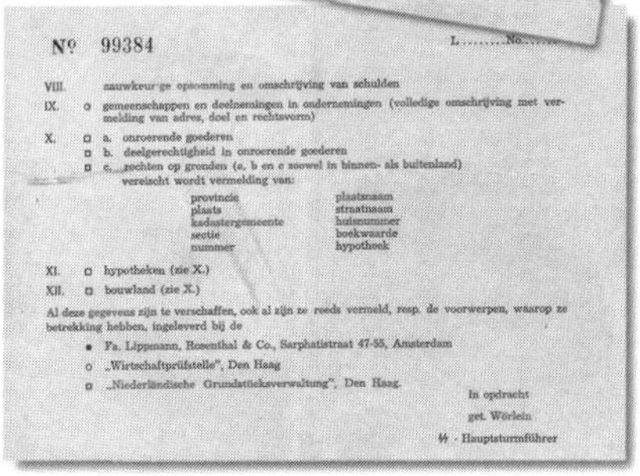

Nº 99384 L........No.......

VIII. nauwkeurige opsomming en omschrijving van schulden
IX. ○ gemeenschappen en deelnemingen in ondernemingen (volledige omschrijving met vermelding van adres, doel en rechtsvorm)
X. ◻ a. onroerende goederen
◻ b. deelgerechtigheid in onroerende goederen
◻ c. rechten op gronden (a, b en c zoowel in binnen- als buitenland)
vereischt wordt vermelding van:

provincie — plaatsnaam
plaats — straatnaam
kadastergemeente — huisnummer
sectie — boekwaarde
nummer — hypotheek

XI. ◻ hypotheken (zie X.)
XII. ◻ bouwland (zie X.)

Al deze gegevens zijn te verschaffen, ook al zijn ze reeds vermeld, resp. de voorwerpen, waarop ze betrekking hebben, ingeleverd bij de

- Fa. Lippmann, Rosenthal & Co., Sarphatistraat 47-55, Amsterdam
- „Wirtschaftprüfstelle", Den Haag
- „Niederländische Grundstücksverwaltung", Den Haag.

In opdracht
get. Wörlein
SS - Hauptsturmführer

Dies fand Louise nach der Bombe auf das Hauptbüro des SD auf der Straße

Solche Schilder erschienen überall.
(Auf den Schildern:
Durchgang und Aufenthalt zwischen Sonnenuntergang und Sonnenaufgang verboten
Für Juden verboten)

Ronny und seine Schwester

Ronnys erstes Foto.
Kanadischer Panzer fährt in Amsterdam ein

Ronny als Zwölfjähriger
auf der Terrasse des *Atlantic*

Der kanadische Soldat Stan Burkett
mit Ronny und Y, 1945

WC-Schule

Hotel *Atlantic*
kurz nach dem Krieg

Die Ladengalerie, an ihrem Ende
die Kuppel mit Fledermäusen

Restaurant *Atlantic*
mit der abgesenkten Untertauchdecke

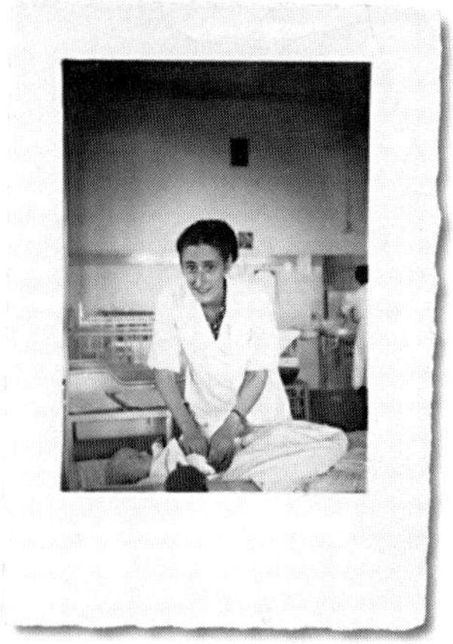

Hanny Levy
um 1948 als Ärztin in
einem Krankenhaus

Ronny auf seinem selbst gebauten Rennrad

Stan Burkett und
Ronald Sweering,
1997 in Amsterdam

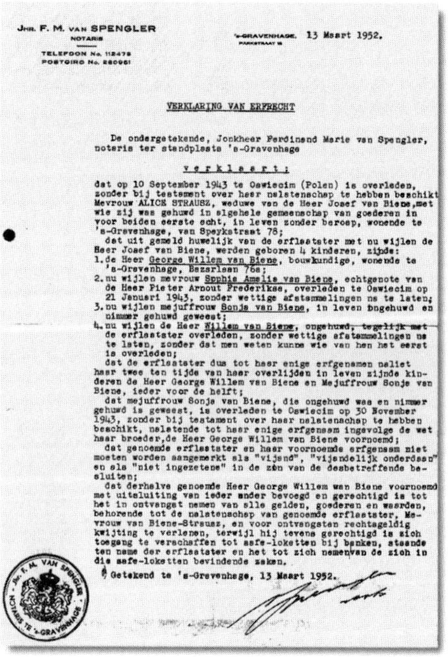

JHR. F. M. VAN SPENGLER
NOTARIS
TELEFOON No. 112478
POSTGIRO No. 280951

's-GRAVENHAGE, PARKSTRAAT 18 — 13 Maart 1952.

VERKLARING VAN ERFRECHT

De ondergetekende, Jonkheer Ferdinand Marie van Spengler, notaris ter standplaats 's-Gravenhage

v e r k l a a r t :

dat op 10 September 1943 te Oswiecim (Polen) is overleden, zonder bij testament over haar nalatenschap te hebben beschikt Mevrouw ALICE STRAUSZ, weduwe van de Heer Josef van Biene, met wie zij was gehuwd in algehele gemeenschap van goederen in voor beiden eerste echt, in leven zonder beroep, wonende te 's-Gravenhage, van Speykstraat 78;

dat uit gemeld huwelijk van de erflaatster met nu wijlen de Heer Josef van Biene, werden geboren 4 kinderen, zijnde:

1. de Heer George Willem van Biene, bouwkundige, wonende te 's-Gravenhage, Bazarlaan 76a;
2. nu wijlen mevrouw Sophie Amelie van Biene, echtgenote van de Heer Pieter Arnout Frederikse, overleden te Oswiecim op 21 Januari 1943, zonder wettige afstammelingen na te laten;
3. nu wijlen mejuffrouw Sonja van Biene, in leven ongehuwd en nimmer gehuwd geweest;
4. nu wijlen de Heer Willem van Biene, ongehuwd, tegelijk met de erflaatster overleden, zonder wettige afstammelingen na te laten, zonder dat men weten kunne wie van hen het eerst is overleden;

dat de erflaatster dus tot haar enige erfgenamen naliet haar twee ten tijde van haar overlijden in leven zijnde kinderen de Heer George Willem van Biene en Mejuffrouw Sonja van Biene, ieder voor de helft;

dat mejuffrouw Sonja van Biene, die ongehuwd was en nimmer gehuwd is geweest, is overleden te Oswiecim op 30 November 1943, zonder bij testament over haar nalatenschap te hebben beschikt, nalatende tot haar enige erfgenaam ingevolge de wet haar broeder, de Heer George Willem van Biene voornoemd;

dat genoemde erflaatster en haar voornoemde erfgenaam niet moeten worden aangemerkt als "vijand", "vijandelijk onderdaan" en als "niet ingezetene" in de zin van de desbetreffende besluiten;

dat derhalve genoemde Heer George Willem van Biene voornoemd met uitsluiting van ieder ander bevoegd en gerechtigd is tot het in ontvangst nemen van alle gelden, goederen en waarden, behorende tot de nalatenschap van genoemde erflaatster, Mevrouw van Biene-Strausz, en voor ontvangsten rechtsgeldig kwijting te verlenen, terwijl hij tevens gerechtigd is zich toegang te verschaffen tot safe-loketten bij banken, staande ten name der erflaatster en het tot zich nemen van de zich in die safe-loketten bevindende zaken.

Getekend te 's-Gravenhage, 13 Maart 1952.

Jhr. F. M. VAN SPENGLER NOTARIS TE 's-GRAVENHAGE

Willys Bruder George überlebte als Einziger der Familie
van Biene den Krieg. (Es handelt sich bei dem
Dokument um einen notariell beglaubigten Erbschein).

Ohr aufgemacht, mit diesem silbernen Hämmerchen und Beilchen.« Er zeigt die Instrumente. »Jetzt hast du noch dasselbe komische Gesicht wie vorher.«
Endlich kann Ronny den Doktor anlachen.
»Du hast ein riesiges Loch hinter dem Ohr, in das bestimmt fünf dicke Murmeln reinpassen. Es geht nur langsam zu und darf sich absolut nicht entzünden. Deshalb musst du dich ruhig halten. Versprichst du das?«
Ronny nickt. Er ist so froh. Und doch spürt er etwas, von dem er nicht weiß, was es ist. Etwas Schlimmes.

Bald fragt Ronny sich nicht mehr, was das Schlimme ist. Ein Junge kommt in sein Zimmer, Japie. Er hat nur eine Blinddarmentzündung, ist aber schon acht Wochen im Krankenhaus.
»Ich darf vorläufig nicht hinaus, weil ich jüdisch bin«, vertraut Japie seinem Mitpatienten an. »Sag's niemandem weiter, hier bin ich sicher. Der Widerstand hat mich aus der Schauburg geholt, ich bin den Moffen entkommen. Gut, nicht wahr?«
Durch Japie wird Ronny auch wieder ein bisschen frecher. Tagsüber bringen sie alles durcheinander, nachts erschrecken sie die Nachtschwester. Niemand wird böse auf Japie. Alle schmusen mit ihm und verwöhnen ihn. »Ich wollte, ich wäre immer krank«, sagt er.
Kees und Louise kommen Ronny oft besuchen. Ronny prahlt, dass bestimmt zwanzig Lojedajes in das Loch hinter seinem Ohr passen. Er will an Willy schreiben: Hallo, alter Wilhelm von Oranien, bald bin ich wieder da und dann musst du Balthasar Gerards sein.
Aber Ronnys Mutter vergisst immer wieder Briefpapier

mitzubringen. Und nach Auskunft der Krankenschwester hat das Krankenhaus keinen einzigen Zettel übrig, wegen der Papierknappheit.
Als Ronny endlich nach Hause darf, muss er noch im Bett bleiben. Aber morgens in aller Frühe schleicht er hinunter zum Restaurant. Er möchte auf die beschlagenen Fenster in großen Spiegelbuchstaben schreiben: HALLO WILLY.
Seine Mutter ertappt ihn beim I. »Schnell ins Bett, du darfst noch nicht aufstehen.«
Warum ist sie plötzlich so kurz angebunden? Sie ist doch sonst so lieb zu ihm, seit er krank ist. Ronny hätte gerne, dass es noch eine Weile so bleibt.
Nach einiger Zeit darf er dann ein bisschen herumlaufen, mit einem dicken Verband um den Kopf. Er schlendert in die Scheune. He, noch ein Kaninchenstall. Bestimmt eine Überraschung von Opa. Witzig, das eine Kaninchen sieht aus wie Bianca. Und zufällig hat das zweite genau so einen Fleck wie Vlekje. Ronny macht den Stall auf. »He, ihr habt ja überhaupt keine Angst.« Das Kaninchen schnuppert an seiner Hand, als würde es ihn schon kennen.
Ronnys Herz beginnt zu klopfen, das ist Vlekje. Natürlich, er ist sich sicher.
»Du darfst doch noch nicht aus dem Haus?«, hört er die erschrockene Stimme seines Vaters hinter seinem Rücken.
Ronny wird rot. »Warum sind Vlekje und Bianca hier bei uns?«
Sein Vater wird genauso rot.
Hinter dem großen Loch mit der Watte fängt es wieder an zu klopfen. »Was tun Vlekje und Bianca bei uns?«
Als er wieder keine Antwort bekommt, weiß Ronny, dass

dies das Schlimme ist, das er die ganze Zeit schon gefühlt hat. »Wo ist Willy?«

Sein Vater sieht so erschüttert aus, dass Ronny Angst bekommt.

»Ich gehe zu Willy«, sagt er und richtet sich auf. Aber es wird dunkel vor seinen Augen. Er fühlt, dass sein Vater ihn auffängt, und hört ihn murmeln: »Mein lieber Junge, es wird dir auch nichts erspart.«

Sobald das Schwindelgefühl besser ist, reißt Ronny sich los und schreit: »Wo ist Willy? Ich will zu Willy!« Seine Stimme dringt bis in die Küche, wo ein Koch versucht, aus alten Kartoffeln und sehnigem Fleisch ein leckeres Gericht zu zaubern.

Ronny rennt ins Haus, wo seine Mutter ihn auf den Schoß nehmen will.

»Lass mich los, ich bin kein kleines Kind mehr. Ich will wissen, wo Willy ist. Jetzt, auf der Stelle!«

»Vlekje und Bianca bleiben so lange bei uns. Willy ist nicht mehr drüben. Du darfst so lange für seine Kaninchen sorgen, weil du sein allerbester Freund bist.«

»Ich will zu ihm.«

»Schatz, das geht nicht, er ist nicht mehr hier.«

»Er ist geschnappt worden!«, schreit Ronny. »Warum habt ihr ihn nicht aus der Schauburg geholt, wie Japie?«

Erschrocken schaut seine Mutter zu Tante Annie hinüber. »Psst.«

»Ihr habt mir absichtlich nichts gesagt«, schreit Ronny wütend.

Seine Mutter streichelt über seinen verbundenen Kopf. »Du warst im Krankenhaus«, sagt sie leise. »Du warst noch nicht bei Bewusstsein.«

Ronny schiebt ihre Hand weg. Sprachlos starrt er die Erwachsenen an. Willy abgeholt, in einem Lastwagen, so wie Hetty und die Leute im Transvaalviertel und im Judenviertel, an der Kattenburg und im Diamantenviertel, im Flussviertel und in Amsterdam-Süd.
Wütend stellt er sich vor Tante Annie. »Wenn du Willy verraten hast, werfe ich dir ein Loch in den Kopf.« Und plötzlich bricht es aus ihm heraus: »Du betrunkenes Miststück! Hast du es jetzt geschafft?«
»Ronny«, ruft seine Mutter entsetzt. »Solche Wörter will ich in unserem Haus nicht hören.«
»Ach nein? Und Willy abholen, ohne dass jemand ihm hilft? Das ist viel schlimmer als schimpfen.«
Ronny rennt aus dem Zimmer und knallt laut die Tür zu. Oben wirft er sich weinend aufs Bett. Sein Kopf fühlt sich an, als würde er auseinanderfallen, Schweiß bricht ihm aus.
Ich hoffe, ich sterbe sofort, genau wie Wilhelm von Oranien, denkt er. Zur Strafe. Damit jeder merkt, wie schlimm es ist, dass Willy nicht mehr da ist. So schlimm, dass sein liebster Freund vor Trauer gestorben ist.

Opa kommt herein. Ronny wehrt sich mit Treten und Schlagen. Opa lässt ihn gewähren. Als Ronny ruhiger wird, legt sich Opa neben ihn. Ronny dreht ihm den Rücken zu.
Unbeirrbar fängt Opa doch an zu sprechen, genau wie sonst. Nur dass er jetzt zu Ronnys Rücken spricht.
»Mein Großvater war ein reicher Großbauer«, erzählt er. »Sein Sohn, also mein Vater, hat sich in ein Dienstmädchen verliebt. Sie wurde mit mir schwanger. Mein Opa wollte ihr ein bisschen Geld geben und sie wegschicken, denn sein

Sohn sollte kein Dienstmädchen heiraten. So hartherzig waren die Menschen damals. Aber mein Vater hat meine Mutter wirklich geliebt. Er hat sie ohne Erlaubnis seines Vaters geheiratet. Zur Strafe hat mein Großvater alle beide auf die Straße gesetzt.«

Ronny dreht sich um und schaut Opa an.

»Auch wenn sie noch so arm waren, sie waren glücklich, als ich geboren wurde«, fährt Opa fort. »Meine Mutter hat bei einem Bauern gearbeitet und mein Vater hat sich zwölf Stunden am Tag in einer Steinfabrik abgeschuftet. Wir wohnten in einem kleinen, armseligen Haus, aber wir waren glücklich. Bis meine Mutter krank wurde und starb, als ich gerade sechs Jahre alt war.«

Jetzt schmiegt sich Ronny an Opa, genau wie sonst.

»Als ich acht war, musste ich von der Schule«, erzählt Opa weiter. »Es gab kein Geld. Im Winter liefen mein Vater und ich kilometerweit durch Schnee und Regen zur Steinfabrik. Unterwegs brachte mein Vater mir das bei, an was er sich noch aus seiner eigenen Schulzeit erinnerte.

Kurz nachdem wir erfahren hatten, dass meine Oma gestorben war, sah ich meinen Opa. Er stand da und starrte mich an, während ich Steine umdrehte, die trocknen mussten. Ich hätte damals auf meinen unbekannten Opa zugehen sollen. Aber ich habe mich nicht getraut, dumm, wie ich war. Mein Vater heiratete wieder und wir wurden wieder glücklich. Aber wir blieben arm. Genau wie all die Menschen, die ich auf meiner Wanderung traf, auch in Deutschland. Viele schlugen ihre Kinder, sie glaubten, so müsse man sie aufziehen. Ihre Kinder lernten, Schmerzen zu ertragen, ohne zu weinen. Sie lernten, kein Mitleid zu haben, weder mit sich selbst noch mit anderen, sondern blind zu gehorchen, wie sie es jetzt bei Hitler tun. Das ist dumm. Viele Männer sind in den Laufgräben des Ersten Weltkriegs verrückt geworden. Der gemeine Hitler hat dort auch gekämpft.«

Ronny unterbricht ihn. Hitler ist jetzt der Letzte, an den er denken will.

»Wie hast du Oma kennengelernt?«

Opa lacht. »Ich kannte sie schon von Kindesbeinen an. Als ich von meiner Wanderung zurückkam, hörte ich kurze Trippelschritte hinter mir.

›So, Janus Boons, wie viele Holzschuhe hast du verschlissen?‹, rief sie fröhlich. Wir kamen ins Reden, sie dachte genauso über die Dinge wie ich. Von da an waren wir jeden Tag zusammen.«

Opa erzählt weiter, bis Ronny einschläft.

Im Traum erscheint ihm Willy als Vater des Vaterlands, in dem orangefarbenen Mantel. »Weh mir«, stöhnt er, »wo ist der Mörder, der mir das Leben raubte?«

Verzweifelt ruft Ronny: »Ich bin an der Reihe. Jetzt darf ich Wilhelm von Oranien sein.« Aber Willy gibt den orangefarbenen Mantel nicht mehr her. Immer wieder muss Ronny Balthasar Gerards spielen, den Verräter. So sehr Ronny auch bettelt, er bekommt den orangefarbenen Mantel nicht. Er ist und bleibt Willys Mörder.

Plötzlich fällt er durch einen unendlichen grauen Raum nach unten. Tiefer und tiefer und tiefer. Mitten in seinem endlosen Fall hört Ronny auf einmal ein Geräusch. Aha, denkt er, jetzt bin ich an der Reihe. Und er will zu Willy sagen, du musst aber einen viel lauteren Knall machen, wenn du schießt. Aber was er hört, sind keine Schüsse. Jemand klopft an die Tür seines Schlafzimmers. Es ist Kees.

Etwas später galoppiert Flammender Pfeil auf einer weißen Stute durch Zimmer sechs, zusammen mit Wieherndem Pferd, dem schnellsten Indianer aus Ronnys Sammlung. Tapferer Drache schwingt sein Lasso über dem Kopf, während Kees Brüllenden Bär mit seinem Gewehr hinter eine Palme legt, wo er den Feinden auflauert. Ronny nimmt Schnelle Füßchen.

»Ich hole Winnetou«, ruft er mit einer hohen Stimme. Winnetou hat sein buntes Schild schon bei sich, als er aus dem großen Wigwam der Weisen Grauen zum Vorschein kommt. Kleine Lilie springt von ihrem Platz am Lagerfeuer auf, sie geht auch mit. Als die Indianer gegen die Soldaten in grünen Uniformen gewonnen haben, nimmt Ronny die Dominosteine. Sie stellen die Steine aneinander. Wenn man den vordersten Stein anschubst, fallen alle Steine um.

»Angenommen, jeder Stein wäre ein deutscher Soldat«, überlegt Ronny. »Wenn einer zu Boden stürzt, zieht er sein ganzes Bataillon mit und dann die ganze Armee. Wenn ein Kind einen Deutschen totschießt, fallen sie alle tot um. Machen wir einen Kinderwiderstand. Wenn in jeder Straße ein Kind einen Deutschen erschießt, haben wir Amsterdam bald befreit.«

»Aber wie kommen wir an Gewehre?«, fragt Kees. »Die Widerstandsbewegung der Erwachsenen hält uns noch für zu jung für richtige Waffen. Wie alt waren die jüngsten Geusen zur Zeit Wilhelms von Oranien eigentlich?«

Endlich fängt Ronny an, von Willy zu erzählen. Wie er ihn kennengelernt hat und was sie immer spielten. Was er alles von Willy gelernt hat, bis er in der Nacht abgeholt wurde, als Ronny fast gestorben wäre.

Kees hängt an seinen Lippen. »Jetzt verstehe ich, warum du

dir immer Ausreden ausgedacht hast«, sagt er nach einer Weile. »Du bist natürlich immer zu Willy gegangen. Warum hast du mir nichts gesagt? Du hättest mir doch vertrauen können, oder?«
»Ich musste es meinem Vater und Willys Tante schwören, dass ich nichts verrate, auch dir und Louise nicht.«
»Ich bin froh, dass ich es endlich weiß«, sagt Kees. »Ich habe schon gedacht, du willst mich nicht mehr als besten Freund haben. Aber du hattest noch einen Freund, der untergetaucht war. Logisch, dass du dich um ihn gekümmert hast. Wie schlimm für Willy. Wo er jetzt wohl ist?«
Ronny zuckt mit den Schultern. »Willy ist vielleicht schon tot. Beim letzten Mal war ich Balthasar Gerards, also ist es meine Schuld.«
»Blödsinn, das war doch nur ein Spiel«, tröstet ihn Kees. »Vielleicht dauert der Krieg gar nicht mehr so lange. Und vielleicht kommt Willy doch wieder zurück.«
Bei aller Traurigkeit ist es doch eine Erleichterung, dass Kees endlich weiß, was los war. Zusammen gehen sie ins Wohnzimmer und Ronny zeigt Kees das Kellerfenster, an das Willy damals in Spiegelschrift geschrieben hatte: HALLO RONNIE.
»Wer kann ihn verraten haben?«, fragt Kees.
Schweigend starrt Ronny zu den beiden SD-Offizieren Hans und Arthur hinunter. Sie überqueren gerade die Straße zum Restaurant, in dem kaum noch jüdische Gäste übrig sind. Arthur ist ein Lügner, denkt Ronny. Er hat zu Oma gesagt: So etwas würde ich nie tun. Aber die Deutschen bauen Mauern in Schulen und bringen Kinder auf Lastwagen fort. Sie tun noch viel mehr als das. Oder sind Hans und Arthur bessere Deutsche?

Als Ronny zum ersten Mal aus dem Haus darf, geht er mit Opa zum Verteilungsbüro, um neue Lebensmittelmarken zu holen. Opa muss auch Marken für die Katze einer alten Dame besorgen. Denn sogar Tierfutter kriegt man nur auf Marken.

»Was für eine Katze ist es denn?«, fragt der Mann hinter dem Schalter.

Opa zuckt mit den Schultern. »Eine schwarz-weiße, wieso?«

»Nur Rassekatzen kommen für Marken in Betracht, nach Vorzeigen des Stammbaums.«

»Wenn Sie mich auf den Arm nehmen wollen«, sagt Opa, »dann sollten Sie nicht so ein ernstes Gesicht machen.« Er will seinem Enkel zuzwinkern. Aber Ronny starrt stocksteif auf eine Wand, auf der in großen Buchstaben steht: BG … Balthasar Gerards. Da sieht man's. Schon wieder.

»Wie kommen seine Anfangsbuchstaben hierher?«, fragt Ronny atemlos, als Opa zu ihm tritt.

»Keine Ahnung. Was ist los mit dir? Hast du Fieber?«

Zu Hause läuft Ronny im Hotel herum. Jeden Tag vermisst er sie. Hanny, Willy oder Hetty und Max und Saartje. Und all die anderen Kinder, die in den hinteren Teil der Schule verbannt wurden. Alle Kinder, die von der Schule nach Hause gingen und danach nicht mehr gesehen wurden. Nachts träumt Ronny, er wäre Balthasar Gerards und würde gevierteilt. Er hat schon Angst einzuschlafen, so fürchtet er sich vor diesem Traum.

»Hier wird das Kind nie gesund«, sagt Ronnys Mutter. »Ich gehe mit ihm nach Oisterwijk.«

Der Arzt bringt ihr bei, Ronnys Wunde zu versorgen. Wenn die Watte aus dem großen Loch hinter seinem Ohr entfernt

wird, fühlt Ronny, der auf dem grünen Laken eines Billardtischs liegt, die Luft von draußen innen in seinem Kopf. Ein ganz unheimliches Gefühl ist das.
Sein Vater gibt ihm ein Päckchen mit. »Du darfst es erst aufmachen, wenn der Zug schon fährt.«
Noch bevor sie den Bahnhof verlassen haben, hat Ronny das Papier schon abgerissen. »Ein Chemiebuch! Jetzt kann ich mir ein Labor machen!«
In Oisterwijk sind alle Leute, die sie kennen, noch da. Und es gibt genug Gemüse, Fleisch, Brot und Milch. Ronny sieht bald viel besser aus. Abends hofft er noch immer, dass der Traum von Hetty, Hanny, Willy und den anderen Kindern aus dem hinteren Teil der Schule im Wolkenhimmel zurückkommt. Aber hier schläft er so tief und fest. Morgens schaut er aus dem Fenster und sieht Eichhörnchen zu, die Bucheckern hamstern. Ob Eichhörnchen auch Krieg führen?, überlegt er. Hat Ies Vogel vielleicht recht, würden sie nach den Juden auch die Nichtjuden verhaften? Und tut Papa jetzt geheime Dinge ohne mich? Ich hoffe nur, dass ihm nichts passiert.
Ronnys Mutter strickt einen österreichischen Pullover. Laut Modell soll auf den Rücken ein Hirsch mit Geweih kommen. Ronny droht, dass er nie im Leben mit einem österreichischen Damhirsch auf dem Rücken rumläuft.
»Ich will einen Pullover, auf dem vorn in großen Buchstaben R. S. steht.«
»Wer trägt schon Kleidung mit Buchstaben?«, protestiert seine Mutter. »Das tut doch niemand. Wie kommst du denn auf so was?«
»Dann weiß jeder sofort, dass ich Ronny Sweering bin«, beharrt Ronny. »Sonst ziehe ich ihn nicht an.«

Der Pullover ist fertig, kurz bevor sie zurückfahren. Im Zug sagt Ronnys Mutter: »Bald feiern wir deinen neunten Geburtstag.«
Aber Ronny schüttelt den Kopf. »Ich will meinen Geburtstag erst wieder feiern, wenn die ganze WC-Schule kommen kann. Und Willy.«
»Wir könnten aber doch ein bisschen feiern, nur mit Kees und Louise, oder?«
Ronny gibt nach. »Aber nur, wenn niemand ›Lang soll er leben‹ singt.«
Als sie wieder in Amsterdam sind, ist das Loch hinter seinem Ohr zu. Der Doktor sagt, es müsse nun keine Watte mehr hinein. Aber es geschehen bald so dramatische Dinge, dass Ronny ganz vergisst, sich darüber zu freuen, dass er wieder gesund ist.

9. Wo bleibt Jacob?

Nachts fährt Ronny erschrocken im Bett hoch. Was für ein Knall! Laut bellend rennt Tarzan mit Ronny und seiner Schwester zu ihren Eltern. Sie schauen durch das Verdunklungspapier aus dem Fenster.

Der Vater deutet zum Himmel. »Seht ihr die Feuerglut? Bestimmt brennt es in Amsterdam-Ost, vielleicht sogar im Zoo. Man hört die Tiere bis hierher toben.«

Doch am Morgen sitzt er strahlend am Frühstückstisch. »Ich bin heute in aller Frühe hingegangen, um nachzuschauen. Die Leute vom Untergrund haben einen Anschlag gegen das Einwohnermeldeamt durchgeführt, beim Zoo um die Ecke. Das Gebäude wurde gesprengt und es gab einen tollen Brand. Die ganze Stadt redet darüber, was für eine spektakuläre Widerstandsaktion. Die Feuerwehr musste unglaublich lange löschen. Ich kenne einen Feuerwehrmann. Er hat mir zugeblinzelt, als er gesagt hat: ›Ich fürchte, dass noch ein enormer Wasserschaden dazukommt, Herr Sweering. Wir sind kein Risiko eingegangen, das untere Stockwerk steht fast ganz unter Wasser.‹«

Ronnys Vater sagt genüsslich: »Ihr hättet die Moffen sehen sollen. Mit ein bisschen Glück ist ihre ganze Registratur vernichtet.«

Er faltet die Zeitung auf. 27. März 1943, liest Ronny.

»Was ist eine Registratur?«, fragt seine Schwester.

»Das bedeutet, dass sie auf ihren Karten notieren, wer man ist, wie alt man ist, ob man jüdisch ist und wo man wohnt«, erklärt ihr Vater. »Ohne diese Karten finden die

Moffen niemanden mehr. Wenn die vom Widerstand dann für alle übrig gebliebenen Juden falsche Ausweise machen, ohne das J, kann ihnen nichts mehr passieren.«

Eines Nachmittags klopft ein Kellner an die Wohnzimmertür. »Herr Jacob, ein NSBler fordert den Festsaal.«
Ronny läuft mit seinem Vater hinunter. Unten steht ein Mann von der WA. »Das ist eine Beschlagnahmung. Sorgen Sie dafür, dass der Festsaal am Samstag nächster Woche piekfein in Ordnung ist«, schnauzt er.
Ronnys Vater nickt einem Kellner zu, er solle die Sache in die Wege leiten, und geht weg. Wenn etwas beschlagnahmt wird, kann man nichts machen. Ronny schaut sich um und sieht, wie der WA-Mann falsch lacht.
Eine Woche später berichtet Ronny oben: »Sie tragen Palmen hinein und sie hängen Hakenkreuzfahnen an unsere Hauswand.«
Plötzlich erschallt draußen das bekannte Horst-Wessel-Lied. Ronny geht zum Fenster. Direkt unter sich sieht er einen Wagen mit Lautsprecher, aus dem jetzt der Marsch der U-Bootkapitäne kommt. Dann spricht jemand durch ein Megaphon:
»Heute Abend findet eine große Demonstrationsversammlung im Hotel-Restaurant *Atlantic* statt. Alle Niederländer müssen zusammen mit Deutschland kämpfen.«
Mit verbissenem Gesicht hört die Familie Sweering zu, zusammen mit Corry und Ronnys Großeltern.
»Sie nehmen Rache, weil sie gegen Jacob verloren haben«, sagt Oma.
Nach einer Stunde hält Ronnys Mutter es nicht mehr aus. »Jacob, schau doch mal nach«, verlangt sie.

Es dauert nicht lange, da kommt er händereibend zurück. »Anderthalb Leute und ein Pferdekopf in einem leeren Saal. Der Sprecher fand, dass die Versammlung ausfallen müsse. Was für ein Witz, schon wieder hat sich die WA bis auf die Knochen blamiert, ausgerechnet bei uns im *Atlantic.*«

»Hilfe«, ruft Ronnys Mutter am nächsten Morgen. »Grunz ist ausgebrochen!« Sofort stürmen alle Hotelbewohner in den Hinterhof. Grunz darf nicht in die Hände des NSBlers in Hannys Haus fallen. Zur Abwechslung sind sie sich diesmal alle einig.

»Auf dem Schwarzmarkt bringt das Tier ein Vermögen«, stöhnt Tante Annie. Herr Kickman nickt und Opa sagt: »Wir müssen es unbedingt fangen. Ronny soll es locken, ihm vertraut es am meisten.«

Grunz ist nun ein großes Schwein geworden, es wühlt inzwischen zufrieden mit der Schnauze in Ronnys Gärtchen. Der NSB-Nachbar braucht nur auf seinen Balkon zu treten, und schon ist es dran. Ronny schleicht sich näher. Grunz stößt ein zärtliches Grunzen aus, läuft aber ein Stück weiter. Ronny hält ihm eine Karotte hin. Mit scheelen Blicken schauen die anderen zu, wie das Schwein ihr kostbares Gemüse anknabbert. Jedes Mal, wenn Ronny Grunz eine Karotte hinhält, macht er einen Schritt Richtung Scheune. Doch sobald das Schwein die Karotte hat, geht es wieder einen Schritt zurück.

»Tiere sind gescheiter, als wir Menschen glauben«, flüstert Corry.

Oma gibt Ronny zwei Sonntagskartoffeln.

»Setz dich damit in die Scheune und lass die Tür offen«, sagt sie.

Nach einer Weile kommt Grunz an, um zu sehen, wo sein Lieblingsessen geblieben ist. Ronny tut, als würde er in die eine Kartoffel beißen, und legt die andere auf den Boden. Mit glitzernden Äuglein schaut ihm Grunz durch die offene Tür dabei zu. Bis die Verführung zu groß wird. Grunz setzt einen Fuß in die Scheune. Sofort versetzt ihm Opa einen Stoß und Oma knallt die Tür hinter ihm zu.
Drinnen legt Ronny die Arme um das Schwein. Schnell füttert er es mit den beiden Kartoffeln, bevor jemand sie wieder wegnehmen kann.
»Grunz«, verspricht Ronny, »wenn sie Koteletts aus dir machen, werde ich keinen Bissen essen. Egal, wie hungrig ich bin.«

Keinen Monat später wird Ronny wieder durch einen Knall wach. Diesmal hört er erst ein lautes Dröhnen und dann eine ohrenbetäubende Explosion. Das Hotel zittert in seinen Grundfesten, so nah muss es sein. Tarzan schießt hoch und beginnt zu bellen. Wieder rennt Ronny mit seiner Schwester und dem Hund zu seinen Eltern.
»Beruhigt euch, es ist schon vorbei«, sagt ihre Mutter mit zitternder Stimme. Draußen sind die Sirenen der Feuerwehr zu hören.
Und am Morgen erzählt der Vater: »Ein Bomber der Alliierten wurde getroffen und ist am Münzturm abgestürzt. Fast das ganze Hotel *Carlton* ist verwüstet worden.«
»So nah«, ruft Corry zitternd. »Fast hätte es uns getroffen. Aber unsere Zeit ist noch nicht gekommen, das Schicksal will es anders.«
Nicht lange danach müssen sich die Juden in den Provinzen im Lager Vught melden. In den meisten Provinzen dürfen

nun keine Juden mehr wohnen. Ronny fragt Corry, ob das Schicksal das vielleicht gewollt hat.
Sie glaubt es nicht. »Der Teufel ist dran und der spielt immer falsch.«
Überall finden nun Razzien statt. Ronny und seine Freunde zermartern sich das Gehirn. »Wie können wir den letzten Rückseitlern helfen, bevor es zu spät ist?«
Ronnys Albträume über Balthasar Gerards sind vorbei. Zurzeit träumt er nur davon, dass er am Anschlag auf das Einwohnermeldeamt teilnimmt. Er starrt aus dem Fenster und stellt sich vor, er wäre eine Art Mischung aus Dick Bos, einem alten Geusen und einem modernen Widerstandskämpfer. Hinter ihm reden sie wieder über Radiogeräte. Auch alle, die nicht jüdisch sind, müssen nun ihre Geräte bei den Deutschen abliefern.
»Sie wollen natürlich nicht, dass wir im englischen Sender hören, welche Verluste die deutsche Armee erleidet«, sagt Oma zu Corry. »Ganz Amsterdam ist jetzt auf der Jagd nach alten Radios. Denn wer ein altes abliefert, kann sein richtiges Radio verstecken.«
Ronnys Vater kommt herein, mit einer neuen schriftlichen Sondergenehmigung. Darauf steht, dass er nur die »guten Sender« abhört, also darf ihr *Philips*-Radio aus Bakelit und auf Beinen einfach im Zimmer stehen bleiben. »Denkt daran, dass man nach jeder Sendung von Radio Oranje den Knopf wieder auf den offiziellen Sender zurückdrehen muss«, sagt er.
Ronny betrachtet den neuen Ausweis genau. Der stammt natürlich auch aus seinem Tischbein. Aber woher stammen all die deutschen Formulare? Er geht wieder zum Fenster.

In Gedanken schießt er einen Deutschen tot, der bei seinem Sturz Hunderte anderer mitzieht. Dann befreit er, zusammen mit Kees und Louise, all die Untergetauchten und Gefangenen aus Höhlen, Kellern, Gefängnissen und Lagern. Zusammen zerschlagen sie die Mauer in der WC-Schule, sodass es keine Vorder- und Rückseitler mehr gibt, sondern nur noch WC-Schüler.

Seine Mutter bringt die Post herein. Ronny dreht sich um.

»Mama, gibt es eine Art Geheimschule für Kinder, die später Widerstandskämpfer werden wollen?«

Seine Mutter gibt ihm keine Antwort. Sie holt einen Brief aus einem Umschlag mit einem Hakenkreuz und einem Totenkopf darauf. Sie faltet ihn auf. Leichenblass schaut sie Ronnys Vater an.

»Jacob, du musst dich bei der Gestapo melden.«

»Wo bleibt Jacob bloß?«, seufzt Ronnys Mutter.

Seit Stunden warten sie ungeduldig auf ihn.

Die Wohnzimmertür geht auf, aber es ist Tante Annie.

»Was will denn die Gestapo ausgerechnet vom bravsten Jungen der Klasse, Do?«, jammert sie mit dicker Zunge.

Streitlustig legt Oma ihre Arme übereinander. »Ich weiß schon, warum du immer nach Alkohol gierst«, faucht sie Annie an. »Ein hohles Fass sucht Inhalt.«

Ronnys Tante steht auf und knickt um.

»Schwankend auf den Beinen, verkrüppelt im Geist«, stellt Oma fest.

Mit einem Knall schlägt Annie die Tür hinter sich zu.

»Etwas geht schief, und zwar gehörig, ich fühle es«, sagt Ronnys Mutter nervös. »Wenn die Gestapo Jacob festhält und verhört, geht das nicht gut. Warte, kleine Töpfe haben große Ohren. Ronny, gehst du bitte hinaus, spielen?«

»Ja, Mama.« Ronny schlendert in Richtung Tür.

»Ich sagte hinaus.« Seine Mutter ist unerbittlich.

Ja, prima, denkt Ronny, wenn die Erwachsenen in meiner Anwesenheit nichts besprechen wollen, muss ich eben selbst herausfinden, wo Papa ist. Ich werde ihn suchen. Unterwegs notiere ich mir jedes Waffenlager und jedes deutsche Gebäude, für unseren Kinderwiderstand.

Unten nimmt er einen der Blöcke, auf denen die Kellner ihre Bestellung notieren, und ruft seine Schwester, die draußen spielt. Wenn sie dabei ist, kommt kein Mof darauf, was ich in Wirklichkeit vorhabe, denkt er.

Kurz darauf laufen sie Hand in Hand über die Reguliersgracht zur Prinsengracht. Ronny in seinem Pullover mit R. S. darauf und Y in ihrem blauen Kleid. Kreuz und quer laufen sie von einer Gracht zur anderen, in Richtung Westerturm.

Vor einer Art Kirche an der Keizersgracht stehen Männer in deutschen Uniformen. Ronny zieht seine Schwester mit und fragt in seinem besten Deutsch: »Wissen Sie, wo mein Vater Jacob ist?« Die Männer lachen ihn aus und schütteln den Kopf. Ronny notiert die Adresse auf seinem Block. Ein Stück weiter steht wieder ein Soldat. Gähnend grüßt er einen anderen Soldaten mit der Hand.

»Der sieht nicht sehr gefährlich aus«, flüstert Ronny. »Jetzt bist du dran, Y.«

»Guten Tag.« Ys zuckersüßes Lächeln funktioniert sofort. Zärtlich betrachtet der Soldat das blauäugige Mädchen. Bis sie sagt: »Wir haben meinen Vater Jacob verloren.«

»Jacob?« Er runzelt die Brauen und fragt: »Ein Jude?« Sie schüttelt den Kopf. Aber er dreht ihnen schon den Rücken zu.
Überall, wo sie deutsche Armeefahrzeuge sehen, versuchen sie, hineinzuschauen. Ronny hat schon drei Seiten voll gekritzelt. Sie suchen das ganze Zentrum ab, bis Y jammert: »Ich kriege eine Blase, ich will zu Mama.«
Dicht über ihrem Kopf schlägt die große Glocke des Westerturms an der Prinsengracht fünf Mal. Und Ronny begreift, dass sie schon seit Stunden unterwegs sind. »Vielleicht ist Papa schon wieder da«, sagt er. »Komm, wir gehen nach Hause.«
In der Westeinde kommt ihnen Opa entgegen. Als er hört, was sie getan haben, sagt er ernst: »Ich finde das sehr lieb und sehr tapfer. Aber in Zukunft müsst ihr zuerst mich fragen, ob ich mit der Idee einverstanden bin. Diese Suchaktion hätte völlig schiefgehen können.«

Am Abend schlüpft Ronny aus seinem Bett. Nun, da sein Vater nicht da ist, hält er es für seine Aufgabe, die Mutter zu beschützen. Er hält oben an der Treppe Wache. Ab und zu geht er ein paar Stufen hinunter, sodass er ins Restaurant spähen kann. Es ist ruhig. Viele Stammgäste sind untergetaucht oder abgeholt worden. Andere haben keine Marken übrig für ein bisschen unansehnliches Fleisch und ein paar schlechte Kartoffeln.
Der deutsche SD-Major Hans sitzt auf seinem Stammplatz. Ob er vielleicht etwas über Papas Verschwinden weiß? Ronny gähnt, seine Narbe klopft ein bisschen. Wie lange es doch dauert, bis Hans seinen Teller leer gegessen hat. Ronnys Mutter steht am Büffet. Sobald Hans aufschaut, be-

wegt sie kurz den Kopf und verlässt das Restaurant. Bevor sie die Treppe erreicht, hat sich Ronny bereits oben in einer dunklen Flurecke versteckt. Sie geht weiter zum großen Festsaal.

Es dauert nicht lange, da kommt Hans herauf. Auch er geht zu dem dunklen Saal. Auf der anderen Seite wird etwas geschoben, Hans geht auf das Geräusch zu. Ronny ist jetzt hellwach. Was soll er davon denken? Dass Tante Annie sich mit Arthur verabredet, geht ja noch. Aber was will seine Mutter mit Hans?

Auf der anderen Seite des Saals steckt sich Hans eine Zigarette an. Beim Licht der Flamme sieht Ronny einen Moment lang seine Mutter an einem Tisch sitzen. Er schleicht sich näher zu ihnen hin.

»Hans, hilf uns bitte«, fleht sie leise. »Jacob ist festgenommen worden.«

Der deutsche Offizier lässt vor Schreck seine Zigarette fallen. Ronny versteht es nicht, der ist doch ein Deutscher, ihm kann es ja egal sein.

Es wird noch seltsamer. Ronnys Augen haben sich an die Dunkelheit gewöhnt, er kann jetzt erkennen, dass seine Mutter die Hand des Offiziers packt. Also so was!

»Hol Jacob da raus«, bittet sie ihn. »Er sagt immer, dass er bestimmt redet, wenn sie ihm wehtun. Er kippt schon beim kleinsten Blutstropfen um.«

»Allmächtiger«, murmelt Hans bestürzt. »Warum hat er sich melden müssen?«

»Das stand natürlich nicht drin«, erwidert Ronnys Mutter. »Wenn du Geld willst, um Jacob rauszuholen, dann ist das kein Problem. Du brauchst es nur zu sagen.«

Wie von einer Wespe gestochen zieht Hans seine Hand zurück. »Ich habe mich nicht bezahlen lassen, als ich seinen Freunden geholfen habe. Und jetzt, da es um Jacob selbst geht, erst recht nicht.« Hans klingt tief beleidigt, fast traurig. »Seit ich die schreckliche Wahrheit kenne, tue ich meine Menschenpflicht.« Auch wenn Ronny die deutsche Sprache nicht leiden kann, versteht er sie doch gut genug, um zu kapieren, was Hans meint.

»Hilf ihm doch, ich flehe dich an«, hört er seine Mutter sagen.

»Liebe Do, ich will nichts anderes. Das ist lebensgefährlich. Ein Wort von Jacob und wir sind alle dran. Auch Arthur und ich.«

Es wird still. Ronny hält die Luft an. Sein Herz klopft so laut, dass sie es eigentlich hören müssten. Dann sagt Hans, er wolle erst einmal herausfinden, wo Jacob sei und warum sie ihn festhielten.

»Hoffen wir, dass Jacob mehr aushält, als er denkt, er ist ein tapferer Mann«, sagt Hans, während er sein Gesicht mit einem Taschentuch abwischt. »Und denk dran, Do, keinen Kontakt mit mir suchen, wenn ich hier esse. Wenn ich plötzlich nicht mehr komme, fällt es auf. Aber ich werde wohl nicht mehr so oft kommen. Ich sorge schon dafür, dass du es sofort erfährst, falls ich etwas herauskriege.«

Ronny schleicht aus dem Saal und rennt in sein Zimmer. Sein Kopf platzt fast vor Rätseln. Dieser Mof von der unheimlichen Geheimpolizei will seinen Vater schon wieder retten. Weil er die schreckliche Wahrheit kennt. Ob Arthur die schreckliche Wahrheit auch kennt? Stehen sie wirklich auf unserer Seite? Aber warum tragen sie dann deutsche Uniformen? Genau wie die Männer, die meine Freunde und Freundinnen abholen? Wer ist jetzt gut und wer schlecht?

Am folgenden Tag hört Ronny den Architekten, der für den Umbau zuständig ist, seine Mutter fragen: »Wie komme ich bloß an Marken für meine Untertaucher, nun, da Jacob gefangen ist?« Bevor er weggeht, sagt er zu Ronny: »Wenn es nur mehr Menschen gäbe wie deinen Vater.«

Ronny fühlt sich elend. Abends im Bett kann er nicht aufhören zu grübeln. Seit ich Papa vorgeworfen habe, dass er das Baby und Willy nicht gerettet hat, war ich nicht mehr richtig lieb zu ihm. Vielleicht ist er bald tot, und dann kann ich es auch bei ihm nicht mehr gutmachen.

Seine Schwester ist auch noch wach. Beide kriechen sie zu ihrer Mutter ins Bett. Zu dritt liegen sie da und unterhalten sich flüsternd, bis sie todmüde einschlafen.

Ein paar Tage später schließt Ronny die Tür von Zimmer sechs zu. Kees und Louise sitzen an dem Tisch mit den runden Füßen. Kees zieht eine unbeschädigte Karte von Amsterdam unter seinem Pullover hervor. Die bewahrt er zu Hause auf, an einem geheimen Platz im Zählerkasten. Ronny legt einen Zeichenblock und ein Heft auf den Tisch.

Als Kees und Louise erfahren haben, dass Ronnys Vater gefangen ist, fanden auch sie es höchste Zeit für eine Kinderwiderstandsgruppe. Dies hier ist ihr erstes Treffen.

»Zuerst einmal müssen noch mehr Kinder mitmachen«, stellt Louise fest. »Wenn wir mehr sind, können wir vielleicht herausbekommen, wo dein Vater ist. Dann gelingt es vielleicht auch, die verschwundenen Rückseitler aufzuspüren.«

»Und was machen wir dann?«, sagt Kees, während er einen Ballon mit einem Korb zeichnet, in dem Kinder sitzen, die mit einem Fernrohr hinunter auf die Erde schauen.

»Weiß ich noch nicht«, antwortet Ronny. »Aber wenn man auf die Erwachsenen wartet, passiert nie was. Erst müssen wir die Verhältnisse erkunden, genau wie Dick Bos. Ich weiß viele Plätze, wo Deutsche sitzen.«

Er zeigt ihnen sein Notizbuch. Sofort sucht Louise auf Kees' Geheimkarte nach der ersten Adresse. Kees malt ein Kreuz an die Stelle. Nach einer Stunde stehen ganz viele Haufen Kreuze im Zentrum von Amsterdam.

»So«, sagt Ronny zufrieden. »Und jetzt überlegen wir uns, ob wir Kinder kennen, die in der Nachbarschaft der Kreuze wohnen. Aber nur solche, denen wir vertrauen können.«

Mit roten Backen schreiben sie alle drei Namen von Kindern auf.

»Ein Cousin von mir wohnt in einem Viertel ohne Juden«, erzählt Kees beim Schreiben. »Er wollte zuerst gar nicht glauben, dass Soldaten die Juden zwingen, alles im Stich zu lassen, bevor sie abgeführt werden.«

»Ich habe solche Angst, dass sie gar nicht in ein Arbeitslager kommen«, flüstert Louise mit einem Blick auf Ronnys Liste. »Schreibst du Harry auch auf? Das kannst du nicht machen, sein Vater gehört zur NSB.«

»Aber er nicht«, sagt Ronny. »Ein NSB-Kind dabei zu haben ist sogar gut, die wissen mehr als wir.«

»Angenommen, dass Harrys Vater ihn so lange schlägt, bis er vor Schmerzen alles verrät?«

Ronny schüttelt den Kopf. »Für Harry lege ich meine Hand ins Feuer.«

»Wisst ihr, wo Menno wohnt?«, fragt Kees.
»Vielleicht haben sie Telefon«, sagt Ronny und holt das Telefonbuch. Sie sind noch eifrig bei der Sache, als Kees' Mutter an die Tür klopft und ruft: »In einer halben Stunde musst du gehen, Kees. Ich bin nochmal schnell bei Do.«
»Verdori«, sagt Kees wütend. »Die Erwachsenen immer mit ihrer Eile. Wie organisieren wir ein Geheimtreffen? Wir dürfen fast nie mehr allein auf die Straße.«
»Wir machen einen Kettenbrief mit einem Code, den jeder durchgibt«, sagt Ronny. Diese Idee hat er von Willy, der immer ausführlich von all den spannenden Büchern erzählt hat, die er las. »Wir drei übernehmen die Hauptgruppe, wir sind die Einzigen, die alles wissen.«
In Zimmer sechs wird es totenstill. Alle drei begreifen sie, wie gefährlich es ist. Gerade ist eine ganze Widerstandsgruppe geschnappt worden. Sie stehen im Verdacht, den Anschlag auf das Einwohnermeldeamt ausgeführt zu haben. Das hier ist kein Spiel.
»Ich wähle Geus.« Ronny legt seine Hand auf den Tisch. Louise legt ihre darauf, dann Kees. »Es lebe Geus, weg mit dem Mof.«
»Jetzt brauchen wir noch einen Namen, der keinen Verdacht weckt«, meint Kees.
»Ich weiß einen«, ruft Ronny. »Wir nennen uns Atlanticwall, dann denken die Moffen, dass wir ihre Küstenverteidigung meinen. Wir kleben deutsche Propagandabilder auf unser Heft, damit es aussieht, als wären wir für die Deutschen. Aber wir schreiben *Atlantic* natürlich mit einem c und sie mit k. Wenn der Hotelkontrolleur mein Heft findet, hält er es bestimmt für einen Schreibfehler.«
»Ich werde mir mit meiner Schwester einen Code für unse-

ren Kettenbrief ausdenken«, sagt Louise, die vor Aufregung knallrote Wangen hat. »Das ist eine prima Aufgabe für mich.«
»Schnell weg mit der Karte«, zischt Ronny. »Meine Mutter kommt.«
Blitzschnell faltet Kees die Karte zusammen und schiebt sie unter seinen Pullover. Louise legt die Liste mit den Namen ins Telefonbuch und Ronny schließt die Tür auf. Alle drei sitzen brav um den Tisch und malen, als die beiden Mütter hereinkommen.
»Dürfen sie morgen wieder bei mir spielen, Mama?«, fragt Ronny unschuldig.

Ein Mann in der verhassten und gefürchteten SS-Uniform sitzt auf dem Sofa. Ronny bleibt vor Schreck fast das Herz stehen, aber es ist Hans. Ronny setzt sich so weit wie möglich von ihm entfernt hin, neben Tarzan.
»Jacob lebt noch. Sie halten ihn nicht mehr in unserem Hauptquartier in der Euterpestraat fest«, erzählt Hans. »Er wird, glaube ich, im Gefängnis am Amstelveenseweg verhört, durch die SS.«
»Hol ihn dort raus, Hans, bitte«, fleht Ronnys Mutter ihn an.
»Ich tue alles, was ich kann, um ihn herauszuholen, liebe Do«, antwortet er. »Niemand weiß besser als ich, wie die Gestapo Menschen zum Reden bringt.« Der deutsche Offizier steht auf. Ronny starrt seine schwarzen Stiefel an. Ob Hans auch so laut herumstampft? Im Vorbeigehen streicht Hans über Ronnys Haare. Ronny kriecht in sich zusammen, aber Tarzan fängt natürlich an, mit dem Schwanz zu wedeln.

Sobald Hans weg ist, versucht Opa, seine Tochter zu beruhigen. »Hans tut bestimmt sein Bestes, um Jacob zu befreien. Wenn Jacob redet, sind er und Arthur nämlich auch dran.«

»Du darfst den Mut nicht verlieren, Do«, sagt Corry ermutigend.

Ronnys Mutter holt tief Luft und versinkt ins Grübeln. Und plötzlich scheint es, als habe sie einen Entschluss gefasst. Sie steht auf.

»Ich setze lieber auf zwei Pferde gleichzeitig. Angenommen, Jacob wurde festgenommen, weil sie ihn in Verdacht haben, mit Hans zusammenzuarbeiten. Dann ist Hans doch der Letzte, der etwas für ihn tun kann.«

Entschlossen ruft sie Onkel Jan herunter. Dann übernimmt sie die Leitung beim Familienrat, bei dem Ronny zum ersten Mal dabeibleiben darf.

»Nehmen wir einmal an, wir finden heraus, wo Jacob ist«, fängt sie an. »Wie sollen wir ihn dann frei kriegen?«

Das Gespräch stockt. Kickman steckt seinen Kopf durch die Tür. Einladend hält er einen Krug Genever hoch, von dem, der auf dem Schwarzmarkt mindestens achthundert Gulden kostet. »Wer will ein Gläschen Vergesslichkeit?«

»Danke für das Angebot«, sagt Corry. »Geh mal hinauf zu Annie. Wir müssen einen klaren Kopf behalten.«

Die Tür fällt zu. »Wenn Kickman betrunken ist, plappert er leicht«, flüstert Corry Jan taktvoll zu. »Es ist besser, wir halten ihn da raus.«

»Was können wir tun, Mama?«, fragt Ronny.

»Fast alle Nazis sind bestechlich«, antwortet seine Mutter. »Sowieso tun viele Menschen alles für Geld. Ich werde Jacob freikaufen.«

»Das gelingt aber nur mit einem ganzen Haufen Geld«, sagt Onkel Jan.
»In der Tat, mindestens hunderttausend. Die eine Hälfte hoffe ich zusammenzubetteln und bei Freunden zu leihen. Die andere Hälfte steht noch auf unserem Los von der Staatslotterie.«
»Hunderttausend!« Oma schlägt die Hand vor den Mund. »So viel Geld habe ich noch nie gesehen.«
Onkel Jan sieht nicht gerade begeistert aus, das sieht Ronny. Die Hälfte des Loses gehört nämlich ihm, daher auch die Hälfte vom Preis. Onkel Jan gibt zwar gern Geld aus, aber am liebsten doch für sich selbst. Es fällt Ronny angenehm auf, dass er nicht protestiert. Im Gegenteil, er begleitet am Tag darauf Ronnys Mutter, um Geld für seinen Bruder zusammenzubringen. Strahlend kommen sie nach Hause zurück.
»Es ist wirklich herzerwärmend, wie viele Freunde, Bekannte und Billardspieler sofort das hergaben oder liehen, was sie übrig hatten. Es zeigt sich, dass Jacob sehr beliebt ist.« Sobald Onkel Jan oben ist, legt Ronnys Mutter das Geld in den Tresor neben dem Sofa. »Das ist sicherer«, lächelt sie. »Nur für den Fall, dass Jan plötzlich vergisst, dass er seinen Bruder mehr liebt als Geld.«
»Wie lange dauert es, bis wir genug zusammen haben?«, fragt Ronny.
»Wenn es so weitergeht? Vielleicht vier Wochen.« Als Ronnys Gesicht sich verdüstert, erklärt die Mutter: »Einige Leute müssen darüber nachdenken oder sie müssen ihr Geld erst freimachen. Aber es klappt besser, als ich zu hoffen gewagt habe. Wirklich.«
Ronny informiert die Kinderwiderstandsgruppe. »Es dau-

ert mindestens einen Monat, bis meine Mutter genug Geld hat. Aber stellt euch mal vor, dass der Gefängnisdirektor meinen Vater nicht freilässt, auch nicht gegen Geld? Ich setze lieber auf zwei Pferde gleichzeitig. In Twente streiken sie, wir dürfen nicht zurückstehen. Ich finde, wir sollten Waffen stehlen, um meinen Vater zu befreien und um Moffen totzuschießen. Wenn man einen Mof erschießt, fällt eine ganze Reihe mit, wie bei Dominosteinen.«
Es wird still. Die beiden anderen sind so angetan von der Idee, sie vergessen ganz, dass es so etwas in Wirklichkeit nicht gibt. »Wir müssen mit einer Ausrede ins Gefängnis am Amstelveensweg kommen«, meint Ronny. »Damit wir herausfinden, wie alles gesichert ist und so.«
»Kein Problem, Ronny«, unterbricht ihn Louise. »Eine alte Tante von mir wohnt schräg gegenüber an der Ecke. Und wenn ich sie besuche und bei ihr schlafe, kann ich sehen, wie oft Leute hineingehen oder herauskommen und so.«
»Prima«, sagt Kees. »Aber wo klauen wir Waffen?«
»Ich weiß es«, ruft Ronny, »auf dem Eisclubgelände.«
Die anderen schauen ihn fragend an.
»Wisst ihr noch, das Sportfest, als der Krieg angefangen hat? Wir waren noch klein und unsere Mütter haben uns nicht erlaubt, auf die deutschen Armeefahrzeuge zu klettern. Genau dort sind jetzt Bunker voller Waffen. Es stehen immer Wachen davor. Aber das Gras ist hoch genug, damit man sich anschleichen kann …«
Abends, nach dem Essen, trainiert Ronny wie ein Soldat. Er robbt auf dem Bauch vorwärts durch den langen Flur des *Atlantic*, als hinge sein Leben davon ab. »Y, halt du den Stock fest, so hoch, dann schlüpfe ich darunter durch. Und pass auf, dass ich ihn nicht berühre.«

Am nächsten Morgen, in der Pause, teilt ihnen Louise eine enttäuschende Nachricht mit: »Meine Tante ist krank, vorläufig darf ich nicht bei ihr schlafen.«
Ronny stöhnt so verzweifelt, dass sie vorschlägt, ihre große Schwester über ihren Plan ins Vertrauen zu ziehen. »Lisa ist fast vierzehn, wenn sie dabei ist, darf ich bestimmt den weiten Weg zu einem Krankenbesuch machen. Vielleicht dürft ihr auch mit, dann machen wir gleich eine Zeichnung vom Gefängnis.«
Ronny schöpft wieder Hoffnung. »Vielleicht sehen wir ein paar Gefängniswärter, die wir mit Kickmans Genever bestechen können.«

In dieser Woche kommen immer wieder Lastwagen in die Westeinde gefahren. Alle Juden der Nachbarschaft werden aus ihren Häusern geholt. Leichenblass stehen Ronny und seine Mutter am Fenster. Bei jedem deutschen Befehl zucken sie zusammen. Ich würde alles dafür geben, wenn ich Willy und Hetty und die Rückseitler aus den Klauen der Deutschen retten könnte, denkt Ronny. Wenn ich nur wüsste, wo Hanny ist.
Am Mittwochnachmittag gehen sie mit Lisa zum Amstelveenseweg, um die kranke alte Tante zu besuchen. Als Ronny die dicken Gitterstäbe vor den Gefängnisfenstern sieht, schnürt es ihm die Kehle zu. Vielleicht schaut Papa gerade heraus, denkt er plötzlich. Er hebt die Hand und winkt ganz kurz, doch sofort zischt Lisa: »Idiot, es darf niemand wissen, warum wir hier sind.«
Louise versucht Ronny zu trösten. »Wenn dein Vater uns sieht, kapiert er bestimmt gleich, dass wir seinetwegen gekommen sind.«

Louises Tante ist angenehm überrascht. Nach einer Weile gibt Lisa den jüngeren Kindern ein Zeichen. »Es ist hier zu unruhig für eine Kranke. Geht mal rüber und spielt was.«

Louise hat nicht zu viel versprochen. Der Tisch im Wohnzimmer ist ein perfekter Beobachtungsposten. Gerade kommt ein schwarzes Auto an. Aufmerksam verfolgen sie, was passiert. Ein Mann steigt aus und drückt auf eine Klingel. In der Mauer öffnet sich eine Luke, durch die er seine Papiere zeigt. Bei der Vorstellung, dass sein Vater auch so hineingefahren ist, bekommt Ronny eine Gänsehaut.

Flüsternd besprechen sie ihre Pläne. Es gibt nun schon drei andere Kinder, die auch Deutsche in ihrer Nachbarschaft beobachten. Der Kettenbrief mit Louises Code wird weitergegeben, von einem Kind zum anderen.

Ronny berührt Louises Hand und schaut gespannt hinüber. Vor dem Gefängnis wird ein Karren Kartoffeln abgeliefert. Aber mehr bekommen sie nicht zu sehen.

Bei ihrem zweiten Besuch geht es Louises Tante wieder besser. Sie ist ziemlich erstaunt darüber, wie sich alle für ihre Gesundheit interessieren. Aber sie findet es nett. Den ganzen Nachmittag sitzen die drei brav im Zimmer und malen das Gefängnis ab.

»Wie hoch wird die Mauer wohl sein?«, flüstert Ronny. »Und wo ist der Hof, wo sie spazieren gehen?« Sie notieren sich auch alle Autos, die hineinfahren oder herauskommen, mit der genauen Zeitangabe. Jeden Wärter auf einem Fahrrad, die Lieferanten, alles.

»Das Gefängnis ist schrecklich groß und schrecklich gut gesichert«, klagt Ronny.

Kees seufzt: »Und kein Auto kommt durch das Tor, ohne

dass es vorher von einem bewaffneten Soldaten kontrolliert worden ist.«

»Wo könnte die Zelle deines Vaters sein?«, überlegt Louise.

»Man kann nur mit einer List hineinkommen«, sagt Ronny verzweifelt. Was für eine List könnte das sein? Ihr Plan kommt ihnen immer unmöglicher vor.

»Vielleicht sollte ich mich in einem Sack Kartoffeln verstecken«, sagt Ronny zögernd.

»Eine großartige Idee!«, findet Kees. »Aber wie schalten wir die bewaffneten Gefängniswärter aus? Wie kannst du dich in diesem Gefängnis zurechtfinden?«

Abends, nach dem Essen, robbt Ronny wieder wie ein Verrückter durch den Gang. Seine Schwester hält das Bambusstöckchen dicht über den Boden, doch Ronny berührt es kein einziges Mal.

»Wie lieb«, sagt Corry, »wenn Bruder und Schwester so schön miteinander spielen.«

Am Samstagmorgen geht Ronnys Mutter schon früh mit Onkel Jan los, um Geld zu leihen. Sobald sie verschwunden sind, zieht Ronny seine dunkle Jacke an. Er achtet darauf, dass niemand sieht, wie er das Haus verlässt.

Auf der Straße ist es sehr ruhig, das passt gut. Schnell läuft Ronny zum Eisclubgelände. Da ist der Bunker, ein blonder Soldat steht Wache. Stolz, selbstsicher und gut ernährt. Je schlechter die Amsterdamer durch all den Kummer, die Anspannung und das schlechte Essen aussehen, umso mehr wirken die deutschen Soldaten wie Filmschauspieler, meinen Louise und ihre Schwester. Außer wenn sie marschieren, dann gleichen sie eher unheimlichen Robotern.

Ronny verbirgt sich erst hinter einem Baum, dann taucht er in das hohe Gras. Nach ein paar Minuten robbt er sich ein Stückchen vorwärts und bleibt auf dem Bauch liegen. Vorsichtig lugt er zu dem Soldaten hinüber. Aber der schaut in die andere Richtung. Ronny schiebt sich näher. Sein Herz klopft wie verrückt.

Es geht noch immer gut. Mit ein bisschen Glück habe ich gleich eine Waffe. Dann kann ich Papa befreien und die Moffen totschießen, denkt er angespannt. Wer weiß, vielleicht gelingt es mir sogar, auch die Rückseitler frei zu bekommen. Es darf einfach nichts schiefgehen.

Nach einer Weile richtet er den Kopf etwas hoch. Nun schaut der Soldat doch in seine Richtung. Ronny lässt den Kopf schnell wieder sinken. Als er später über das Gras späht, geht der Soldat zum Eingang.

In der Ferne kommen zwei Frauen mit Kinderwagen an. Der Soldat schaut zu ihnen hinüber. Das ist eine gute Gelegenheit für Ronny, noch ein Stück weiterzurutschen. Durch das hohe Gras spähend, kann er das Gewehr des Soldaten sehen und kann den Blick nicht abwenden.

Er ist so verbissen darauf aus, einen Deutschen totzuschießen, dass er etwas Wichtiges vergisst. Allein kann er nichts erreichen, auch wenn er ein Gewehr hätte. Er sieht Willy vor sich, in seinem orangefarbenen Umhang. Er denkt an seinen Vater, der vielleicht redet, weil ihm jemand eine blutige Nase schlägt. Er denkt an Saartje und Max, an Hetty, Hanny und all die anderen.

Ich schleiche mich rein und klaue ein Gewehr, denkt er, damit erschieße ich erst die Wache. Dann brülle ich laut: Alle ein Gewehr nehmen. Zusammen mit Passanten knalle ich dann alle deutschen Soldaten ab.

Er kriecht weiter. Bis ein lauter, scharfer, beängstigender Knall ihn zusammenfahren lässt. Etwas Heißes schießt dicht über seinem Kopf vorbei …
Eine Kugel, das merkt Ronny sofort. Er hat schon so viel erlebt, dass er fast keine Angst mehr vor irgendetwas hat. Doch nun durchfährt ihn die pure Todesangst. Er vergisst Willy und seinen Vater. Er denkt nur noch eines: Ich will leben, ich will nicht sterben.
Die beiden Frauen schreien auf Deutsch: »Nicht schießen, das ist ein Kind. Der Junge spielt nur.«
Kurze Zeit danach ist Ronny von Soldaten eingekreist, die ihre Gewehre auf ihn richten. Einer von ihnen hält sein Gewehr direkt an Ronnys Kopf, genau auf die Stelle, wo die frische Narbe ist.
»Aufstehen. Hände hoch!«
Da steht Ronny, die Hände über den Kopf. Genau da, wo seine Mutter ihm damals verboten hat, mit deutschen Soldaten zu sprechen, weil sie Krieg machen.
»Was tust du hier?«, fragt der Soldat barsch.
»Ich spiele Soldat«, lügt Ronny.
»Das ist kein Spiel. Mach, dass du wegkommst.«
Als wären ihm die Lojedajes auf den Fersen, rennt Ronny nach Hause. Er stürmt die Treppe hinauf und lässt sich keuchend auf sein Bett fallen. Er ist erleichtert, dass er nicht getroffen ist, und überglücklich, dass er noch lebt. Zugleich schämt er sich. Es ist misslungen. Ich bin weniger tapfer als die Männer, die das Einwohnermeldeamt in die Luft gesprengt haben, denkt er enttäuscht. Ich will lieber leben, als meinen Vater zu retten oder Willy befreien. Ich bin noch lange kein echter Widerstandsgeus.

10. Adieu

»Hände vor die Augen, nicht heimlich durch die Finger schauen.« Ronny hört, wie seine Mutter den Tresor aufmacht. »Jetzt darfst du wieder gucken.« Der Mund bleibt ihm offen stehen: ein Köfferchen voller Packen mit Geld! Er ist glücklich. Jetzt ist Mamas Plan gelungen, sie können Papa freikaufen.
»Das wird wohl reichen als Lösegeld. Gleich kommt ein Freund von Jacob, um die Details durchzusprechen. Wir sagen Daan zu ihm. Seinen wirklichen Namen solltest du besser nicht wissen, für den Fall, dass etwas schiefgeht. Aber du bist jetzt schon so groß und vernünftig, du darfst dabeibleiben.«
Sofort beschließt Ronny, dass sie sich im Kinderwiderstand auch Decknamen geben. Dann nennt er sich Wilhelm von A., A. von *Atlantic*.
Daan kommt herein. Er ist genauso groß wie Dick Bos und er hat genauso starke Kiefer. Kurz, Daan gefällt Ronny sofort.
»Dass wir nun all das schöne Geld weggeben müssen«, jammert Onkel Jan beim Anblick des gut gefüllten Köfferchens.
Mit einem Zwinkern in Ronnys Richtung schlägt Opa Onkel Jan auf die Schulter. »Jacob hat Glück, dass er einen Bruder wie dich hat. Jacob ist dir mehr wert als hunderttausend. Oder etwa nicht, Jan?«
Der berühmte Billardchampion nickt etwas verkrampft. »Angenommen«, beginnt er nach ein paar Minuten erneut,

»angenommen, der Gefängnisdirektor nimmt das Geld und lässt meinen Bruder doch nicht frei? Sollten wir da nicht lieber die Hälfte zurückhalten? Bis wir sicher wissen, dass Jacob frei ist?«
Daan möchte das nicht im Voraus entscheiden. »Erst schauen wir mal, was für einen Mann wir vor uns haben. Erst lassen wir noch nicht einmal merken, was wir im Koffer haben.«
Ronny setzt sich neben Daan. »Na, Freundchen, wir tun alles, um deinen Vater freizubekommen, nicht wahr?«
Ronny nickt nur, er hat einen Kloß im Hals.
Als Daan gehen will, steht seine Mutter auf, um sie hinauszulassen. Aber Ronny kommt ihr zuvor. Auf dem Flur legt er seinen Finger auf den Mund und winkt Daan mit in Zimmer sechs.
»Wenn Sie den Mund halten können, kann ich Ihnen Informationen geben«, bietet er an, sobald die Tür geschlossen ist.
Der Mann schaut ihn amüsiert an. Mit einer Gebärde, als klebe er sich ein Pflaster über den Mund, antwortet er: »Meine Lippen sind versiegelt.«
Ronny nimmt sein Zeichenheft und schlägt es auf. Verwundert betrachtet Daan die Zeichnung des Gefängnisses am Amstelveenseweg. Zu seiner Verblüffung kann Ronny genau angeben, wann die Aufpasser Schichtwechsel haben und wann der Direktor ankommt und weggeht.
»Woher weißt du das alles?«
Auf diese Frage ist Ronny vorbereitet. »Oh, ein Widerstandsmann war bereit, mir diese Informationen zu geben. Aber dafür will er auch gerne etwas wissen. Über den Hof zum Beispiel und wie die Sicherheitsmaßnahmen funktio-

nieren, wo sie die Waffen und die Schlüssel aufbewahren, alles, was Ihnen auffällt.«

Mit glitzernden Augen betrachtet Daan den ernsthaften Jungen in seinem Pullover mit den Buchstaben R. S. »Wie alt bist du eigentlich?«

»Fast elf«, lügt Ronny, der neun ist.

»Ich hätte dich auf dreizehn geschätzt. Ihr Kinder wirkt alle älter durch diesen verdammten Krieg. Woher kennst du den Widerstandsmann?«

Ronny macht genauso eine Bewegung wie Daan vorher. »Meine Lippen sind versiegelt.«

Daan lächelt und steht auf.

»Man merkt schon, wessen Sohn du bist. Der Apfel fällt nicht weit vom Stamm. Nun gut, ich werde mein Bestes tun. Und mit einem Weltmeister im Billard an der Seite muss es ja klappen.« Er blinzelt ihm zu.

»Weltmeister im Ausnutzen«, sagt Ronny abschätzig. »Er lässt meine Eltern die ganze Arbeit tun.«

»Mach dir keine Sorgen, mit so einem weltberühmten Mehlklops komme ich schon klar«, sagt Daan leichthin. An der Tür schaut er Ronny ernst an. »Ich hoffe, dass ihr wisst, was ihr tut, du und dieser Freund von dir. Das sind absolut keine Kinderspiele. Wir werden noch einmal darüber sprechen. Wer Widerstand leistet, muss wissen, was er tut. Man hat nur ein Leben.«

Ronny nickt. Wenn Daan Erfolg hat, ist Papa morgen vielleicht frei. Je länger er über ihren eigenen Befreiungsplan nachdenkt, den des Atlanticwall-Clubs, umso schwieriger kommt ihm die Sache vor. Seit die Kugel über seinen Kopf geflogen ist, ist Ronny vorsichtiger. Es stimmt schon, man hat nur ein Leben.

Am nächsten Tag regt Onkel Jan sie wieder mit seinen Einwänden auf. »Und wenn der Direktor gar nicht bestechlich ist?«, fragt er.
Daan mustert ihn spöttisch. »Dann erfährt er überhaupt nicht, dass wir Geld dabeihaben. Wir werden ihn uns erst genau anschauen.«
»Sollen wir Ronny nicht lieber mit dem Geld draußen warten lassen?«
Das ist das Vernünftigste, was er je gesagt hat, denkt Ronny. Er stimmt gleich zu. »Eine gute Idee«, sagt er. »Louises Tante wohnt auf der anderen Straßenseite.« Sofort wird er rot, denn Daan lacht bedeutungsvoll.
»Aha, ein perfekter Beobachtungsposten.«
Ronnys Mutter tippt sich an die Stirn. »Wer schickt schon ein Kind mit hunderttausend über die Straße.«
»Dann komm du eben mit«, sagt Onkel Jan.
Resolut steht Daan auf und knöpft seinen Mantel zu. »Genug gejammert. Wir halten uns an unsere Abmachung. Wenn du nicht mitkommen willst, gehe ich allein.« Er nimmt das Köfferchen und geht zur Tür. Widerwillig folgt Onkel Jan dem Mann mit dem Geldkoffer. Ronny begleitet sie zur Straßenbahn.
An der Haltestelle fängt Onkel Jan wieder an. »Angenommen, sie schnappen uns mit all dem Geld.« Daan schiebt ihn in die Straßenbahn. Er winkt Ronny noch zu, zwinkert und streckt den Daumen hoch. Ronny winkt zurück und hebt auch den Daumen in die Luft. Mit schwerem Herzen schaut er der Straßenbahn nach, bis sie in der Ferne verschwindet.
In der kommenden Stunde wird es sich wohl entscheiden, ob er seinen Vater wiedersieht. Nervös schaut Ronny sich

um. Die Leute laufen weiter, als sei nichts los. Und er würde am liebsten laut schreien: »Vielleicht ist mein Vater bald frei.«
Doch dann denkt er an Willy, der weg ist, und an Hanny und Hetty, und er fühlt sich schuldig, weil sein Vater vielleicht freikommt. Eine Straßenbahn hält, dann wieder eine. Ronny beschließt, nach Hause zu gehen. Es kann Stunden dauern, bis sie zurückkommen.
Zu Hause läuft seine Mutter im Zimmer auf und ab. Sie redet mit ihm, als sei er schon groß. »Wäre es nicht besser gewesen, wenn ich Daan selbst begleitet hätte? Ich wollte es nicht, weil ich immer so unbeherrscht bin. Und außerdem ist Jan berühmt, das beeindruckt einen Gefängnisdirektor vielleicht. Aber war das vernünftig von mir? Was glaubst du?«
Ronny weiß es nicht. Er steht am Fenster und schaut immer wieder zur Uhr. Manchmal glaubt er, dass schon eine Viertelstunde vorbei wäre, und dann ist es gerade mal eine Minute später.
»Vielleicht hatte Jan doch recht.« Ronnys Mutter lässt sich in einen Sessel fallen.
»Jan ist ein Mehlklops«, sagt Ronny. Sie kichert. »Ein passender Spitznamen.«
Ein grünes Auto hält vor dem Hotel. Ronny schaut auf die Uhr. Halb zwölf. Das kann Papa noch nicht sein. Fieberhaft überlegt er, ob irgendetwas ihnen Schwierigkeiten machen könnte. Sie haben einen Kristallempfänger. Eine kleine Aluminiumdose mit einem Röhrchen darauf, mit einem Kristall und einem Kupferdraht und zwei Knöpfchen. Wenn man vorsichtig daran dreht, kann man Radio hören, sogar wenn Tante Annie in der Nähe ist. Denn man

hört über einen Kopfhörer. Der Kristallempfänger ist sicher versteckt in der Wolle von Omas Stopfkorb. Ihre Listen vom Atlanticwall-Club? Das ist nicht schlimm, die wirken wie ein Kinderspiel.

Und plötzlich erschrickt Ronny. Die Papiere im Tischbein von Nummer sechs! Ob Papa geredet hat? Kommen sie deshalb? Ihm ist sofort klar, dass es ihm nicht gelingen wird, das Geheimfach auszuräumen, bevor sie oben sind. Ronny nimmt es sich übel, dass er nicht eher daran gedacht hat, die Hakenkreuzpapiere zu vernichten. Er drückt die Nase an der Scheibe platt und versucht zu sehen, wer alles im Auto sitzt.

Hinten sitzt ein Mof. Er sieht aus wie Arthur. Und wer sitzt neben ihm? Ronnys Augen werden groß vor Überraschung. Was er sieht, kann doch nicht wahr sein. Er rennt in den Flur und die Treppe hinunter.

Draußen steigt ein magerer Mann aus dem Auto. Schwankend greift er sich an den Kopf, der an einer Seite lila verfärbt und geschwollen ist. Das Auto rast sofort weiter. Der Mann holt tief Luft, versucht zu gehen und greift nun nach seinem Knie. Zögernd bleibt Ronny stehen. Ist er es nun oder nicht?

»Papa?«

Der Mann schaut hoch und breitet die Arme aus. Ronny rennt zu ihm und hält ihn fest. »Papa, ich habe dich sehr lieb. Ich war überhaupt nicht mehr böse. Du konntest nichts machen, bei Willy und dem Baby.«

»Ich habe dich auch lieb. Vor allem ohne diesen komischen Verband um deinen Kopf.«

Wie seltsam Papa spricht. Ronny versteht seinen Witz fast nicht. Droben wird ans Fenster geklopft. Ein paar Sekunden später schlägt Ronnys Mutter die Arme um ihren Mann.

»Liebster, wie du aussiehst.«

Gestützt von seinem Sohn und seiner Frau geht Ronnys Vater mühsam die Treppe hoch. Oben wirft sich Y in seine Arme.

»Papa, wo sind deine Zähne?«, ruft Ronny nach einer Weile. Sein Vater hat an einer Seite keine Vorderzähne mehr. Grinsend sucht er in seinen Taschen.

»Ach ja, meine Zähne? Wo habe ich die denn wieder gelassen? Bestimmt bei einer Runde Poker verspielt. Ein komischer Einsatz.«

Ronnys Mutter greift sich ans Herz. Sein Vater nimmt ihre Hand und sagt leise: »Dootje, wer da lebend rauskommt, kann von Glück sprechen. Wie, das spielt keine Rolle.«

Die Tür fliegt auf und Oma Sweering stürmt herein.

»Ich habe am Fenster gestanden, ich habe gesehen, wie du ausgestiegen bist.« Y holt ihre Puppen, nachdem auch Corry und Opa und Oma Boons ins Zimmer gekommen sind. Als alle genug geweint und gelacht haben, schaut sich Jacob erstaunt um.

»Wo ist Jan?«

»Sicher noch im Gang, mit Daan«, sagt seine Frau. »Ruft ihn rein, wir wollen auch wissen, wie sie Jacob freibekommen haben.«

»Mich freibekommen?« Erstaunt schaut der Vater seine Frau an, die stolz nickt.

»Haben sie dir das noch nicht erzählt? Das sieht Jan gar nicht ähnlich.«

»Nein, Schatz«, sagt ihr Mann. »Hans hat mich zu einem offiziellen Verhör durch den SD rufen lassen. Die Gestapo

musste mich wohl oder übel hinbringen. Sie waren rasend vor Wut, hat Hans erzählt, als sie weg waren.«
Ronny schaut ihn an. Hans steht also tatsächlich auf ihrer Seite.
»Hans hat gesagt, dass er mich unbedingt freibekommen musste«, fährt sein Vater fort. »Die Gestapo bekommt fast jeden zum Reden. Hans hat einen offiziellen Verhörbericht bereit, aus dem hervorgeht, dass ich nicht getan haben konnte, was sie mir vorwerfen. Ich musste nur unterschreiben. Danach ließ er Arthur rufen und der hat mich hier abgesetzt. Im Auto hat Arthur sich mir gegenüber ganz offiziell verhalten, damit der Chauffeur nicht misstrauisch wurde.«
Es wird totenstill im Zimmer, das Gesicht von Ronnys Mutter glüht. Sie geht zum Fenster. Erstaunt betrachtet Jacob Sweering die bedrückten Gesichter um ihn herum. Y kommt mit ihren beiden Lieblingspuppen herein. Während sie ihren Vater darüber aufklärt, wie es den Puppen die ganze Zeit ergangen ist, flüstert Corry ihrer Freundin zu: »Do, Schätzchen, das Wichtigste ist doch, dass er lebt.«
»In diesem Moment wird unser Vermögen und das unserer besten Freunde und Kunden an einen korrupten Gefängnisdirektor übergeben«, flüstert Do zurück. »Der Kerl wird sich ins Fäustchen lachen. Wie soll ich das denn Jacob erzählen?«
Aber Ronny kommt ihr zuvor. »Wir müssen Onkel Jan zurückhalten! Er ist mit einem Koffer voll Geld zum Gefängnis gefahren, um dich freizukaufen.«
»Das ist doch nicht dein Ernst«, ruft Jacob. Opa schaut auf seine Uhr. »Zu spät.« Bedrückt schauen sie den Direktor des *Atlantic* an, um zu sehen, wie er den Verlust aufnimmt.

Zu ihrem Erstaunen wird Jacob nicht böse. Grinsend sagt er nur: »Auf das Geld können wir pfeifen. Es lebe das Leben. Wer kann mir das nachsagen?«
Es sind die anderen, die aufgeregt durcheinander jammern über das verlorene Kapital. Außer Oma. Sie macht eine gescheite Bemerkung: »Nun glauben sie nie, dass Hans und Jacob unter einer Decke stecken. Wenn das so wäre, würden wir doch nie hunderttausend ausgeben, um ihn freizukaufen, genau an dem Tag, an dem Hans ihn freilässt.«
Da sieht man's, denkt Ronny, sogar Oma vertraut Hans.
Seine Mutter steht auf. »Ich gehe zum Gefängnis. Vielleicht sind sie noch im Wartezimmer. Ich sage einfach, es hätte einen Unfall gegeben und sie müssten nach Hause kommen.«
Aber Oma zieht schon ihren Mantel an und hält Opa seinen hin, denn sie machen immer alles zusammen. »Von wegen, überlass das uns. Wir sagen, dass Annie von der Treppe gefallen ist und Jan sofort nach Hause kommen muss.«
Schnell klopft Corry unten an die Tischplatte, wo das Holz nicht angestrichen ist. »Solche Dinge bringen Unglück, so etwas darfst du nie sagen.«
Alle fangen nervös an zu lachen, denn ausgerechnet in diesem Moment kommt Tante Annie herein. Erfreut begrüßt sie ihren Schwager Jacob und scheint es sogar ernst zu meinen, obwohl sie noch keinen Schluck getrunken hat.
Als Oma und Opa Boons weg sind, sitzen die Kinder neben ihrem Vater. Ronny läuft ab und zu zum Fenster. Seit es Krieg ist, beobachtet er immer alles, drinnen und auf der Straße. Wieder werden seine Augen groß.
Wer kommt da die Westeinde entlanggelaufen? Der eine

mit einem Köfferchen, der andere mit gesenktem Kopf? O je, denkt Ronny, der Koffer ist bestimmt leer. Ohne zu den anderen etwas zu sagen, läuft er die Treppe hinunter und hinaus auf die Straße. Die beiden Männer sind so in ihr Gespräch vertieft, dass sie ihn nicht sehen. Ronny hört Daan mit erstickter Stimme sagen: »Wie sollen wir das Do beibringen? Warum musstest du auch so trödeln? Eine halbe Stunde eher, und wir hätten Jacob vielleicht retten können.«

»Unsinn«, sagt Onkel Jan, den Tränen nahe. »Dann hätten wir sowohl ihn als auch das Geld verloren. Das wird Do gut brauchen können, nun, da sie Witwe ist. Was mache ich bloß ohne meinen Bruder?«

»Psst«, zischt Daan. »Da ist Ronny. Armer Junge, nun schon Halbwaise.«

Ronny hält es nicht mehr aus. »Papa ist zurück!«, ruft er aufgeregt. »Er ist schon längst da.«

Verblüfft starren ihn die beiden Männer an.

Mit einem Schwung hebt Daan Ronny auf seine Schultern und galoppiert mit ihm über den Bürgersteig.

Jan küsst das Köfferchen in seinen Armen so innig, als wäre es eine Frau, in die er heimlich verliebt wäre. »Siehst du, ich hatte es einfach im Gefühl. Ich habe gewusst, dass wir auf den richtigen Moment warten müssen. Ohne mich hätten wir dem ganzen Geld nachwinken können.«

Parasit, denkt Ronny. Immer schmeißt du mit dem Geld herum, nur nicht für Papa. Von Daans Schulter herunter ruft er fröhlich: »Hurra für unseren Weltmeister in Sachen Geiz. Dank Onkel Geizhals ist das Geld gerettet.«

Darüber muss Daan so lachen, dass Ronny fast von seinen Schultern fällt. Und Onkel Jan lacht mit.

Drinnen sind alle ausgelassen. Sie schicken einen Kellner hinter Opa und Oma her, bevor sie ihrerseits im Gefängnis fragen können, wo Onkel Jan und Daan sind. Wo sie doch nicht einmal drinnen gewesen sind.

»Schlafende Hunde soll man nicht wecken«, sagt Daan.

»Außer Tarzan«, sagt Ronny. »Der kapiert nie was.« Sofort richtet Tarzan sich auf und gibt Ronny feierlich eine Pfote. Alle lachen, Tante Annie schleicht sich hinaus. Bestimmt hat sie eine Verabredung, denkt Ronny.

Und dann erzählen Daan und Onkel Jan, was ihnen passiert ist.

»Wir standen auf der anderen Straßenseite, um die Situation zu erkunden und zu überlegen, wie wir es anfangen sollten«, beginnt Onkel Jan.

»Sag ruhig, dass es eine Stunde gedauert hat, bis ich dich so weit hatte«, unterbricht ihn Daan. »Gerade als wir die Straße überqueren wollen, geht die große Gefängnistür auf und ein grünes Auto fährt heraus. Vorn zwei Moffen von der Gestapo und hinten noch zwei mit jemandem zwischen sich. Der Wagen kommt über die Straße, wir schauen hinein und sehen Jacob. Du hast uns nicht gesehen, Jacob. Ich bin zu Tode erschrocken, als ich gesehen habe, wie du aussiehst. Wir waren überzeugt, dass sie dich zur Exekution bringen. Als Ronny vorhin ankam, dachte ich, er sei Halbwaise.«

»Ich dachte auch, dass die Gestapo mich füsilieren will. Ich war sehr verblüfft, als sie mich so wütend bei Hans abgeliefert haben. Er hat mir erzählt, dass die Gestapo und der SD nicht gut aufeinander zu sprechen sind.«

»Angenommen, wir hätten uns gleich gemeldet«, überlegt Onkel Jan und streichelt das Köfferchen. »Dann hätten wir auf unser Geld pfeifen können.«

Er geht nach oben. Daan bleibt noch den ganzen Nachmittag da und unterhält sich mit den Eltern.
»Wir müssen uns ganz ruhig verhalten, sagt Hans«, hört Ronny seinen Vater sagen. »In unserem Interesse und auch in seinem. Er erwartet, dass die Gestapo sich bald für meine Freilassung rächen wird.«

Nicht lange danach kommt ein WA-Mann und hängt Schilder auf, auf denen FÜR JUDEN VERBOTEN steht. Ronnys Vater schaut zu und knirscht mit seinen neuen falschen Zähnen. Aber er hält sich zurück, wie er Hans versprochen hat.
In der ganzen Stadt hängen jetzt Plakate, auf denen die Deutschen bekannt geben, dass die Täter des Anschlags auf das Einwohnermeldeamt die Todesstrafe bekommen. Wie die Geusensöhne in der Zeit Wilhelms von Oranien beschließen Ronny, Louise und Kees, ihren Kampf mit dem Atlanticwall-Club fortzusetzen. Sie setzen einen neuen Kettenbrief auf, den Louise im Geheimcode schreibt:

Dringende Eile!
Jeder muss herausfinden, wohin die Züge vom Lager Westerbork aus fahren.
Wilhelm von A.

»Kann deine Familie das nicht herausbekommen, Kees? Dein Onkel war vor dem Krieg doch Direktor bei der Eisenbahn, bevor die Moffen ihn als Geisel genommen haben? Die Maschinisten wissen es doch bestimmt.«
Kees hat wenig Hoffnung, aber er will probieren, etwas herauszubekommen.

Am folgenden Tag findet im Stadtzentrum eine schreckliche Razzia statt.
»Viele Menschen, die wir kennen, sind einfach von der Straße mitgenommen oder aus ihren Häusern verschleppt worden«, sagt Ronny verzweifelt. »Wie sollen wir unsere jüdischen Kinder befreien, wenn die in Drenthe oder in Deutschland sind? Wie kommen wir dahin? Wäre ich nur größer, dann wäre ich bestimmt beim Widerstand.«

Hans und sein Adjutant Arthur kommen viel seltener als früher. Eines Tages sitzt Hans wieder oben bei der Familie Sweering im Wohnzimmer. Ronny setzt sich neben ihn, er findet, dass Hans jetzt dazugehört, wie seltsam das auch erscheint.
»Wir werden nach Italien verlegt. Ich komme, um mich zu verabschieden.«
Jacob klopft Hans gerührt auf die Schulter. »Bis nach dem Krieg. Ich lade dich als meinen Gast ein, ich möchte dich gern auch mal ohne Uniform treffen.«
Der SD-Offizier räuspert sich. »Ich komme ganz bestimmt. Zumindest, wenn ich überlebe. Denn ich muss weitermachen, genau wie du.«
»Erstaunlich, wie diese beiden stattlichen Männer sich ähnlich sehen«, sagt Corry leise zu Oma. Ronny spitzt die Ohren, um mitzubekommen, was Hans sagt.
»Ich schicke meinen Nachfolger vorbei. Der ist auch hundertprozentig.«
Was meint er damit?
Hans steht auf. Er nimmt die Hand von Ronnys Mutter und drückt einen Kuss darauf, genau wie bei ihrem ersten Treffen. Dann dreht er sich zu Ronny um.

»Ergreife deine Chance. Noch einmal kannst du einem deutschen Offizier in den Nacken springen.« Aber Ronny gibt ihm zum ersten Mal die Hand. »Bis bald, Hans.« Zu seinem Erstaunen ist er traurig. Wegen eines Mof vom SD. Seltsam.

Tante Annie kommt herein, zusammen mit Arthur, der nun auch Abschied nimmt. Ronny holt tief Luft und nimmt all seinen Mut zusammen. Er zieht Hans am Ärmel. Der Offizier beugt sich vor.

»Sie wissen die schreckliche Wahrheit. Erzählen Sie mir bitte, wohin sie meine jüdischen Freunde von Westerbork aus hinbringen«, bittet Ronny leise. »Ich werde es auch niemandem verraten.«

Sieht er das richtig? Werden die Augen des Mannes feucht? Hans schluckt, bevor er antwortet.

»Es tut mir sehr leid, Ronny, aber niemand weiß, wo sie sind.« Er legt seine Hand auf Ronnys Schulter. »Wenn ich dir helfen könnte, würde ich es bestimmt versuchen, das kannst du mir glauben.«

An der Tür dreht sich Hans nach Jacob um. Er legt seine Hand aufs Herz und sagt heiser: »Adieu.«

Auch Ronnys Vater legt die Hand auf sein Herz, einen Moment lang schauen sich die beiden Männer gerührt an.

Ronny überlegt, ob es vielleicht auch deutsche Geusen gibt. Wilhelm von Oranien hatte auch deutsches Blut, also ist es nicht ausgeschlossen.

Kurz darauf überqueren die beiden deutschen Offiziere zum letzten Mal die Westeinde, gerade da, wo Ronny sie damals angefallen hatte. Sie gehen über den Bürgersteig, auf dem er Hetty »Judenstreich« zugerufen hatte und wo Willy weggeholt worden war, dann weiter in Richtung der

Kuppel, unter den Fledermäusen hindurch, die dort kopfunter hängen. Noch einmal schauen sie sich um, dann verschwinden sie in der Einkaufspassage.

»Wir werden sie nie wieder sehen«, sagt Oma gerührt.

»Das ist ihnen auch klar.«

»Wir haben es ihnen zu verdanken, dass wir unser Geld nicht verloren haben«, sagt Onkel Jan. Ein trockenes Schluchzen ertönt, dann rennt Annie aus dem Zimmer.

11. Das verlassene Hotel

»Heute dürft ihr die Schilder FÜR JUDEN VERBOTEN wegnehmen«, verkündet Ronnys Vater bei ihrem kargen Frühstück.

»Prima«, ruft Ronny. Aber dann macht er ein skeptisches Gesicht. »Und was tun wir, wenn die WA mit neuen Schildern kommt?«

»Dann schießt du sie einfach tot, Papa«, schlägt seine Schwester vor.

Der Vater schüttelt den Kopf. »Schießen ist nichts für mich.« Er gibt jedem von ihnen ein Schild, auf dem steht: WEGEN UMBAU GESCHLOSSEN. »Hängt diese stattdessen hin.«

Kurze Zeit später zünden sie neben dem Kastanienbaum im Hinterhof ein Feuerchen an. Sie werfen die Schilder hinein. Zufrieden schaut Ronny zu, wie die Buchstaben FÜR JUDEN VERBOTEN in den Flammen verschrumpeln.

»So«, sagt ihr Vater. »Wir schließen das Hotel und machen erst wieder auf, wenn alle Gäste einfach hereinkommen können, wie es sich gehört. Die Befreiung kann nicht mehr lange dauern.«

»Woher weißt du das, Papa?«

»In Nordafrika haben sich sowohl die Moffen als auch ihre italienischen Verbündeten ergeben müssen. Hitler hat seinen Unterseebootkrieg abgebrochen. Die deutschen U-Boote sind nicht mehr unüberwindlich. Der Radar der Alliierten ist jetzt viel besser. Sie haben auch neue Fahrzeuge, die sie Jeeps nennen. Die sind sehr schnell und wendig und eignen

sich für jedes Gelände. Diesen Jeeps haben die Moffen nichts entgegenzusetzen.«
Ein Zimmermann, der Velthoen heißt, kommt und zieht eine Trennwand zwischen dem Restaurant und der Glasveranda hoch. »Auf der Glasveranda servieren wir nämlich weiterhin Ersatzkaffee und Ersatztee«, erklärt Ronnys Vater. »Zum Schein, damit unser Personal im Dienst bleiben kann. Denn alle jungen Männer ohne Arbeit müssen sich bei den zuständigen Büros melden.«
»Warum?«, fragt Ronny.
»Weil sie dann zum Arbeitseinsatz aufgerufen werden können. Das heißt zur Zwangsarbeit in Deutschland.«
»Beim Anschlag auf das Einwohnermeldeamt hat der Untergrund doch alle Karten verbrannt. Sie wissen gar nicht mehr, wen sie aufrufen sollen, oder?«
»Nicht alle Karten sind verbrannt. Außerdem ist jeder auch in Den Haag registriert. Aber wir haben es regeln können, dass unsere Leute hier weiter arbeiten dürfen. Wenigstens vorläufig.«
Er flüstert in Ronnys Ohr: »Ich kenne wieder so jemanden wie Hans.«
Ronny versteht, dass noch immer Papiere im Tischbein versteckt werden. Bekommt sein Vater die von Hans' Nachfolger? Dann gibt es mindestens drei deutsche Geusen. Allmählich ist Ronny überzeugt davon, dass seine Eltern zu den Widerstandsgeusen gehören. Er weiß nun viel mehr, denn er wird nie mehr weggeschickt.
Ein Polizist kommt eilig auf die Terrasse. »Es wird schlimme Razzien geben«, flüstert er. »Warnt so viel Leute, wie ihr könnt, vor allem im Zentrum. Und behaltet die Kinder im Haus.«

Sobald der Polizist verschwunden ist, schlüpft Ronnys Vater in seine Jacke.
»Ronny, sorgst du dafür, dass hier alles klappt, für den Fall, dass …«
»Du kannst dich auf mich verlassen, Jacob. Sei vorsichtig, man hat nur ein Leben«, sagt Ronny, genau wie Daan.
Sein Vater schaut überrascht hoch, dann klopft er Ronny auf die Schulter. »Ich werde aufpassen, Kollege.«
Tatsächlich gibt es am Tag darauf eine Razzia, die alles übertrifft, was sie bisher erlebt haben.
»Die grüne Polizei hat sich schrecklich aufgeführt«, erzählt Ronnys Vater bei Tisch. Die ganze Stadt ist in Aufruhr. Sie sind mitleidloser und sadistischer vorgegangen als je zuvor.
Mit düsteren Vorahnungen geht Ronny ins Bett.

Am folgenden Morgen steht er schon eine Stunde zu früh auf ihrem Ausguckposten auf dem Frederiksplein. Hätten wir die Rückseitler doch nur auf unserem Dachboden versteckt, ohne dass ihre Eltern es wissen, denkt er. Jetzt ist es bestimmt zu spät.
Louise und Kees sind auch früher da als sonst.
»Was glaubt ihr?«, fragt Ronny, als er sie sieht.
»Ich fürchte das Schlimmste«, antwortet Kees.
Still stehen sie da und warten. Es wird halb neun, kein Rückseitler ist zu sehen. Um Viertel vor neun ist noch immer keiner da.
»Sogar Fräulein Esther ist noch nicht da«, sagt Ronny niedergeschlagen. »Sonst kommt sie immer um halb neun.«
Ihre Angst bewahrheitet sich. Um zehn vor neun ist noch immer niemand im hinteren Teil der Schule. Ohne ein Wort

zu wechseln gehen sie hinüber. Kees hilft Louise, auf Ronnys Schulter zu klettern.
»Überhaupt niemand«, meldet sie bedrückt. »Die ganze Rückseite ist wie ausgestorben.«
Im vorderen Teil herrscht Begräbnisstimmung. Fräulein Rood spricht mit verheultem Gesicht mit den anderen Lehrkräften. Der Hausmeister macht die Zwischentür in der Mauer wieder auf.
Nach einer Stunde tut Ronny, als müsse er auf die Toilette. Stattdessen geht er durch die Tür zur Rückseite. Alle Haken in dem stillen Flur sind leer. Ronny schluckt, dann läuft er in Saartjes Klasse. Er betrachtet die Schränke mit den Namen seiner Klassenkameraden und macht das Türchen auf, auf dem SAAR KAUFMANN steht.
Es liegen Hefte darin. Er nimmt das Zeichenheft und blättert es durch. Ein Pilz mit Elfen, ein Haus mit einem Schornstein, aus dem Rauch aufsteigt. Sehr lange starrt Ronny das Bild eines Zauberers an, mit Wasserfarben gemalt. Aus seinem Zylinder zaubert er zwei Kaninchen für einen Jungen. Darunter steht: »Ronnys Geburtstagskaninchen. Hipp, hipp, hurra.«
Eine Träne fällt auf die Schnauze des einen Kaninchens, die ganz fleckig wird. Mit geschlossenen Augen versucht Ronny, sich an Saartjes lachendes Gesicht auf dem Wolkenweg zu erinnern. Aber er sieht nur ihr ängstliches Gesicht während des Kampfs mit den Lojedajes vor sich. Damals konnte er sie noch retten …
Als er nach Hause kommt, hat seine Mutter rote Augen. Ihre Stimme klingt traurig. »Wie war's in der Schule?«
Ronny lässt sich auf das Sofa im Wohnzimmer fallen. »Die Rückseite ist leer.«

Sie nickt hilflos. »Papa will, dass Opa und Oma jetzt ganz zu uns kommen. Ihr Viertel wird zu gefährlich, sie werden krank vor Kummer. So viele Nachbarn und Freunde sind schon weggeholt worden.«

Noch nie ist Ronny so widerwillig zur Schule gegangen. Langsam geht er mittags die Treppe hinunter.

»Schaust du mal her? Ich habe eine Partie Ebenholz aufgetrieben. Es ist fast schwarz.« Sein Vater tut fröhlich, aber seine Stimme ist matt. »Ich kenne einen fantastischen Bildhauer, der kann Plastiken daraus machen, fürs Restaurant.«

Ronny nickt abwesend. Er geht hinaus und schaut gewohnheitsmäßig zu Willys verlassenem Keller auf der anderen Straßenseite. Es interessiert ihn nicht die Bohne, ob er zu spät kommt. Plötzlich zieht jemand an seinem Arm.

»Au!« Ronny haut automatisch zurück, aber es ist kein Lojedajes, sondern Louise. Sie schiebt ihn wieder ins Haus.

»Psst! Ich muss dir etwas ganz Geheimes zeigen.«

Er geht mit ihr zum Raum neben der Herrentoilette. Es scheint ihm eine Ewigkeit her zu sein, dass sein Vater hier Flip Heil heimlich ein Päckchen gegeben und Hetty behauptet hat, Männer wollten den SD in die Luft jagen.

»Augen zu«, befiehlt Louise. Zwischen den Wimpern hindurch sieht Ronny, dass sie ein Flugblatt aus ihrer Unterhose zieht: *Der fliegende Holländer.*

»Du darfst wieder schauen.« Sie flüstert aufgeregt. »Das werfen englische Flugzeuge über den Städten ab. Weil fast niemand mehr ein Radio hat. Wer so ein Flugblatt aufhebt, kommt in ein Lager. Ich habe es trotzdem heimlich getan.«

Mit Herzklopfen betrachten sie die Bilder von deutschen

Soldaten, die in Russland umgekommen sind. Sie sehen schrecklich aus, mit Eiszapfen an den Gesichtern. »Die Moffen erleiden viel höhere Verluste, als sie behaupten«, zischt sie. »Wer weiß, vielleicht sind unsere Rückseitler noch in Westerbork, wenn die Alliierten kommen. Aber du musst den Mund halten. Schleimer hat uns heute Morgen gewarnt. ›Jungen und Mädchen‹, hat er gesagt« – Louise spricht nun mit einer schleppenden Stimme –, »›denkt daran, keine verbotenen Blätter aufzuheben. Sagt mir sofort Bescheid.‹« Louise rümpft die Nase. »Blödes Geschwätz. Weil er selber ein Angsthase ist, brauche ich es noch lang nicht zu sein. Ich wünschte, ich wäre noch bei euch in der Klasse, bei Fräulein Rood.«

Ronnys Vater kommt herein, gerade als Louise ihr Flugblatt wieder versteckt hat.

»Ich glaube, du hast einen Stein im Schuh, Louise. Gib ihn mir mal.«

Louise macht den Schnürsenkel eines Schuhs auf. Ronny findet es seltsam. Als könne Louise sich nicht selbst ein Steinchen aus dem Schuh holen. Außerdem hat sie überhaupt nicht gehinkt.

Nach der Schule gehen Kees und Louise mit Ronny nach Hause. Sie müssen beim Spielen vor dem Haus bleiben. Seit dem Anschlag auf das Einwohnermeldeamt gibt es viel mehr Sabotage. Die Verteilerbüros für Lebensmittelkarten werden überfallen, weil die Leute vom Untergrund ihren Untertauchern etwas zu essen geben müssen. Militärautos werden beschossen oder in die Luft gesprengt. Manchmal wird ein hoher Deutscher niedergeschossen.

»Jedes Mal gehen wir das Risiko ein, dass die Deutschen sich an uns rächen«, sagt Kees ernst.

»Ich langweile mich zu Tode«, klagt Ronnys Schwester auf dem Bürgersteig vor dem *Atlantic*. Sie nimmt das dicke Seil, das an dem Hebebalken oben am Giebel hängt, um Baumaterial hochzuziehen. Sie dreht das Seil um ihre Taille, dann stellt sie den Fuß in die Krümmung des schweren Hakens und beugt sich nach hinten, wie eine Artistin am Trapez.

»Zieht ihr mich ein bisschen hoch?«

»Von wegen, viel zu gefährlich«, sagt Ronny.

»Nur ein kleines Stück.«

Die drei Großen ziehen sie ein Stück in die Luft.

»Höher«, ruft Y. Sie ziehen an dem Seil, sodass sie ein paar Meter über dem Boden hängt. Mit der einen Hand hält sie sich am Seil fest, mit der anderen winkt sie strahlend einem eingebildeten Zirkuspublikum.

Kees spielt mit. »Meine Damen und Herren«, ruft er. »Applaus. Unsere halsbrecherische Artistin Y Strassburger zeigt ihnen nun ihre schaudererregende Nummer.«

Sie ziehen Y noch ein Stück höher, und immer höher. Ronny will noch rufen: Halt. Aber da ist Y schon am Dach und steigt in die Regenrinne. Dann schreit sie: »Passt auf. Ich zähle bis drei und dann lasst ihr mich wieder runter. Eins, zwei …«

Im Wohnzimmer schenkt ihre Mutter eine Tasse Ersatztee ein. »Es gibt jetzt immer mehr Widerstand«, sagt sie hoffnungsvoll zu Corry. »Und wie tapfer unsere Ärzte sind.«

Plötzlich schießt ihre Tochter am Fenster vorbei nach unten. Mit einem Knall landet die Teekanne auf dem Tisch.

»Siehst du dasselbe wie ich?« Corry macht das Fenster auf, gerade als Y wieder vorbeischießt, nun nach oben.

»Hallo, diese Zirkusartistin beginnt nun ihr halsbrecheri-

sches Kunststück«, hören sie Y rufen. Sie beugen sich aus dem Fenster und sehen über sich eine Hand winken.
»Pass auf, gefährrrlich!«, ruft Corry.
Und Ronnys Mutter kreischt vor Schreck. »Nicht bewegen! Bleib, wo du bist. Und ihr großen Lümmel, sofort ins Haus.«
Erst zerrt sie ihre Tochter aus der Regenrinne und schickt sie zur Strafe in ihr Zimmer. Ergeben lassen die drei anderen unten auf der Glasveranda eine Standpauke über sich ergehen. Das Hämmern und Sägen auf der anderen Seite der Trennwand hört auf. Alle horchen natürlich mit.
»Wir langweilen uns zu Tode, daran liegt es«, erklärt Ronny später den Bauarbeitern.
»Eine schwache Ausrede«, brummt Velthoen, der Zimmermann. »Sogar jemand ohne Gehirn kapiert, dass seine Schwester keine Trapezkünstlerin ist.«
Ronny verteidigt sich. »Sie hat angefangen. Y hat gequengelt. Aber ich kriege immer die Schuld.«
»Du hast doch am Seil gezogen, oder?«
»Was sollte ich denn tun?«, mault Ronny empört. »Man darf einfach nichts. Wir sind schon neun, aber wir dürfen kaum allein über die Straße. Wie sollen wir denn so noch vor der Tür was erleben? Ich kann doch in meinem Alter nicht mehr den ganzen Tag mit Indianern spielen.«
»Willst du schreinern lernen?«, bietet Velthoen an.
Ronny sieht sofort die Möglichkeiten für ihre Widerstandsgruppe. Je geschickter er wird, umso besser wird er später sabotieren können. Er will in ein Einwohnermeldeamt oder in ein Gefängnis einbrechen. Er will den Deutschen auf alle möglichen Arten in die Quere kommen. Deshalb ergreift er die Chance.

Velthoen braucht zehn Klötzchen von einer bestimmten Länge. Ronny ist den ganzen Nachmittag damit beschäftigt, zu messen und zu sägen.
»Dummkopf«, brummt der Zimmermann gutmütig. »Du hast zehn Linien gezogen. Zählen die Millimeter Holz unter den Linien vielleicht nicht mit?« Sofort beginnt Ronny aufs Neue. »Hier auf meiner Handwerksschule«, sagt Herr Velthoen lachend, »lernt sogar ein Sohn des Chefs, was echte Arbeit ist.«
Ronny gibt sich für Velthoen größere Mühe als in der WC-Schule. Er bekommt auch Zeichenunterricht von Künstlern, die sich vor der Zwangsarbeit verstecken und beim Umbau mithelfen. Und er lernt Stuckarbeiten von Herrn van Halm, einem der besten Stuckateure im ganzen Land.
»Vor dem Krieg hat Herr van Halm die Stuckarbeiten im Palais auf dem Dam gemacht«, erzählt Ronnys Vater.

Von draußen sieht das Hotel düster und verlassen aus. Drinnen herrscht eine ungeheure Betriebsamkeit. Im Restaurant unten ist es fast gemütlich. An der Treppenseite ist der Zugang zum Hotel und zu den Privaträumen abgesperrt. Tante Annie und die Leute, die zu Besuch kommen, können also die Männer, die sich vor der Zwangsarbeit verstecken, nicht bei der Arbeit sehen. Und die Fensterscheiben sind mit undurchsichtigem Papier abgeklebt.
Wenn kein Krieg wäre und wenn ich meine Freunde nicht vermissen würde und wenn ich nicht dauernd Lust auf etwas Gutes zu essen hätte, wäre es jetzt sogar schön, denkt Ronny. Ein Restaurant mit Bauarbeitern ist viel netter als mit Gästen. Er zeigt Velthoen sein Buch mit den chemi-

schen Versuchen. »Ich werde mir auf dem Dachboden ein Labor bauen«, vertraut er ihm an.

»Denkst du an ein Entlüftungsrohr?«, warnt der Zimmermann.

Ronny zeichnet seinen Plan. Velthoen geht mit zum Dachboden und ist einverstanden.

Von seinem Taschengeld kauft Ronny in der Drogerie Chemikalien.

»Ich kann dir billig Reagenzgläser und solche Sachen besorgen«, bietet der Drogist an.

Während er an seinem Labor herumbastelt, sucht Ronny so, wie Dick Bos es getan hätte, den Dachboden systematisch nach geheimen Versteckplätzen ab. Hinter einem Haufen altem Zeug findet er ein lockeres Bodenbrett. Er rüttelt es los und findet den Fotoapparat seines Vaters, mit einem Film dazu. Prima! Ronny prägt sich das Versteck gut ein. Er entdeckt auch, wo ihre Fahne versteckt ist, und findet eine Pistole. So, das weiß ich nun auch, denkt er.

Zusammen mit Kees entfernt er die Räder vom alten Kinderwagen. Die Räder montieren sie unter ein Brett, an dem sie drei Seitenbretter befestigen, eine kurze Seite lassen sie offen. Mit dieser Karre können sie dann mit dem Atlanticwall-Club gestohlene Gewehre transportieren.

»Kennst du *Het Parool*?«, fragt Kees plötzlich.

Ronny schaut auf. »Meinst du die illegale Widerstandszeitung?«

Kees nickt. »Gestern stand etwas drin über Gefangene in den Lagern. Die werden ermordet. Aber meine Mutter hat mir nicht erlaubt, es zu lesen. Später habe ich gehört, wie meine Eltern über Gaskammern gesprochen haben. Was meinst du, was das für Kammern sind?«

Ronny wird kreideweiß, zieht die Schultern hoch und zerrt wie verrückt an ihrem Wagen. »Eine Gaskammer«, antwortet er nach einer ganzen Weile, »ist natürlich eine Kammer mit Gas drin ... und mit Menschen.« Sie schauen sich an.

»Aber die sterben dann doch, oder?«, sagt Kees.

Ronny gibt keine Antwort. Keiner von beiden wagt es, laut zu sagen, was er denkt. Erst nach einer Weile unterbricht Ronny die angespannte Stille.

»So, die Karre ist fertig.«

Der Reihe nach rasen Kees und Ronny, auf dem Bauch liegend, mit ihrer Karre die Brücke hinunter, zur großen Freude von Tarzan, der bellend mitrennt. Ronny schafft es gerade noch, einem Mann auszuweichen, der ein schweres Paket schleppt. An einer Mauer kommt er zum Stehen. Der Mann setzt das schwere Paket vorsichtig auf den Bürgersteig. Keuchend nimmt er ein Taschentuch und wischt sich den Schweiß vom Gesicht. Dann macht er ihnen ein verlockendes Angebot. »Wenn ihr diese Last zum Amsteldijk fahrt, bekommt jeder von euch fünf Gulden.«

Ronny und Kees schauen sich an. »Wir müssen kurz nachdenken«, sagt Ronny. Außer Hörweite des Mannes sagt er leise: »Fünf Gulden! So einen Haufen Geld kann unser Atlanticwall-Club bald gut gebrauchen.«

Kees zögert. »Aber wenn unsere Mütter dahinterkommen, haben wir bald einen Haufen Ärger. Wir sollen uns von Fremden fernhalten.«

»Sie sind doch zu dem Laden gegangen, wo es vielleicht Kartoffeln zu kaufen gibt, nicht wahr? Dort müssen sie mindestens ein paar Stunden anstehen.«

Der Mann kommt näher. »Ich kann wirklich nicht mehr! Es ist sehr wichtig, dass dieses Paket sicher ankommt. Ich falle viel zu sehr auf. Du bist doch der Junge aus dem Hotel *Atlantic*?«

Die beiden Freunde schauen sich an. Ronny weiß nicht, warum, aber sein Gefühl sagt ihm, dass es gut ist. »Wir tun es«, beschließt er. »Aber wir gehen nirgends hinein. Abliefern und damit basta. Und einen Fünfer wollen wir als Vorauszahlung.«

Der Mann gibt ihm einen Fünfguldenschein. Zu dritt heben sie das Paket, das so schwer ist wie Blei, auf die Karre. Kees geht voraus und zieht und Ronny schiebt von hinten.

»Ruhig fahren und nirgendwo anstoßen«, warnt sie der Unbekannte. »Ihr fahrt ein Stück vor mir her. Wenn jemand euch anhält, dann habt ihr das von einem Fremden bekommen. Wir gehören nicht zusammen, verstanden?«

Sobald sie außer Hörweite sind, fängt Ronny an zu sprechen. »Wetten, dass Waffen drin sind? Vielleicht sogar eine Bombe.« Er glüht vor Stolz. Ihre erste Widerstandstat. Vielleicht fällt dem unbekannten Mann auf, wie tapfer wir sind, denkt er. Vielleicht bekommen wir noch einen Auftrag. Bald kann sich unsere Widerstandsgruppe dem Widerstand der Erwachsenen anschließen. Als Geusenkinder können wir alle möglichen verbotenen Dinge tun. Zum Beispiel über eine Gefängnismauer klettern. Wenn wir geschnappt werden, brauchen wir nur zu sagen: Wir spielen Räuber und Gendarm, wir haben nichts Schlimmes tun wollen.

An der Ceinturbaan schaut sich Kees ängstlich um. Zwei deutsche Soldaten kommen direkt auf sie zu. Ronny deutet hinter dem Rücken mit dem Daumen nach unten. Er blickt sich unschuldig um und sieht aus dem Augenwinkel, wie sich der unbekannte Mann bückt und tut, als müsse er seine Schnürsenkel binden. Ronny bricht der Schweiß aus. Jetzt wird es Ernst. Er pfeift das deutsche *Horst-Wessel-Lied*, das ihm so verhasst ist. Bevor sie vorbeigehen, nicken ihm die Soldaten zu. Ronny lächelt freundlich zurück und pfeift weiter. Jetzt sind sie fast vorbei. Er atmet schon erleichtert auf.

»Halt, was ist da drin?«

Verdammt, der eine Soldat hat sich umgedreht!

»Spielzeug«, antwortet Ronny beiläufig, »hab ich von meiner Oma gekriegt.« Der Soldat kommt auf ihn zu. Tarzan setzt sich schon hin, um höflich eine Pfote zu geben. Zum ersten Mal ist Ronny froh, dass sein Hund so ein Allerweltsfreund ist, denn der andere Soldat fängt an zu lachen.

»Lass sie in Ruhe, unser Dienst ist vorbei und ich habe Lust auf ein Bier«, ruft dieser Soldat und zieht seinen Kameraden mit.

Uff! Das ist gerade nochmal gut gegangen. Von da an merken die Jungen nicht mehr, wie schwer ihre Karre ist.

Nach einer Viertelstunde stehen sie vor der angegebenen Adresse, einem Malergeschäft am Amsteldijk. Dort gibt ihnen der unbekannte Mann zehn Gulden.

»Das sind fünf Gulden zu viel«, sagt Ronny.

»Ihr habt dem Land einen großen Dienst erwiesen«, sagt der Mann. »Und jetzt vergesst ihr für immer, dass ihr mich getroffen habt.« Sie heben das Paket von der Karre. Bevor der Mann klingelt, sagt er hastig: »Macht, dass ihr wegkommt.«

»Wenn Sie uns noch einmal brauchen, finden Sie mich immer im Hotel *Atlantic.*« Ronny wird plötzlich rot. Dummkopf, verflucht er sich innerlich. Wie oft bist du nicht schon ermahnt worden, nie irgendeinen Fremden merken zu lassen, ob du gut oder falsch bist. »Nie reagieren, wenn jemand behauptet, wir wären falsch, wegen Tante Annie. Es gibt keinen besseren Schutz als ihren zweifelhaften Ruf.« Mit knallrotem Gesicht rennt er mit Kees um die Ecke.
»Großartig«, keucht Kees. »Wetten, dass der vom Widerstand war?«
»Glaubst du das wirklich?«, fragt Ronny erleichtert.

Am folgenden Tag müssen alle Kinder im Haus bleiben. Draußen treiben Soldaten und Polizisten viele, viele Menschen mit einem Stern auf dem Mantel auf Lastwagen.
»Diese Razzia war die letzte. Es war die allerschlimmste, mindestens zehntausend Menschen sind gefangen genommen worden.« Niedergeschlagen berichtet Jacob. »Auch die Vorsitzenden des Judenrats sind abgeholt worden. Ich nehme an, jetzt sind nur noch untergetauchte Juden in Amsterdam.« Und zu Oma und Opa gewendet fährt er fort: »In eurem Viertel sind gerade die Letzten abgeholt worden, und im Flussviertel ebenso. Das Judenviertel war schon leer und Amsterdam-Süd auch.«
Oma schluchzt. »Wenn nur endlich die Alliierten kämen. Die Invasion muss beginnen, bevor sie aus Westerbork in deutsche und polnische Lager deportiert werden.«
»Dort gibt es Gaskammern«, rutscht es Ronny plötzlich heraus. Gegen besseres Wissen hofft er, dass ihn nun jemand fragt, wie er auf diesen Unsinn komme. Aber sie machen unglückliche Gesichter und niemand sagt etwas. Also

stimmt es! Er will fragen, was eine Gaskammer ist, aber er hat zu viel Angst vor der Antwort. Er geht zu seinem Labor. Dort stehen schon an die hundert chemische Stoffe in Glasgefäßen mit einem Stöpsel.
Heute wählt er aus seinem Buch einen besonderen Versuch aus: Feuerwerk machen ohne Streichhölzer.
Seiner Meinung nach sollten zukünftige Geusen so etwas wissen. Er möchte nur noch Dinge lernen, die einem im Widerstand nützen können. Sein Vater sagt immer, dass sie in einem oder zwei Jahren befreit sind. Ronny glaubt das noch nicht ganz. Zur Sicherheit öffnet er die Dachluke. Damit wenigstens das Dach nicht in die Luft fliegt, falls etwas schiefgeht.

An diesem Abend sitzen sie im Wohnzimmer um eine qualmende Karbidlampe. Ronny hat sein Indianerkostüm an, das er im vergangenen Jahr zu Nikolaus bekommen hat. Auf dem Kopf trägt er echten Indianerschmuck.
Weil Tarzan als Jagdhund in Sibirien absolut unbegabt ist, will Ronny Jammerkatze beibringen, an der Leine zu gehen. Dann kann sie mit auf Bärenjagd gehen. Er legt ihr eine Kette um den Hals und zieht daran.
Auf einmal fahren alle erschrocken hoch. Die Katze springt einen Meter hoch in die Luft. Fauchend, jammernd und wild um sich schlagend versucht sie, die Kette durchzubeißen. Sie bleibt mit einem Vorderzahn darin stecken und gibt ein Geräusch von sich, als würde sie ersticken. Alle geraten in Panik. Außer Herr van Halm, dem großen Stuckateur, der bei Ronnys Familie untergetaucht ist. Mit seiner großen Hand packt er die Katze. Ratsch! Sie kratzt ihm den Arm auf. Unbeirrbar erlöst er sie von der Kette.

Als sie wieder frei ist, faucht Jammerkatze Ronny eine Weile an. Aber schon bald streicht sie erleichtert um seine Beine, als Zeichen, dass sie ihm vergeben hat.
Am nächsten Morgen liegt neben Ronnys Frühstücksteller eine Zeichnung von Herrn van Halm. Auf dem Bild liegt ein Kind mit einer Schlafmütze im Bett. Draußen auf dem Dach stehen unter dem Mond zwei Katzen. Darunter steht geschrieben: »Oh! Dieser Dienstagabend vom 7. November.«
»Häng es in deinem Zimmer auf«, sagt Herr van Halm. »Damit du nie vergisst, dass eine Katze kein Hund ist.«

Im Dezember fängt es an zu frieren. Es gibt so wenig Kohlen, dass es drinnen fast so kalt ist wie draußen. Nur stürmt und schneit es dort nicht. Alle laufen, vor Kälte schlotternd, in ihren verschlissenen Kleidern herum. Ronnys Mutter sammelt sämtliche Decken aus den leeren Hotelzimmern. Die Kinder schlafen unter einer schweren Deckenlast. Tarzan darf mit in Ronnys Bett.
»Hört mal, was Annie gemacht hat.« Lachend kommt Onkel Jan herunter. »Sie wollte einen Geneverkrug mit kochendem Wasser füllen, um ihr Bett anzuwärmen. Deshalb goss sie das kalte Wasser vom vergangenen Tag in den Ausguss. Plötzlich hat Kickman aufgestöhnt: ›Annie, unser Genever. Dieser Krug hat mich achthundert Gulden gekostet.‹«
Alle lachen, außer Oma.

Ronnys Mutter sucht schon seit Tagen ein Huhn oder ein Kaninchen für das Weihnachtsessen. Zitternd vor Kälte kommt sie ins Restaurant, wo Ronny und sein Vater beim Umbau helfen. Ronny hat sein Indianerkostüm an.

»In keinem Laden ist etwas zu bekommen«, seufzt sie. »Und auf dem Schwarzmarkt kostet ein Kaninchen ein Vermögen.«
»Warum nehmt ihr nicht die Kaninchen aus dem Schuppen?«, fragt Velthoen. »Soll ich sie für euch schlachten?«
Sofort schnappt sich Ronny ein Beil aus Velthoens Werkzeugkiste und droht ebenso gefährlich wie Brüllender Bär: »Wer sich an Willys Kaninchen vergreift, den trifft selbst das Beil.«
Erschrocken nimmt ihm seine Mutter das Beil ab. »Ronny, so benimmt man sich nicht. Du kannst erklären, was die Kaninchen für uns bedeuten. Wir sind nicht von der WA, man geht nicht einfach auf jemanden los.«
Empört rennt Ronny auf den Gang hinaus, gerade in dem Moment, als die Post durch den Schlitz fällt. Eine Neujahrskarte ist dabei, mit einem Weihnachtsstern darauf. Auf der Rückseite steht ein Gruß: »Die besten Wünsche, Familie R.«
»Jacob, ist das eine Karte von den Leuten, denen das Haus gehört, wo wir die Sachen abgeholt haben?«
»Die sollten wir doch vergessen, oder?«, antwortet sein Vater.
Aufmerksam betrachtet Ronny die Karte. Die Briefmarke ist in den Niederlanden abgestempelt. Die Leute sind bestimmt mit Hilfe seiner Eltern untergetaucht. Warum haben sie Willy dann nicht auch geholfen, unterzutauchen? Er starrt den Satz an: Die besten Wünsche …
Im Wintergarten sitzt ein zitternder Kunde bei seinem Ersatzkaffee. Als er sich verabschiedet, nimmt er den Hut ab. »Ein glückliches Weihnachtsfest wünsch ich.«

»Was man glücklich nennt«, rutscht es Ronny heraus. »Alle Juden sind weg.«
»Ronny«, schimpft seine Mutter, sobald der Gast weg ist. »So etwas sagt man nicht.«
»Ach, tut man das nicht?«, schreit Ronny. »Willy ist bestimmt schon tot. Wenn ich nicht gewesen wäre, würdet ihr seine Kaninchen aufessen. Ein glückliches Fest und die besten Wünsche.«
Ein roter Fleck erscheint auf dem Hals seiner Mutter, ihre Lippe zittert. Ronny tut es schon leid, was er gesagt hat, aber er bekommt es nicht über die Lippen. Auch nicht, als sie mit gesenktem Kopf wegläuft.
»Ronny, komm mal her«, ruft Velthoen. Als Ronnys gekränktes Gesicht hinter der Trennwand auftaucht, fragt er: »Sind deine Kaninchen etwa von einem Freund in Not, um es mal so zu sagen?«
Ronny nickt.
Zu seiner Überraschung sagt Velthoen: »Dann hätte ich an deiner Stelle die Tierchen auch verteidigt. Du bist ein guter Junge und ein prima Zimmermann. Du taugst was, auch wenn du ein Herrensöhnchen bist.« Nach dieser für seine Verhältnisse langen Ansprache verfällt Velthoen in sein übliches Schweigen. Aber Ronny kennt ihn inzwischen gut genug um zu kapieren, dass er soeben ein Mordskompliment bekommen hat.
Sein Vater kommt ins Restaurant. »Velthoen, dieses Ebenholz muss zu dem italienischen Bildhauer Carasso. Aber wie bekomme ich es zu ihm in die Zomerdijkstraat?«
»Mit meiner Karre natürlich«, ruft Ronny.
Sein Vater zögert. »Ich weiß nicht, ob Do damit einverstanden ist. Das ist ein ganzes Stück weit weg, und mit all die-

sen deutschen Racheaktionen wird es auf der Straße von Tag zu Tag gefährlicher.«
»Wenn ihr ihn nie etwas allein machen lasst, lernt der Junge doch nie, auf sich aufzupassen«, brummt Velthoen mit einem Zwinkern zu Ronny.
Noch am selben Nachmittag fahren Ronny und seine Schwester mit dem Karren, auf den ein großes Stück dunkles Holz in einem Leinensack geladen ist, zur Zomerdijkstraat im Flussviertel. Ein netter Mann macht ihnen die Tür auf.
»Aha, ihr kommt, um Carasso froh zu machen«, sagt er mit einem seltsam singenden Akzent. In seinem Atelier geht er um den dunklen Holzblock herum.
»Die Figuren sitzen schon drin, ich brauche sie nur zu befreien«, erklärt ihnen der Bildhauer. »Wir müssen uns auf die Suche nach Seebewohnern machen, weil euer Hotel nach dem Ozean benannt ist.« Noch einmal umkreist er das rohe Holz und kneift ein Auge zu. »Aha, ich sehe einen Delphin.«
Während Carasso das Holz mit einem Meißel bearbeitet, fallen Ronny bald die Augen aus dem Kopf, so viel gibt es zu sehen. Überall stehen Figuren oder liegen halb bearbeitete Steinbrocken und Holz herum und allerlei seltsames Werkzeug. Als sie am Tag danach wieder hingehen, um nachzuschauen, sehen sie schon deutlich einen Fisch. Am dritten Tag steht ein kleiner Delphin auf einer Säule. Carasso schlägt mit einem Meißel Trauben heraus, danach ein Seepferdchen und ein Seeteufelchen.
Von nun an fahren die Kinder jede Woche mit der Karre voll Holz zur Zomerdijkstraat. Stundenlang spielen sie im Atelier. Dann kehren sie mit ein paar Skulpturen, in alte

Lappen gewickelt, zum Hotel *Atlantic* zurück. Jede Enthüllung ist ein Fest.
»Was für ein Meister, dieser Carasso, was für Kostbarkeiten der Phantasie.« Die Künstler und Arbeiter, die untergetaucht sind, um der deutschen Zwangsarbeit zu entgehen, sind voller Bewunderung für diese Kunstwerke.

Am Weihnachtsabend ist es klirrend kalt. Aber Ronnys Mutter stellt mit zufriedenem Gesicht eine dampfende Schüssel auf den Tisch.
»Oh, Kaninchen«, rufen alle entzückt. Als Ronny seiner Katze ein Stückchen abgibt, lacht sein Vater. »Eine edle Katze, ehrlich, isst Kaninchen für über sechshundert Gulden!«
Oma gibt ihr Stück an die Kinder weiter. Erst als sie alles aufgegessen haben, verrät sie kichernd, warum. »Der Schwanz war mir zu lang.«
»Oh, Jacob«, ruft Ronnys Mutter erschrocken. »Der Schwarzhändler hat dir eine Katze angedreht. Ich fand den Geschmack schon so typisch.«
»Jammerkatze, du bist eine kleine Kannibalin«, flüstert Ronny.
Mit einem angewiderten Blick auf die abgenagten Knochen überlegt Y zögernd, ob es einen Unterschied macht, ob man nun Katzen oder Kaninchen aufisst. »Beide können einem gleich leid tun«, beschließt sie endlich.
Am Tag nach Weihnachten spielt Louise bei Ronny. »Mein Vater hatte zu seinem Geburtstag eine Dose Suppe aus unserem Versteck bekommen«, erzählt sie. »Wir haben sie für Weihnachten aufgehoben, aber sie war voller Sand. Ganz unten fanden wir einen Zettel, auf dem stand: FRESST

SCHÖN, IHR SCHEISSMOFFEN. In den Fabriken wird also auch sabotiert. Es ist ja auch wirklich schlimm, dass all unser Essen nach Deutschland geht.«
Ronnys Vater kommt herein. Er findet schon wieder, dass Louise humpelt.
»Reg dich doch nicht auf, Jacob«, sagt Ronny.
Aber Louise gibt ihm ihren Schuh und danach will sie sofort weg.

Ronny fühlt unwiderruflich den Tag näher rücken, an dem die Erwachsenen Grunz schlachten werden. Der ganze Vorrat ist aufgebraucht, und auf dem Schwarzmarkt ist Fleisch unbezahlbar. Außerdem sagt Opa oft warnend: »Gewöhn dich dran, dass Grunz bald nicht mehr da ist.«
»Dass du es nur weißt, ich esse Grunz nie«, antwortet Ronny dann böse.
»Alles Fleisch stammt von einem Grunz. Dadurch bekommen auch ein paar Untertaucher etwas zu essen.«
Mit einer tiefen Falte in der Stirn mischt Ronny in seinem Labor Kaliumpermanganat mit Aluminiumpulver und einem bisschen Schwefelsäure. Ob Papa Hanny bald Fleisch von Grunz bringen wird?, denkt er. Seltsam, er glaubt noch immer, dass sie ganz in der Nähe ist.
Plötzlich braust es wie verrückt in seinem gläsernen Mischgefäß. Schnell nimmt Ronny den Eimer mit Löschwasser. Aber es geht gut. Nun muss er etwas erhitzen, aber das geht nur in ihrer privaten Küche. Dort sitzt ein Unbekannter und unterhält sich mit seiner Mutter. Ronny kann ihn von Anfang an nicht leiden, er kommt ihm verdächtig vor.
»Ronny, zeigst du diesem Herrn mal schnell Zimmer acht?« Widerwillig gehorcht er.

Beim Zubettgehen warnt ihn die Mutter: »Wenn du wach wirst und wir sind unten beschäftigt, will ich dich dort nicht sehen, verstanden?«
Sobald Ronny die Treppe knarren hört, schleicht er zu seiner Schwester.
»Grunz wird heute Nacht ermordet. Wetten, dass dieser Kerl in Zimmer acht ein Widerstandsmann mit einer Pistole ist?«
»Ich höre nichts«, flüstert sie nach einer Weile.
»Er hat natürlich einen Schalldämpfer drauf«, erklärt Ronny.
Am folgenden Tag, mittags nach der Schule, riecht er schon unten an der Treppe den Duft von gebratenem Fleisch. Seine Mutter steht singend in der Küche.
»Hmm«, sagt der Unbekannte. »Der Geruch von Braten, das ist lange her.«
»Gemeine Mörder«, ruft Ronny. »Ich esse Grunz nicht.« Er rennt in den Schuppen, der Schweinestall ist leer. Er nimmt Bianca in den Arm. »Aber von dir und Vlekje werden sie die Finger lassen.«
Ein paar Tage später essen sie schon wieder gebratenes Schweinefleisch. Ronnys hungriger Magen knurrt laut.
»Grunz wäre doch verhungert«, sagt Oma. »Dann können wir ihn genauso gut aufessen.«
»Sie«, sagt Ronny. »Grunz war ein weibliches Schwein.«
»Es schmeckt ganz normal«, sagt Y tröstend.
Da isst Ronny seinen Teller auch leer. Er hofft, dass Hanny auch ein Stück von Grunz abbekommen hat. Dann fühlt er sich ein bisschen weniger schuldig.
Eine Weile essen sie nun alle paar Tage Fleisch. Als alles aufgegessen ist, werden die Kühlkammern abgetaut, denn

es gibt öfter keinen Strom, als dass es welchen gibt. Von nun an essen sie nur Kartoffeln oder Bohnen und höchstens mal Gemüse aus Dosen.
Allmählich ist Ronnys Familie die einzige mit einem Radioapparat, der dazu auch noch funktioniert. Denn sobald es vorübergehend Strom gibt, lädt Jacob den großen Akku auf. Heimlich lauschen die Freunde der Eltern im verlassenen Hotel *Atlantic* auf den Sender Oranje. Und die untergetauchten Umbauarbeiter sind mucksmäuschenstill.
»Das *Atlantic* ist wie ein Schiff auf einem Ozean voller Elend«, sagt ein Besucher nach einer Sendung von Radio Oranje.

Oft liegt Ronny unten in dem verlassenen Hotel auf dem Boden und schaut Herrn van Halm zu, dem besten Stuckateur des Landes. Er bringt Gipsverzierungen an der neuen, weißen Decke an, die unter der alten hängt. Erst hat Ronny gesehen, wie an der alten Decke etwa ein Meter lange Stricke befestigt wurden, die in Haken endeten. Daran wurde eine neue Decke montiert. Das Restaurant ist nun viel niedriger geworden. Mitten in der herabgezogenen Decke ist ein großes Oval, das nach innen gewölbt ist.
»Wenn nach dem Krieg wieder alles zu kriegen ist, kommt in dieses Oval eine indirekte Beleuchtung«, sagt Herr van Halm. Plötzlich spitzen sie die Ohren. Draußen fährt ein Auto vor. Die Deutschen sind fast die Einzigen, die noch Benzin haben, jeder Motor bedeutet also Gefahr. Herr van Halm steigt schnell die Leiter herunter und läuft zur Tür.
Es wird geklingelt. Blitzschnell stellt van Halm eine Leiter an die Wand des Nebensaals. Oben in der Mauer öffnet er

eine unsichtbare Luke. Nun sieht man das Versteck, ungefähr einen Meter hoch, zwischen der alten und der neuen Decke. Blitzschnell kriecht er hinein. Ronny macht gerade die Luke hinter ihm zu, als sein Vater ins Restaurant stürmt. Ronny stellt die Leiter zurück, während Jacob sein Jackett auszieht. Mit einer Hand im Eimer Gips ruft er: »Mach auf und halte sie mit Reden auf.«

Auf der Schwelle stehen zwei Männer in der Uniform der grünen Polizei.

»Guten Tag«, sagt Ronny höflich. »Ich rufe meinen Vater. Was kann ich ihm melden?«

»Arbeitskontrolle.«

»Einen Moment.« Ronny versucht, Zeit zu gewinnen. Aber die Soldaten stoßen ihn grob zur Seite und rütteln an der abgeschlossenen Tür des Restaurants. Bevor sie eintreten können, öffnet der Vater von innen. Er trägt den Arbeitskittel Gerard van Halms und hat Gips auf den Armen und in den Haaren. Er stellt sich so fröhlich, als gäbe es keine angenehmere Überraschung als einen Besuch von deutschen Soldaten. Misstrauisch schauen sich die beiden Soldaten um. »Wo sind Ihre Arbeiter?«

»Jeder ordentliche Zimmermann oder Stuckateur arbeitet in Deutschland«, antwortet Jacob. »Abgesehen von einem alten Facharbeiter liegt nun alles auf meinen Schultern, obwohl ich so viel mit meinem Knie zu tun habe. Das wird noch Jahre dauern. Finden Sie den Entwurf nicht auch wunderschön?«

Die Soldaten schauen nicht hin, sie öffnen die Schränke und suchen herum. Ronnys Vater wirft seinem Sohn einen Blick zu und macht eine unmerkliche Kopfbewegung in Richtung Treppe.

»Ich muss mal schnell aufs Klo«, murmelt Ronny und rennt zum Wohnzimmer, während sein Vater die Soldaten fragt, woher sie kommen.
»Was für ein Zufall«, hört Ronny ihn schmeicheln. »Dort war ich oft Schiedsrichter bei internationalen Wettbewerben.«
Oben sieht Ronny die Gefahr sofort: Ihr Kristallempfänger liegt offen auf dem Tisch! Er stopft ihn in einen Wollknäuel, den er gerade unten in den Flickkorb geschoben hat, als der eine Soldat, der ihm offenbar gefolgt ist, misstrauisch seinen Kopf in die Tür steckt.
Er verlangt, dass Ronny ihn durch alle Hotelzimmer führt. Der Soldat öffnet die Schränke und schaut unter die Betten. In Zimmer sechs hält Ronny die Luft an. Der Soldat wühlt sogar im Sägemehl seiner Kiste mit den weißen Mäusen. Er untersucht Ronnys Schrank und setzt sich hin. Sein Fuß berührt locker DEN runden Tischfuß.
Er nimmt Ronnys Skizzenbuch. Das Heft mit dem Etikett Atlanticwall fällt heraus. Das c hat Ronny durchgestrichen, sodass es aussieht wie ein Schreibfehler. Nach einem Blick auf die irreführenden deutschen Propagandabilder steht der Soldat auf und geht zum Flur.
Als die beiden Soldaten eine Stunde später endlich weggehen, wischt Ronny sich die Schweißtropfen von der Stirn. Er nimmt die Leiter, um Herrn van Halm zu befreien. Grinsend kriecht der Stuckateur aus seinem selbst entworfenen Versteck.
»Eine hervorragende Zwischendecke, Platz genug für ein ganzes Waisenhaus.«

»Diesen Sommer holen wir geräucherten Speck in Brabant«, sagt Ronnys Mutter, als die Kinder gierig ihre karge Mahlzeit verschlingen. »Dann legen wir neue Vorräte mit Kartoffeln, braunen Bohnen und Erbsen an.«
»Wetten, dass in diesem Sommer die Invasion schon beginnt?«, prophezeit ihr Mann. »Alles deutet darauf hin.«
Ständig fliegen Bomber donnernd über sie hinweg. So wie die Deutschen erst England bombardiert haben, bombardieren die Engländer jetzt deutsche Städte. Nachts liegt Ronny ängstlich im Bett und lauscht auf das Dröhnen und das Schießen der Flugabwehr in der stockdunklen Stadt. Angenommen, ein Bomber stürzt auf unser Hotel? Dann werden wir unter den Trümmern begraben, zusammen mit dem armen Piloten.
Tagsüber sieht Ronny unter den Sträuchern neben dem Spielplatz ein Flugblatt liegen, wie Louise eines hatte. *Der fliegende Holländer!* Rasch schaut er sich um, bevor er das streng verbotene Papier blitzschnell unter seinen Pullover stopft.
»Weißt du genau, dass dir niemand gefolgt ist?« Besorgt schaut seine Mutter kurz darauf aus dem Fenster.
»Sie sind schon in Italien!«, ruft Ronny, über das Blatt gebeugt. »Jetzt ist Nordeuropa bestimmt auch bald dran.« Er liest laut: »Die Schlacht bei Kursk, wo die Deutschen von den Russen zurückgeschlagen wurden, ist die größte Panzerschlacht der Geschichte. Schau mal, Mama, wie geschickt: ›Anweisungen für Bundesgenossen. Wie können Sie den Befreiern helfen?‹
Wir müssen alle Garagen in der Gegend auswendig lernen. Du musst wissen, woher die Wasserzufuhr kommt. Wer in einer Stadt wohnt, soll eine Karte von der Hauptstraße

zeichnen, mit dem Namen aller Seitenstraßen, die in sie münden.«

Ronny geht zu seinem Garten und lässt sich entzückt auf die Knie fallen: Ein Schneeglöckchen steckt sein Köpfchen aus dem eiskalten Boden.
»Bald, wenn die Sonne scheint und es wieder warm wird, kommen die Befreier«, flüstert er, als glaube er noch immer an die Erdmännchen.
Beim folgenden Treffen des Atlanticwall-Clubs legt Ronny die Anleitungen für Bundesgenossen auf den Tisch.
»Das bedeutet, dass es nicht mehr lange dauert bis zur Befreiung. Dann verbrennen wir alle Schilder mit FÜR JUDEN VERBOTEN, wir brechen die Mauer ab und alle Rückseitler kommen wieder.«
Heilfroh, dass sie wenigstens etwas tun können, fertigen die drei Kinder einen Stadtplan für die alliierten Soldaten.
»Du musst nicht Straße schreiben, sondern ›street‹«, sagt Louise.
Ronnys Vater kommt herein. »Bist du in eine Pfütze getreten, Louise? Gib mir deine Schuhe, ich trockne sie dir.«
Beim Zeichnen erzählt Ronny, was er über Amerika weiß.
»Sie haben ein Getränk, das heißt *Coca-Cola*. Kurz vor dem Krieg hat ein Lieferant eine Flasche mitgebracht. Es schmeckt eklig und lecker zugleich.«
»Ich wünschte, wir hätten auch ein Restaurant«, sagt Louise zum soundsovielten Mal seufzend. Eifrig arbeiten sie an ihrem Stadtplan. Kees hofft, dass die Alliierten an der holländischen Küste landen.
»Bestimmt nicht, so dicht bei Deutschland ist ungünstig«, sagt Ronny. »Ich glaube, Frankreich oder Norwegen.«

»Was muss man eigentlich zu den Befreiern sagen?«, überlegt Louise.
»Ganz einfach: Welcome my liberator«, sagt Kees.
»Ach, komm«, protestiert Ronny. »Das heißt, willkommen, mein Befreier, dann bist du genau wie ein Mof, der ›mein Führer‹ brüllt.« Ronny hebt die rechte Hand, knallt die Absätze zusammen und brüllt: »Heil Hitler.« Zugleich tut er, als ließe er einen lauten Furz.
Als sie sich ausgelacht haben, beschließt Louise: »Wir sagen einfach: Welcome liberator. Das bedeutet: Willkommen, Befreier. Das klingt gut.«
Und Ronny schlägt vor: »Sollen wir ein bisschen Befreiung spielen?«
Kurz darauf springt Ronny draußen von der Terrassenmauer. Louise und Kees rennen jubelnd auf ihn zu und rufen laut: »Welcome liberator!«

12. D-Day

Als die lang erwartete Befreiung endlich beginnt, schlafen alle Bewohner des Hotel *Atlantic* tief und fest. Alle außer dem Hoteldirektor Jacob Sweering, der wacht am Radioapparat. Plötzlich schallen seine Jubelschreie durch das stille, dunkle Gebäude.
»Die Invasion hat begonnen! Do, sie sind gelandet! Corry, Papa, Mutter.« Er stürmt in die Zimmer der Kinder. »Die Alliierten sind in Frankreich gelandet, es ist D-Day.«
Das ist bestimmt wieder so ein schöner Traum, denkt Ronny. Gleich wache ich auf und dann ist es doch nicht wahr. Da träume ich lieber noch ein bisschen weiter, wie schön es wäre, wenn wir heute befreit würden.
»Aufwachen!«, ruft sein Vater.
Zur Sicherheit öffnet Ronny das eine Auge einen Spalt breit. Sein Vater beugt sich über ihn. »Komm mit zum Radio! Die Befreiung hat begonnen.«
Sofort ist Ronny hellwach. Im Nu sitzt er am Radio. Die Bewohner, Gäste und Untertaucher des Hotels *Atlantic* weinen und lachen gleichzeitig. Die Stimme des Sprechers klingt feierlich und gerührt.
»6. Juni 1944. Heute, am frühen Morgen, haben die alliierten Seestreitkräfte, unterstützt durch eine starke Luftmacht, an der Nordküste Nordfrankreichs, in der Normandie, Truppen an Land gesetzt.«
Dann erklingt die dunkle Stimme des englischen Premierministers Churchill. »Dies ist D-Day. In diesem Jahr werden wir die Deutschen endgültig besiegen.«

»Was meint er mit D-Day?«, fragt Ronny.

»Decision-day, der Tag, an dem die Entscheidung fällt«, antwortet sein Vater.

»Nein«, sagt die Mutter, »meiner Meinung nach heißt es debarcation day. Der Tag, an dem die Befreier mit Schiffen kommen.«

Ein paar Stunden später geht Ronny zur Schule. Das ist DER Tag, von dem er schon seit vier Jahren träumt. Am liebsten würde er es laut herausschreien: Sie kommen, wir werden befreit! Die Alliierten hauen alle Moffen in die Pfanne. Aber die Deutschen und ihre Verräter sind noch immer die Herren im Land. Niemand wagt zu jubeln, aber es hängt etwas ungreifbar Fröhliches in der Luft. Eine Frau zwinkert Ronny zu, viele Leute lächeln sich im Vorbeigehen zu. Plötzlich merkt Ronny, dass alle es wissen. Die Leute schlurfen nicht mehr, sie gehen mit energischen Schritten die Straße entlang. In der Schule herrscht eine aufgekratzte Stimmung.

In der Pause spielen sie Befreiung, keiner kümmert sich mehr um Tomtom. »Ich bin einer der zweihundertfünfzig niederländischen Piloten in der englischen Luftwaffe. Ich bin ein RAF-Pilot«, schreit Louise.

»Ich bin General Bradley von der zwölften Armeedivision, ich durchbreche die deutsche Front«, ruft Kees. Jeder will General Patton sein, der am schnellsten von allen vorrückt. Sie losen darum, Ronny gewinnt. Mit der dritten Division nimmt er die Stadt Avranches in der Normandie ein. Wer Pech hat, muss die Rolle eines Deutschen übernehmen, er muss sich krümmen und tot zu Boden fallen.

Zu Hause markieren Ronny und seine Schwester mit Stecknadeln auf einer Landkarte die Stellen, an denen die Alliierten gelandet sind. Jeden Tag können sie die Stecknadeln versetzen, so schnell kommt der Aufmarsch vorwärts, immer näher an die Niederlande. Dauernd donnern englische und amerikanische Bomber durch die Luft, um deutsche Städte und Fabriken zu zerstören. Aber im Radio Hilversum brüllt Hitler, dass er seine Widersacher mit einem Schlag vom Erdboden wegwischen werde.

»Opa, Hamburg, Berlin, Stuttgart und Essen sind schon plattgebombt«, jubeln die Kinder.

Der Großvater schüttelt seinen weisen, grauen Kopf. »Arme deutsche Kinder. Eine ganze Menge von ihnen haben schon keinen Vater mehr, jetzt verlieren sie vielleicht auch noch ihre Mutter.«

»Dann hätten sie ihre Finger von unseren Juden lassen sollen«, sagt Ronny.

Opa schüttelt den Kopf. »Die Kinder haben ihnen doch nichts getan, oder?«

»Bestimmt sind sie bei der Hitlerjugend«, widerspricht Ronny.

»Das ist Pflicht, sie müssen Mitglieder sein«, sagt Opa.

»Pssst«, ruft Ronnys Mutter am Radio. »Brüssel ist schon befreit und Antwerpen auch. Vielleicht sind wir schon vor den großen Ferien frei!«

Ronny, Louise und Kees halten es fast nicht mehr aus. Wann kommen die Niederlande an die Reihe?

Am Dienstag, dem 5. September, kommt das Gerücht auf, dass die Engländer schon in Breda stehen. Jubelnd laufen die Leute durch die Straßen, und es klingt laut, als hätten sie Holzschuhe an. Weil neue Schuhe nicht mehr zu bekommen sind, laufen viele Frauen auf Holzsohlen, die mit bunten Bändern gehalten werden. Aus dem Fenster sieht Ronny einen langen Zug Soldaten vorbeiziehen, aus der Stadt hinaus.

Jetzt marschieren sie nicht im Schritt. Und kein Einziger singt, dass er nun nach Engelland fahren will. Sie schlurfen und werfen scheue Blicke über die Schulter zurück. Manche geben eine Geneverflasche weiter. Andere schieben Karren mit gestohlenen Dingen. Und wieder andere fahren mit gestohlenen Autos davon. Eine Gruppe von Soldaten fährt auf Rädern in Richtung Bahnhof.

Sind diese ungeordneten Angsthasen dieselben Menschen wie die ehemaligen Besatzer? Die so genannten Übermenschen? Ronny traut seinen Augen nicht. »Schaut nur«, ruft er, »deutsche Soldaten fliehen, bevor die Alliierten da sind. Sie haben zu viel Angst, um zu kämpfen.«

Ein Nachbar hängt eine rot-weiß-blaue Fahne raus.

»Ich hole unsere Fahne auch.« Ronny ist schon auf dem Flur, aber seine Mutter traut der Lage noch nicht.

»Wir dürfen unsere Untergetauchten nicht gefährden. Hier hast du Buntpapier. Kleb schon mal englische Fähnchen, zum Winken, wenn die Alliierten in die Stadt ziehen.«

Aber es gibt keine Nachrichten mehr über den Vormarsch. Wie ist das möglich? Auch am folgenden Tag hören sie noch nichts.

Nach ein paar Tagen sieht Ronny sogar wieder deutsche Soldaten auf der Straße, aggressiver als je zuvor. Wo bleiben die Engländer, die Kanadier oder Amerikaner?

Erst nach einer ganzen Woche der Unsicherheit ruft Ronnys Vater: »Kommt schnell, die Königin hält eine Ansprache.«

Wilhelmina fordert das Eisenbahnpersonal zum Streik auf,

um so die deutsche Wehrmacht daran zu hindern, Truppen und Material zu verlegen.
Oma reagiert wütend. »Das hätte sie verlangen sollen, als unsere Juden weggebracht wurden. Sie sitzt sicher in London, während die Moffen hier die Streikenden abknallen.«
Wie ein Lauffeuer verbreitet sich ein Bericht des englischen Radios in der Stadt: Über Arnheim und Nijmegen springen Fallschirmspringer mit roten Baretten ab. »Der ganze Himmel soll mit diesen *red devils* übersät sein«, erzählt Ronnys Vater. »Das ist ihr Spitzname, rote Teufel.«

Ziemlich der gesamte öffentliche Verkehr liegt still. Viele Lokführer tun, was die Königin über das Radio verlangt hat: Sie streiken.
»Jeder Mann auf der Straße ist in Gefahr, bis die Alliierten hier sind«, berichtet Kees in der Schule. »Die Moffen toben. Es fährt auch kein Zug mehr. Viele Eisenbahnangestellte sind untergetaucht.«
»Jetzt können die Moffen keine Munition mehr beibringen«, antwortet Ronny zufrieden. »Sie werden in die Pfanne gehauen.« Täglich flüstert er den anderen die Nachrichten vom Sender Oranje zu: »General Eisenhower steht schon am Rhein.«
Sie spielen jetzt oft Fallschirmspringer. Mit etwas Rotem auf dem Kopf springt eine Gruppe Kinder mit einem alten Regenschirm von einer Mauer oder einer Treppe auf die Straße. Andere Kinder jubeln: »Welcome liberator. Hurra, es lebe die Freiheit.« Nach einem Gefecht auf Leben und Tod sind es immer die roten Teufel, die gewinnen. Manchmal kommt eine Mutter oder eine Lehrerin und mahnt:

»Nicht so laut, wenn ihr Englisch sprecht, passt doch noch ein bisschen auf.«
Aber die ganze Stadt zittert vor Aufregung. Wo werden sie in Amsterdam einziehen? Wird es Kämpfe geben? Überall wird geflüstert und gerätselt.

Am Ende der Woche bereitet das Radio der Feststimmung ein Ende. Die deutsche Wehrmacht greift die alliierte Vorhut aus Fallschirmspringern an. Soldaten und Zivilisten kommen in den Wäldern von Arnheim um, der Stadt, die schon ganz in Schutt und Asche liegt. Es soll Tausende von Toten gegeben haben.
Und dann meldet das Radio etwas, was niemand hören will: »Die Deutschen haben die alliierten Fallschirmspringer bei Arnheim geschlagen.«
Ronny weint vor Enttäuschung, Trauer und hilfloser Wut. Unterhalb der großen Flüsse, in den Provinzen Brabant und Limburg, sind die Menschen frei. Aber in allen Provinzen oberhalb, in Nord- und Südholland, in Friesland, Groningen und Drenthe und in Gelderland und Overijssel bleiben die Deutschen an der Macht.
Vielleicht sehe ich Willy und Hanny und Saartje und die anderen Rückseitler nie wieder, denkt Ronny verzweifelt. Ein tiefer, heftiger Hass gegen alles Deutsche steigt in ihm auf. Er hasst die ungerechte Welt, in der Naziterror und Faschismus immer gewinnen.
Am folgenden Tag schon nehmen die Deutschen die Zügel wieder fest in die Hand. Autos, Pferde, Wagen und Karren, alles, was fährt, kann beschlagnahmt werden. Das Cabriolet der Sweerings steht schon lange nicht mehr in der Garage hinter dem Hotel, sondern bei einem Freund.

»Wenn sie dort kontrollieren, sind wir ihn los. So einen einzigartig grünen Peugeot wie meinen lässt sich kein Mof entgehen«, prophezeit Ronnys Vater.
»Na ja, sie sind noch schlimmer als die Moffen«, ruft Ronny am Fenster. »Auf der Brücke nehmen Mitglieder des Polizeikorps der NSB anderen die Räder weg.«
Ronnys Mutter und sein Großvater stellen sich zu ihm. Ein Radfahrer versucht zu fliehen. Sofort fallen Schüsse. Ronny wird wütend. »Die Kollaborateure geben noch nicht mal einen Warnschuss ab. Wie können Holländer nur die Drecksarbeit für die Deutschen machen?«
»Es gibt nichts Schlimmeres als das Polizeikorps der NSB«, sagt Opa. »Macht euch auf was gefasst, das kann ein sehr unangenehmer Winter werden.«
Die Männer des Polizeikorps nehmen den Leuten wochenlang die Räder ab. Von der Ladenpassage aus sieht Ronny Tausende von Rädern in dem Park verrosten, wo einmal der Industriepalast stand.
Oft fahren Lastwagen durch die Straßen. Willkürlich packen Soldaten männliche Passanten und bringen sie weg. Niemand weiß, wohin. Jeder Vater, jeder Mann oder Junge von über fünfzehn ist in Gefahr. Der Wintergarten wird nun auch zugemacht, alle jungen Kellner bleiben drinnen.
Ronny steht mit seinem Vater vor dem Hotel und starrt hinüber zur Stadhouderskade. Dort steht ein millionenschwerer, zusammengestohlener Wagenpark: Mercedes, Bugattis, Alfas. Alles teure Automarken.
»Ich habe gehört, dass die Männer, die sie nun schnappen, deutsche Verteidigungslinien anlegen müssen«, sagt Jacob und unterbricht sich aufgeregt. »Hab ich mir's doch gedacht, dort steht unser Cabriolet. Siehst du den schwarzen

Mercedes vor der Polizeiwache? Zwei Autos nach rechts, das ozeangrüne Klappdach, das ist mein Cabriolet.«
»Vielleicht gehört das da jemand anderem«, sagt Ronny hoffnungsvoll.
Sein Vater schüttelt den Kopf. »Wenn es in Amsterdam noch so ein Auto gegeben hätte, hätte ich das gewusst. Kommst du mit?«
»Gib acht, Jacob. Die Moffen passen scharf auf.«
»Lass das mal meine Sorge sein.« Sie überqueren die Brücke und gehen hinüber zu den Soldaten, die die Autos bewachen.
»Guten Morgen, die Herren.« Nur wer Ronnys Vater gut kennt, kann hören, dass seine Freundlichkeit gespielt ist. »Wir sind sozusagen Nachbarn.« Jacob Sweering deutet zu dem verlassenen Hotel *Atlantic* hinüber, das noch immer geschlossen ist. Nach einer Viertelstunde schütteln sich die Männer herzlich die Hand.
»Bekommst du das Auto zurück?«, fragt Ronny aufgeregt, als sie außer Hörweite sind.
»Erst mal Vertrauen gewinnen. Dieses Diebesgut geht vorläufig nicht nach Mofrika, wie ich verstanden habe.«
Und später begrüßt er fröhlich einen Freund, der zum Radiohören gekommen ist. »Guten Tag, Siem.«
Es gibt nur schlechte Nachrichten. Die Häfen von Rotterdam und Amsterdam werden zerstört. »Züge fahren nun mit Deutschen und NSB-Personal und die transportieren nur ihre eigenen Sachen«, sagt Siem.
»Soweit es sie betrifft, können wir verrecken, so wie ihre Familien unter der alliierten Bombardierung«, erklärt Velthoen unten. Ronny ist empört. »Aber es war doch Hitler, der mit den Bombardierungen angefangen hat.«

Zusammen mit seinem Vater macht Ronny nun oft ein Schwätzchen mit den deutschen Bewachern der Autos. »Glaub ja nicht, dass solche Luxuswagen für normale Soldaten wie uns sind«, sagt einer. »Wir dürfen uns in diesem Scheißkrieg zu Tode kämpfen. Aller Luxus geht an die hohen Nazibonzen weit hinter der Front. Sie sind noch schlimmer als die alten Machthaber. Dass wir auf sie reingefallen sind!«

Jacob schlägt ihm auf die Schulter. »Mein Krieg ist es auch nicht.« Plötzlich ruft er mit gespielter Überraschung. »Das ist ja was! Da steht mein Auto!«

Der Soldat geht hin. »Ein schönes Cabriolet. Sind Sie sicher?«

»Und ob. Das Stahldach kann man während der Fahrt zusammenklappen. Davon sind nur vier Autos für die Automessen gemacht worden. Ich habe ihn 1934 gekauft, als mein Sohn geboren wurde. Was war ich stolz, mein erstes Kind und mein erstes Auto. Ich habe ihn ozeangrün spritzen lassen, die Farbe des Atlantiks, und die Kotflügel im Grün der Brabanter Bäume. Ronny, holst du mal die Autopapiere?«

Als Ronny zurückkommt, beklagen sich die Soldaten gerade bei seinem Vater. »Genever in Vorkriegsqualität gibt es nur für Nazibonzen.«

Jacob Sweering zwinkert. »Das hängt davon ab, ob man die richtigen Menschen kennt.«

Sofort fragt der Soldat, ob er sehr an seinem Auto hänge.

»So wie Sie an Genever«, antwortet Jacob. Und dann fangen die Männer an zu tuscheln.

Eines Abends, nicht lange danach, wacht Ronny auf. Er schleicht sich zum Zimmer seiner Eltern. Das ist leer, und das Wohnzimmer auch. Nur seine Schwester liegt in ihrem Bett und schläft. Der Flur sieht dunkler aus als sonst. Nervös schaut Ronny sich um. Wer steht dort in der Ecke? Der Geist Wilhelms von Oranien kann es nicht sein, aber wer denn sonst? Ronny drückt sich an die Tür von Corrys Zimmer. Hinter dem Rücken drückt er die Klinke nach unten und läuft rückwärts in ihr Zimmer. Corrys Bett ist auch leer!

Jetzt wird es Ronny unheimlich. Vielleicht sind wir allein übrig geblieben, Y und ich, als Waisenkinder. Sind alle Erwachsenen abgeholt worden, ohne dass ich es gehört habe? Aber wie ist das möglich? Die Moffen schreien doch immer, wenn sie kommen. In seiner Verzweiflung beschließt Ronny, sich auf die Suche zu machen, egal, wie unheimlich alles ist.

Im Stockdunkeln rutscht er das Treppengeländer hinunter. Unten bleibt er erstarrt stehen. Stimmen! Sie kommen aus der Küche des Restaurants. Einbrecher? Er schleicht hinüber. Die Küche ist leer und die Tür zum Hinterhof steht offen. Er erkennt verschwommene Gestalten. Zitternd vor Kälte schleicht er sich näher.

»Schaut, dort sind sie, oben auf der Brücke«, flüstert die Stimme seiner Mutter. Sein Vater ist ebenfalls da, auch Oma und Opa und Corry. Was für eine Erleichterung. Er zupft an Opas Ärmel.

»Psst«, sagt Opa und schlägt seinen Mantel um seinen Enkel.

Plötzlich sieht Ronny, wie sich oben auf der Brücke deutsche Helme gegen den Himmel abheben. Vier Soldaten schieben ein Gefährt über die Schwelle des Hinterhofs. Es ist ihr Auto! Alle zusammen schieben sie das ozeangrüne Peugeot-

Cabriolet in die Garage hinter dem Hotel *Atlantic*. Als die Tür zu ist, knipst ein Soldat eine Taschenlampe an. Ronny erkennt die Autobewacher sofort. In den Boden ist ein großes Loch gegraben, in das sie das Auto hineinmanövrieren. Es ragt zur Hälfte heraus. Kichernd bauen die Bewohner des verlassenen Hotels zusammen mit den deutschen Soldaten ein Gerüst aus Brettern und Balken drumherum.
Ronny starrt die Stiefel der Soldaten an …
Sobald das Auto getarnt ist, gibt der Vater den Soldaten eine Kiste Genever. Grinsend nehmen sie ihre Belohnung in Empfang. Genauso still, wie sie gekommen sind, verschwinden sie mit ihrer Beute in der Nacht.
Ronny schaut ihnen nach. Sie haben unser Auto gerettet, es gegen Genever eingetauscht. Aber Willy haben sie nicht geholfen.
»Es ist nur gut, dass Annie zu faul ist, um richtig nach meinen Geheimverstecken zu suchen«, sagt sein Vater. »Geh ins Bett, Ronny.«

Nun, da die Züge nur noch Dinge für die Deutschen und ihre Handlanger transportieren, werden alle Läden schnell leer. Nur illegal ist noch Essen zu kaufen, zu Wucherpreisen. Durch den Mangel an Vitaminen bekommt Louise hässliche offene Wunden an den Beinen.
Der Oktober bricht an. Nach dem strahlenden Sommer, in dem Churchill die Befreiung versprochen hat, fallen jetzt kalte Herbstregen im Norden der Niederlande. Als weine der Himmel mit den Menschen mit. Die Bäume lassen ihre Blätter fallen. Ein Teil der Alliierten gräbt sich bei Arnheim ein. Der alliierte Vormarsch richtet sich jetzt gegen Deutschland.

Noch immer belauert Ronny von seinem Baumhaus in der Kastanie aus den NSBler in Hannys Haus. Er findet es unerträglich. Sie friert jetzt vielleicht in irgendeinem Keller oder in einem Lager, während der Bartträger in ihrem Haus seine blöden Fotos für die blöde Zeitung *Volk und Vaterland* macht. Warte nur, Kerl, denkt Ronny, wenn dieser Winter vorbei ist, mache ich dich klein.
Ab und zu bringen altmodische Treckschuten Waren in die Stadt. Ronnys Mutter kauft Zuckerrüben, um Kekse davon zu backen.
»Muss ich das wirklich essen?«, fragt Ronny.
Nur in Krankenhäusern und bei Deutschen gibt es elektrischen Strom. Alle Uhren auf der Straße stehen still. Sogar die Zeit hat uns vergessen, denkt Ronny. Er montiert einen hölzernen Propeller an die Dachrinne neben seinem Zimmer. Bei Wind setzt eine Stange einen Fahrraddynamo in seinem Zimmer in Gang. Dann bekommt er ein bisschen Licht aus einer Fahrradlampe.
Ihr Radio läuft noch mit dem großen Akku. Im *Atlantic* steht eines der wenigen Radios in Amsterdam, die sogar noch eine Weile funktionieren. Ihr dunkles, scheinbar verlassenes Hotel bildet den einzigen Lichtpunkt für eine Gruppe illegaler Lauscher.
»Zapf noch einen Krug Bier, zapf noch einen Krug Bier«, wiederholt eine monotone Männerstimme manchmal. Oder: »Die Milch kocht über, die Milch kocht über.« Atemlos lauscht Ronny auf diese geheimnisvollen kodierten Botschaften von Spionen aus dem Widerstand. Was sie wohl bedeuten?
Mit den Alliierten in der Nähe wird der Widerstand stärker und die Rache der Besatzer erbarmungsloser. Jeder ist be-

sorgt, angespannt und misstrauisch. Auf den Straßen schauen sich die Menschen nicht mehr an.

»Habt ihr den Knall gestern auch gehört?«, fragt Kees an einem Montag im November. »Die Amerikaner haben die Schule in der Euterpestraat bombardiert, die vom SD als Hauptquartier beschlagnahmt worden ist.«

»Du brauchst mir nichts zu erzählen«, sagt Louise aufgeregt. »Ich habe alles gesehen und gehört, denn ich war um die Ecke, bei meiner Oma und meinem Opa. Erst hat man ein Krachen gehört, unheimlich und unglaublich laut. Dann flogen die Fenster raus, durch den Luftdruck, hat mein Opa gesagt. Es war, als würde ein Riesenstaubsauger von draußen alles aufsaugen. Danach wurde es stockdunkel und man hat gar nichts mehr gesehen. Aber umso mehr gehört. Ich habe am ganzen Leib gezittert.

Dauernd war ein beängstigendes Geschrei und Gekreische zu hören. Alle Nachbarn haben sich auf der Treppe zum Keller zusammengedrängt. Ich hatte große Angst, denn unten ist man zwar sicher vor Granaten und Kugeln. Aber wenn eine Bombe auf das Haus fällt, sitzt man, meiner Meinung nach, im Keller wie eine Ratte in der Falle.

Als die Bombardierung aufhörte, waren viele Häuser in der Euterpestraße aufgeplatzt. Wie ein Puppenhaus, mit offener Vorderseite. Die Bewohner standen jammernd auf der Straße. Ich habe auch einen Haufen Tote gesehen.« Beim Erzählen kratzt sich Louise den Arm auf.

»Pass auf«, warnt Kees, »du blutest schon.«

»Diese blöde Jacke juckt mich. Die raue Schafwolle hat meine Mutter von einem Bauern bekommen. Schrecklich.«

Kees hält ihre Hand fest, während sie weiter erzählt. »Die

ganze Vorderfront von dem Gebäude des SD hat gefehlt! Das war ein phantastischer Anblick. Alle Formulare der Geheimpolizei sind durch die Luft gewirbelt. Soldaten hielten die Gewehre auf uns gerichtet, sie schrien: ›Wegbleiben, ruhig weitergehen, oder wir schießen.‹ Aber ich habe heimlich doch ein paar Papiere aufgehoben. Schaut mal.«
Louise bringt zwei gestohlene Formulare zum Vorschein. Atemlos betrachten die Jungen ihre Beute. Auf dem einen Blatt steht: ZENTRALE FÜR JÜDISCHE AUSWANDERUNG, REISEERLAUBNIS MIT FAHRSCHEIN.
»Damit fährt man nach Westerbork, kostenlos, steht drauf. Ich habe erst meinen Augen nicht getraut.« Empört zeigt Louise ihnen ein anderes Formular. »Damit darf ein Jude an dem Tag, an dem er deportiert wird, ausnahmsweise mit der Straßenbahn fahren. Aber bezahlen muss er. Was glauben diese Scheißmoffen eigentlich, wer sie sind? Wer gibt ihnen das Recht, andere so zu quälen? Und schaut mal, da«, sie zeigt ein weiteres Formular, »hier müssen Juden genau angeben, was sie besitzen, Häuser oder Aktien oder Grundstücke.«
»Diebe in Uniform«, sagt Kees.
»Vielleicht sind bei den Bombardierungen ja Widerstandsleute aus ihren Zellen geflohen«, sagt Ronny hoffnungsvoll. »Das hätten die Alliierten dann ganz gut gemacht.«
»Für die Leute in normalen Häusern waren die Bomben schon sehr schlimm.« Louise kratzt sich nun mit der anderen Hand am Hals, bis Ronny sie festhält. »Hör auf, sonst hast du dich gleich blutig gekratzt.«
»Aber es juckt so schrecklich«, klagt Louise und reißt sich los.

Der strengste Winter seit Menschengedenken bricht an. Hunger, Kälte und Soldaten mit barschen Gesichtern regieren die Stadt. Kinder laufen zitternd in verschlissenen und geflickten alten Sachen herum.
Auf dem alten Kohlenumschlagplatz hinter dem Eisclubgelände wühlen Menschen in der Erde, auf der Suche nach Kohlenresten. Ihre Hände sind blau gefroren. Überall sieht man vor Kälte steife Gestalten Zweige abbrechen. Viele Leute verlassen ihr Bett nur noch, um etwas Brennbares zu stehlen. Nur riesige Bäume wie Ronnys Kastanie stehen noch.
Als alle Parks und Gärten kahl sind, ist das verlassene Judenviertel an der Reihe. Türen, Fußböden, Fensterrahmen, ganze Treppen und Balken werden von ausgehungerten Holzdieben in den Häusern herausgerissen, deren Bewohner vertrieben worden sind. Ronny fragt sich, wo die Menschen wohnen sollen, wenn sie je zurückkommen. Das Herz von Amsterdam verwandelt sich in eine Geisterstadt.
Die Grachten frieren zu, aber kein Mensch denkt ans Schlittschuhfahren. Als auch die Flüsse zufrieren, kommen auch keine Treckschuten oder Ruderboote mit Viehfutter mehr durch.
»Jeder mit Untertauchern ist der Verzweiflung nahe, denn was nützen einem illegale Lebensmittelkarten, wenn es fast nichts mehr gibt«, seufzt Ronnys Vater.
Wer noch ein Fahrrad hat, fährt morgens in aller Frühe die Amstel entlang zu den Bauern, um Milch zu bekommen.
»Meine Mutter war auch auf einem Hamsterzug«, erzählt Louise. »Erst nach über hundert Kilometern fand sie Bauern, die ihr ein paar Kartoffeln, Karotten und Rüben verkauft haben.«

Das befreite Brabant wird in Ronnys Gedanken immer mehr zu einem Schlaraffenland. Wenn er an ein Brabanter Wurstbrot denkt, läuft ihm das Wasser im Mund zusammen. Sie kriechen jetzt mit Untertauchern und Gästen dicht zusammen, um es ein bisschen wärmer zu haben. Oft lesen Opa oder Herr van Halm etwas vor, beim Licht einer Karbidlampe, die qualmt und stinkt.
Es riecht nirgendwo mehr gut. Sogar Seifenersatz oder Waschpulverersatz sind nicht mehr zu bekommen. Die Abfälle werden nicht abgeholt, sie liegen in fauligen Haufen auf der Straße und in Anlagen. Um die Essenszeit wird es Ronny ganz schlecht von dem üblen Geruch aus dem Topf mit gekochtem Wasser. Butter oder Fett, um etwas zu backen, gibt es seit ewigen Zeiten nicht mehr. Taumelnd und benommen vor Hunger schlafwandeln die Kinder zur Schule. Je weniger Essen es gibt, umso mehr reden alle darüber.
»Ein Teller mit dreißig Kartoffelpuffern.« Ronny leckt sich die Lippen.
»Für mich noch Erbsensuppe und einen Mohrenkopf als Nachspeise.« Louise schließt die Augen.
»Knackwürste und Eis mit Sahne als Nachtisch«, sagt Kees und verdreht die Augen.
Ronnys Magen gibt seltsame Geräusche von sich und ihm ist schwindlig. Dicht vor ihnen sackt eine Frau einfach auf dem Bürgersteig zu Boden. Sie versuchen sie hochzuheben. Aber eine andere Frau schickt sie fort.
»Sie schafft es nicht, geht ihr nach Hause.«
Als sie oben bei Ronny ankommen, sagt sein Vater zu Louise: »Mädchen, du hinkst ja ganz schön, bestimmt wieder ein Steinchen. Gib mir deinen Schuh.«

»Draußen ist sie noch ganz normal gelaufen«, sagt Ronny. Aber Louise hat ihren Schuh schon ausgezogen. »Wie du dich anstellst«, sagt Ronny und tippt sich an die Stirn.
»Ich muss gleich mit meiner Schwester zur Garküche«, erzählt Louise. »Die Töpfe tun wir in den Kinderwagen von meinem kleinen Bruder. Unter der Matratze sind oft illegale Flugblätter für Bekannte.«
»Wie ist das Essen aus der Garküche?«, fragt Ronny.
»Eklig!« Louise streckt die Zunge raus. »Immer Eintopf, oft verschimmelt oder sauer. Eine schmierige Suppe aus faulem Kohl oder Kartoffelschalen. Man steht stundenlang Schlange. Aber ich muss gehen, wenn ich zu spät komme, ist alles weg.«
Draußen ruft ein Mädchen: »Wer spielt mit Rippen zählen?« Sie zieht ihren Pullover hoch. Ronny findet Rippenzählen kein schönes Spiel, er verliert immer. Ab und zu bekommen er und seine Schwester nämlich noch eine Dose Kaffeemilch aus dem Vorrat, der auch bald zu Ende geht. Bei den Kindern, die nur von der Volksgarküche essen, kann man alle Rippen zählen.
»Ich sterbe bald als Erster«, prophezeit ein Junge bedeutsam.
»Nein, ich«, ruft das Mädchen. »Meine unterste Rippe ist viel besser zu sehen als deine. Und ich werde schon immer ohnmächtig.« Ihre Beine sind so mager wie Stöcke. Sie zeigt, wie aufgeschwollen ihre Knie sind. »Da ist Wasser drin, das heißt Hungerödem.«
»Ronny, komm mal!« Eine Bekannte seiner Eltern winkt ihm und fragt flüsternd: »Kannst du bitte eine Weile meine Holzblöcke auf eurer Terrasse bewachen? Du kriegst dafür zwei für euren Allesbrenner.«

Die Jagd nach Brennholz hat sich jetzt auf die Holzschwellen unter den Straßenbahnschienen verlegt. Mit Beilen und Brecheisen werden sie herausgebrochen. Gleich beim *Atlantic* ist ein Straßenbahnkreuzungspunkt, also wimmelt es um das verlassene Hotel von Holzdieben.
Nach einem schnellen Blick auf das Polizeibüro auf der anderen Seite nimmt Ronny einen Stapel Hölzer und legt sie dicht hinter das Mäuerchen. Dann schlendert er zu den anderen Holzhackern. Die Frau hat ihn auf eine Idee gebracht. Er bietet auch anderen an, ihren Schwellenvorrat auf der Terrasse zu bewachen, wenn sie ihm dafür zwei Schwellen abgeben.
Nun fangen schwere Wochen an. Die Schulen sind wegen Kälte geschlossen, deshalb hat Ronny genug Zeit, um etwa dreißig Holzstapel zu bewachen. Er merkt sich genau, welcher Stapel wem gehört. Um die Essenszeit schleppt er seine Beute nach oben, wo sein Vater am Radio auf gute Nachrichten wartet.
»Sechzig Holzbohlen! Du sorgst gut für uns, nun, da Jacob nicht mehr auf die Straße kann«, lobt Corry. Denn kein Ausweis kann einen nun noch gegen Razzien beschützen. Jeder ist vogelfrei. Stolz schaut Ronny zu, wie seine Mutter den Allesbrenner anmacht, dabei denkt er an die Prophezeiung von Ies Vogel: »Bald werden auch Nichtjuden geschnappt.«
In dem großen Topf kochen halb verfaulte Kartoffeln. Verglichen damit waren die Zuckerrübenkekse eine Leckerei. Am nächsten Tag essen sie Blumenzwiebeln, die mehlig schmecken. Man bekommt Halsweh davon. Ronny versteht nicht mehr, wie er je auf die Idee kommen konnte, Gerstenbrei aus dem Fenster zu werfen, nur wegen ein paar

Klümpchen. Ein Teller voller Klumpen käme ihm nun wie ein Festmahl vor.

»Es wird auf Teufel komm raus gehandelt«, sagt Opa. »Die Leute geben Goldringe und Diamanten für einen Laib Brot. Alles von Wert verschwindet in den Taschen der Schwarzhändler, die sich am Elend der anderen bereichern. Für ein Stück Brot und ein bisschen Butter verlangen sie Hunderte von Gulden.«

»Was haben Sie dafür bezahlt?«, fragt Oma Kickman, der mit einer Flasche Genever hereinkommt.

»Achthundert Gulden«, antwortet er.

»Es geht mich ja nichts an, Herr Kickman, Sie sind Hotelgast«, sagt Oma, »aber im Moment sterben Kinder vor Hunger.« Sie presst die Lippen zu einem schmalen Strich zusammen.

Herr Kickman wird rot und macht sich auf die Suche nach Annie.

In der Nacht wacht Ronny davon auf, dass Kickman auf der Treppe stolpert. Beim Einschlafen sieht er kahle Winterbäume vor sich, und zwischen den Zweigen Hannys Gesicht. Wie Corrys Mondfrau. Sie macht ein paar Tanzschritte und winkt. »Hallo, Ronny, bis bald!«

»Hanny, bleib doch noch!«, ruft er. »Hanny.«

»Psst, Kleiner, hast du Fieber?« Seine Mutter befühlt seine Stirn.

Kleiner? Nun ja, von mir aus, denkt Ronny. Aufgeregt beginnt er zu erzählen. »Mama, ich habe Hanny in einem Wald voller wandelnder Zweige tanzen gesehen.«

»Ich hole das Thermometer«, sagt sie. »Du phantasierst.«

Tief beleidigt dreht sich Ronny um. Sie kann ihm den Buckel runterrutschen mit ihrem »Kleiner«. Er macht die Augen zu, um weiterzuträumen. Und dann segelt ein Brot mit Erdnusscreme durch Ronnys Schlafzimmer. Aber als er gierig die Hand ausstreckt, ist es weg. Immer wieder.

Wie viele Rosinen waren eigentlich in einem Rosinenbrötchen?, überlegt Ronny sich am nächsten Morgen. Sie bekommen jetzt ab und zu Unterricht in der Wohnung einer Lehrerin an der Prinsengracht. Harry und Ronny warten aufeinander am Spielplatz am Weteringcircuit, Kees ist krank. Tarzan ist so mager und schwach, dass er Ronny nur zur Tür bringt. Ronny ist schwindlig vor Hunger. Die Pflastersteine schwanken, als laufe er über das Meer.

Gerade als es bis zu seinem schwindligen Kopf durchdringt, wie still es plötzlich ist, hört er auch schon schneidende feindliche Kommandos auf Deutsch. Vorsichtig schleicht Ronny am Zaun des Spielplatzes entlang zu einer Gruppe Menschen, die bewegungslos auf dem Weteringcircuit stehen. Deutsche Soldaten richten ihre Gewehre auf sie. Sie werden gezwungen, zum Weteringpark auf der anderen Seite hinüberzuschauen. Ronny geht in die Knie und schaut zwischen den Beinen vor ihm durch.

Von einem Überfallwagen werden nacheinander jeweils zwei gefesselte Männer abgeladen. Als es zehn sind, müssen sie sich auf den Abfallhaufen auf dem kahlen Platz stellen. Mit unruhigen Blicken suchen sie unter den Zuschauern nach Menschen, die sie kennen.

Inzwischen schleppt die grüne Polizei weitere Menschen aus Häusern.

»Schaut her, wie diese Männer mit ihrem Leben für Widerstandsaktionen büßen.« Ein Mann, der sich weigert, hinzuschauen, bekommt einen Schlag mit einem Gewehrkolben an den Kopf.

Ein Befehl erklingt. Eine Gruppe Soldaten stellt sich in einer Reihe auf. Wieder ein Befehl. Die Gewehre klicken, die Soldaten legen an.

Plötzlich brüllt eine schneidende Stimme: »Feuer!«

Eine Gewehrsalve zerreißt die Stille, die Männer stürzen zu Boden.

Ronny ist erstarrt. Um ihn herum weichen Fußgänger zurück. Sofort schlägt die Polizei auf sie ein. »Schaut zu, oder ihr geht auch auf den Abfallhaufen!«

Ronny drückt sich gegen den Zaun des Spielplatzes. Plötzlich sieht er Harry auf der Brücke, eine Hand vor dem Mund.

Wieder werden zehn gefesselte Männer von dem Lastwagen gejagt. Ronny erschrickt, als er einen erkennt, es ist ein junger Mann, der neben Harry wohnt. Ist der ältere Mann daneben sein Vater? Ronny schaut zur Stadshouderskade hinüber, wo der junge Mann wohnt. Seine Mutter steht am Fenster.

Wieder erklingen Kommandos, gefolgt von dem metallischen Klicken, als die Soldaten anlegen. Wieder donnert die Gewehrsalve. Nicht weit von Harry fallen zehn Männer zu Boden, ältere und ganz junge, auch Harrys Nachbar. Ein paar Zuschauer weinen, andere beten. Oder sie stehen nur da und zittern und halten die Hand vor den Mund. Harry muss sich übergeben.

Bewegungslos wie ein Standbild starrt Ronny zur Mutter des jungen Mannes hinüber. Ihre Hände klammern sich um das Fenster, ihr Mund bewegt sich wie in einem Stummfilm.

Auf einmal fangen Ronnys Beine an sich zu bewegen. Blitzschnell rennt er am Spielplatz vorbei und dann an der Villa der Familie Heineken. Noch einmal hört er die ohrenbetäubende Gewehrsalve.
Drei mal zehn sind dreißig Morde, denkt Ronny geistesabwesend, drei mal zehn ist dreißig. Er schaut sich um, die Soldaten gehen weg. Ein paar von ihnen lachen! Drei mal zehn ist dreißig. Sie steigen wieder in ihre grünen Armeefahrzeuge, drei mal zehn ist dreißig. Endlich fahren sie weg.
Überall machen sich die Leute nun schnell davon. Ronny wartet an der Vijzelgracht auf Harry.
»Der Sohn von unseren Nachbarn ist totgeschossen worden.« Harrys Gesicht ist grau. »Bestimmt eine Vergeltungsaktion. Ganz in unserer Nähe gab es neulich einen Überfall, dabei haben die Leute vom Widerstand einen SD-Mann umgebracht, der das Haus bewacht hat.«
Sie gehen zur Prinsengracht, der NSB-Sohn und der Widerstandssohn. Sie gehen Hand in Hand. Heute sind Ronny die Warnungen seiner Mutter egal: »Harry kann nichts dafür, dass sein Vater bei der NSB ist, aber man kann nicht vorsichtig genug sein.«
»Ich wünschte, dass mein Vater an ihrer Stelle tot umgefallen wäre«, sagt Harry hasserfüllt. »Wenn du mit diesem Judenfreund vom *Atlantic* verkehrst, dann könnt ihr beide was erleben. Das hat er gesagt, der Sack.«
Kurz darauf sitzen Harry und Ronny nebeneinander, über ein Lesebuch gebeugt, aber sie passen beide nicht auf. Auf dem Rückweg halten sie sich wieder an den Händen. Auf dem Weteringcircuit werfen sie einen ängstlichen Blick zum Park. Die Leichen liegen noch da. Plötzlich kommen zwei

Männer herbei. Sie breiten eine rot-weiß-blaue Fahne über die Toten und laufen schnell weg.
Harry und Ronny lassen sich los. Ohne ein Wort zu wechseln, rennen sie beide nach Hause. Keiner erzählt, was er gesehen hat.

Ronny fängt eifrig an, Steine am Reiterpfad auf der anderen Seite zu sammeln. Er muss nun heimlich in sein Baumhaus klettern. Er darf es nicht mehr, seine Mutter hat Angst, er könnte runterfallen, weil es ihm vor Hunger oft schwindlig wird. Von seinem eiskalten Versteck aus zielt Ronny mit Steinen auf einen kaputten Eimer.
Da sieht er in der Ferne Bleicher Bulle, zusammen mit vier anderen. Ronny wählt den größten Stein und rührt sich nicht. Genau wie richtige Soldaten schickt Bleicher Bulle einen Lojedajes als Kundschafter voraus. Vorsichtig öffnet er die Tür zum kleinen Platz und winkt die anderen. Die Jungen schleichen auf den Platz. Der Bulle späht zur Küche des *Atlantic*.
»Hier gibt's bestimmt noch was zu fressen«, flüstert er. Gerade als er seine Hand nach der Klinke ausstreckt, stößt er einen Schrei aus. Patsch! Ronnys Stein trifft sein Handgelenk. Sofort danach knallt ein Stein gegen die Schläfe des Kundschafters.
»Au, verdammt«, stöhnt dieser Junge und greift sich an den Kopf. Blut rinnt zwischen seinen Fingern durch.
Einen Moment lang hält Ronny die Luft an. Wird dieser Lojedajes sterben?
»Loch im Kopf«, zischt Bleicher Bulle. »Komm mit zum Doktor in der Weteringschans.«
Befriedigt sieht Ronny sie wegrennen. Er hat keine Angst,

dass sie ihn verraten. Schließlich wollten sie doch stehlen, oder? Aber Ronny nimmt sich vor, besonders sorgfältig aufzupassen. Es ist damit zu rechnen, dass die Lojedajes losschlagen, sobald sie in der Überzahl sind. Die sollen nur kommen!

Seit der Exekution im Weteringpark ist Ronny voller Rachsucht. Erwachsene haben keine Vorstellung, wie böse ihre Kinderkämpfe sind. Sie denken den ganzen Hungerwinter über nur an eines: überleben, bis die Befreier kommen. Ronnys Vater sitzt Tag und Nacht am großen *Philips*-Radio. Immer wartet er auf gute Nachrichten.

13. Ein Traum wird wahr

In Amsterdam gibt es nichts mehr zu essen. Alle Geschäfte sind leer, sogar auf dem Schwarzmarkt kann man nichts kaufen. Fast ganz Europa ist bereits befreit. Aber in den Städten im Norden der Niederlande herrscht bittere Hungersnot, sowohl unter den Armen als auch unter den Reichen. Der Frühling beginnt. Aber wo bleiben die Kanadier, die den Süden der Niederlande schon befreit haben?

Es herrscht eine seltsame Stimmung, eine Mischung aus Verzweiflung und Hoffnung. Wenn sich die deutschen Besatzer nicht bald ergeben, lebt hier niemand mehr.

»Die Alliierten stehen schon bei Utrecht«, flüstert ein Nachbar. »Ich werde sie begrüßen.« Später erzählt er enttäuscht: »Eine Menge Menschen hat an der Berlagebrücke umsonst auf die Befreier gewartet.«

Jacob Sweering hält seine Freunde mit den guten Nachrichten aufrecht, die er mit seinem Kristallempfänger aufgefangen hat. Der Akku ist jetzt leer.

»Hitlers Freund, der italienische Diktator Mussolini, ist erschossen worden.« – »Die Russen kämpfen schon in den Randgebieten von Berlin.« – »Die Alliierten beherrschen schon alle Eisenbahnen und Straßen.« – »Die Moffen haben keine Vorräte mehr. Sie müssen sich bald ergeben.«

Und eines Tages sagt er: »Radio Oranje sagt, Hitler habe Selbstmord begangen.«

Die deutschen Soldaten benehmen sich in der Tat auffallend unsicher und nervös.

Am 2. Mai 1945 dröhnen Flugzeuge über der Stadt. Benommen schauen die Amsterdamer zum Himmel. Diesmal fallen keine Granaten herunter, sondern Säcke mit Nahrungsmitteln aus Schweden! Im Hotel tanzen Untertaucher und Hotelgäste mit der Familie Sweering im Kreis.

Ohne dass jemand es merkt, holt Ronny die Fahne aus ihrem Versteck auf dem Dachboden. Mit größter Anstrengung zieht er die Fahnenstange durch das Fensterchen auf dem Zwischenboden. Dort steht er oben auf dem riesigen Dach des Hotel *Atlantic*, ganz allein, und schwenkt die riesige rot-weiß-blaue Fahne.

Ein Flugzeug dreht. Speziell für ihn, Ronny ist sich sicher. Es donnert dicht über seinen Kopf hinweg. Er sieht genau die Gesichter von zwei Männern durch das Fenster.

»Hello, hello, welcome, freedom!«, schreit Ronny ihnen zu. Sie winken zurück, nur ihm. Wetten?

Unten auf der Straße wird gerufen: »Wir sind frei. Die Besatzung ist vorbei!« Wieder stampfen Stiefel, aufgebracht jagen deutsche Soldaten die frohen, ausgemergelten Menschen in ihre Häuser.

Am 4. Mai ruft Jacob: »Morgen unterzeichnet der deutsche General Blaskowitz die Kapitulation, dann ist der Norden der Niederlande frei.«

Zusammen mit seiner Schwester tanzt Ronny durch das Hotel. »Wir sind frei! Hurra! Hurra!« Ihre Eltern umarmen sich. Opa und Oma weinen. Als könne sie es selbst nicht glauben, stammelt Corry immer nur: »Jetzt kann mein Jaap endlich in die Niederlande.« Herr van Halm, Velthoen und die anderen Untertaucher schlagen sich gegenseitig auf die Schulter. Jan und Annie stürmen ausgelassen herein. Herr Kickman hebt eine Flasche Oranjebitter hoch. Sogar Oma fängt an zu lachen. »Kickman, Sie wer-

den sogar auf dem Totenbett dem Mann mit der Sense noch ein Gläschen anbieten.«
In dieser Woche geht Ronnys Familie zum Dam, um eine kanadische Pioniereinheit zu begrüßen.
»Vielleicht sind Jeeps dabei«, sagt Ronny hoffnungsvoll. Fröhlich laufen sie durch die Kalverstraat, doch plötzlich rattern Maschinengewehre. Blutende Menschen rennen ihnen entgegen.
»Weg! Schnell! Auf dem Dam schießen deutsche Offiziere auf jeden. Sogar Kinder fallen tot zu Boden.« Ronny rennt hinter seinem Vater her. Er rennt um sein Leben, läuft im Zickzack über Wege und Brücken zurück zum Hotel.
Später hören sie, dass ein deutscher Wachtposten am Palast die Waffen gezogen hat, bevor er von einem BSler getroffen wurde.

Am 8. Mai ergibt sich Deutschland. Die Befreiung läuft ganz anders ab, als Ronny es sich vorgestellt hat. Um den Norden der Niederlande braucht nicht mehr gekämpft zu werden. Langsam tröpfeln ein paar Kanadier in die Stadt, aber es laufen auch noch deutsche Soldaten herum. Nur selten wird geschossen.
»Die BS kommen, um Puls abzuholen, er scheint hier in der Nähe zu sein«, ruft jemand von draußen. Aufgeregt rennen Jacob und Ronny über die Nicolaas Witsenkade zum Haus von Isaak Maarssen. Bei ihm, auf der anderen Seite des Wassers, wohnt die Schwester von Puls.
»Wetten, dass Puls sich bei ihr versteckt hat?«
Tatsächlich geht auf der anderen Seite ein Kellerfenster auf, genau wie das von Willy.
»Passt auf«, warnt Ronny. »Puls versucht aus dem Keller

zu entkommen.« Zusammen schreien sie hinüber: »Dort im Keller sitzt Puls. Passt auf!« Sofort rennen die BSler hinunter.

Ronny und Jacob genießen den Anblick, dass der Mann, der für die Deutschen die Häuser ihrer Freunde ausgeraubt hat, jetzt vor ihren Augen verhaftet wird. Aufgeregt laufen sie weiter, am Spielplatz und dem Weteringpark vorbei, wo Ronny gesehen hat, wie dreißig Menschen totgeschossen wurden.

Auf der Weteringschans stehen Bewohner des Viertels vor der Tür ihres Hausarztes und unterhalten sich fröhlich miteinander. Hinter ihnen gehen zwei ältere deutsche Soldaten vorbei. Plötzlich stürmen ein paar BSler heran, ihre Maschinengewehre auf die Deutschen gerichtet.

»Nein, nicht, nicht auf eine Gruppe schießen!«, ruft Ronnys Vater noch. Zu spät. Die Maschinengewehre rattern los. Aber die erfahrenen deutschen Soldaten packen ihre Pistolen und schießen zurück, während sie sich fallen lassen. Sie treffen nicht.

Aber die Kugeln der BSler. Sie treffen jedoch keine deutschen Soldaten. Zum Entsetzen aller brechen der Doktor, ein paar Patienten und zwei Nachbarn tot zusammen.

»Die deutschen Soldaten haben nichts getan«, schreit Ronny. »Ihre Armee hat sich schon ergeben, da darf die BS doch nicht mehr schießen? Warum schießen sie den Doktor tot?«

»Weil sie Amateure sind«, antwortet sein Vater so laut, dass die von der BS es hören. »In der BS gibt es neben erfahrenen Widerstandskämpfern auch einen Haufen Feiglinge, die während des ganzen Krieges nur ihre Gewehre geputzt haben.« Jacob Sweering schaut einen BS-Mann an und sagt: »Nun, da die Gefahr vorbei ist, spielen sie den Helden, so wie du Cowboys nachmachst. Das müssen diese Menschen mit ihrem Leben bezahlen. Sie hätten die Soldaten gefangen nehmen müssen. Komm, Ronny, wir gehen, bevor ich ihnen etwas antue.«

Über die Prinsengracht gehen sie nach Hause. Da und dort sieht Ronny Frauenhaare auf dem Boden liegen. Am Amstelveld steht eine Frau auf einem Wagen. Johlende Menschen hängen ihr ein Schild um den Hals, auf dem steht: MOFFENHURE. Ein Mann hebt eine Schere hoch. Die Menge schimpft wie von Sinnen, während er ihr den Kopf kahl schneidet. Jemand malt mit Teer ein Hakenkreuz auf ihren Kopf.

Ronny wird es schlecht. »Sie wird wohl mit Deutschen ausgegangen sein«, sagt sein Vater kopfschüttelnd. »Aber es ist die Sache eines Richters, sie abzuurteilen. Wer weiß, vielleicht hat sie für den Untergrund gearbeitet. Die vom Widerstand sind auf alle möglichen Arten an ihre Informationen gekommen.«

Das sadistische Gejohle der Umstehenden erinnert Ronny an die Razzia im Transvaalviertel. »Hört auf!«, schreit er. Niemand hört auf ihn. Tief enttäuscht, dass manche Holländer sich nun ebenso gemein verhalten wie die Deutschen, gehen sie nach Hause.

Etwas später kommt jemand von den BS, der wohl wirklich im Widerstand war, bei ihnen vorbei. »Behalten Sie Annie vorläufig drinnen«, warnt er Ronnys Vater. »Aus Respekt vor dem, was Sie getan haben, werden wir sie nicht kahl scheren. Wir wollen nicht, dass Ihre Schwägerin Ihren guten Namen noch weiter besudelt.«

»Sie hat bestimmt nicht für den Widerstand gearbeitet«,

antwortet Ronnys Vater. »Aber Freunde von mir verdanken dem Mof, mit dem sie gegangen ist, ihr Leben.«
Ronny klettert auf die Kastanie. Er lauert auf den NSBler in Hannys Haus. Der lässt sich nicht mehr sehen, als wäre er vom Erdboden verschluckt.
Die Väter von Klaas, Piet, Harry und Katrien sind verhaftet worden. Harry wohnt endlich bei seiner Mutter, was er schon immer gewollt hat. Seine Eltern sind geschieden.
Klaas läuft nun genauso verschreckt zur Schule wie die Rückseitler früher. In der Pause ruft er plötzlich: »Ronnys Familie ist auch falsch. Seine Tante hat deutsche Feste besucht, und seine Eltern auch. Mein Vater ist wirklich nicht schlechter als sie.«
Ronny duckt sich. Was soll er jetzt sagen?
»Das ist überhaupt nicht wahr«, verteidigt ihn Louise. »Ich habe von Ronnys Vater immer Berichte vom Sender Oranje mitbekommen.« Ronny schaut sie verblüfft an. Louise lacht fröhlich. »Dein Vater hat für viele Leute Berichte aus dem Radio aufgeschrieben.«
»Und wann hat er sie dir gegeben?«, fragt Ronny.
»Ich hatte in der letzten Zeit doch immer einen Stein im Schuh, wenn ich bei dir gespielt habe, nicht wahr? Dein Vater hat ihn angeblich rausgemacht, aber in Wirklichkeit hat er einen Zettel mit den illegalen Nachrichten in meinen Schuh gesteckt.«
Sie zieht Kees und Ronny mit. »Ich will euch nun endlich erzählen, worüber ich die ganze Zeit den Mund halten musste. Aber das geht Klaas nichts an. Bei uns haben oft junge Männer geschlafen, die gesucht wurden. Und bei meinem Opa und meiner Oma in Bloemendaal waren ein deutscher Professor und seine Frau untergetaucht, auf dem

Dachboden. Oma hat den ganzen Morgen Einkäufe gemacht. Sie bekam zusätzliche Lebensmittelkarten vom Widerstand und damit hat sie bei zwei Milchhändlern, zwei Metzgern und zwei Bäckern gekauft. Es durfte im Dorf doch nicht auffallen, dass zwei alte Leute so viel Essen brauchen. Deshalb hat sie überall ein bisschen gekauft.«
Louise schweigt kurz, bevor sie weiterspricht. »Und einmal wurde eine verschleierte Frau zu ihnen gebracht, als es schon dunkel war. Das war die Tochter des Professors und seiner Frau. Ihre Kinder waren verraten worden, und sie hat sich freiwillig gemeldet, sodass sie in Westerbork bei ihnen sein konnte. Und jetzt kam sie, um sich von ihren eigenen Eltern zu verabschieden. Wir durften über das alles natürlich nicht sprechen. Als du mir von Willy erzählt hast, Ronny, fand ich das besonders schwierig.«
So erzählt jeder endlich, was in den vergangenen Jahren passiert ist.

In der ganzen Stadt herrschen Chaos und Verwirrung. Während die Deutschen Amsterdam verlassen, tauchen immer mehr Kanadier auf. »Gleich kommen sie am Eisclubgelände vorbei«, ruft draußen jemand.
Ronny rennt zum Dachboden und greift unter das lockere Brett. Ja, der Fotoapparat ist noch da, samt Film. Schnell rennt er damit zum Rijksmuseum. Gerade noch rechtzeitig.
Ein kleiner Panzer mit ein paar jungen kanadischen Soldaten kommt an. Neben ihnen fahren fröhliche Jungen auf ihren Rädern. Ronny macht sein erstes richtiges Foto.
»Nicht schlecht, Junge, du hast Talent«, sagt der Mann im Fotogeschäft, der die Vergrößerung für ihn gemacht hat.

Zu Hause holt Ronny einen Schraubenzieher. Er will etwas tun, was er schon lange hatte tun wollen. Ronny bricht die Schaukästen an Hannys Haus auf, nimmt die NSB-Fotos heraus und zerreißt sie. Stattdessen hängt er sein eigenes Foto der kanadischen Soldaten auf ihrem Panzer hinein. Wenn Passanten stehen bleiben, um sein Foto zu betrachten, glüht Ronny vor Stolz. Endlich hat er den NSBler in Hannys Haus besiegt.

Plötzlich geht Hannys Haustür auf. Ronny hält den Schraubenzieher hoch, um zuzuschlagen. Doch statt des bärtigen Erzfeindes taucht eine schöne junge Frau in der Türöffnung auf. Ronny starrt sie minutenlang unbeweglich an.

»Da ist Hanny mit ihren schönen langen Haaren«, flüstert er. Es ist kaum zu fassen: Hanny ist zurück. Hanny!

»Ronny, wie groß du geworden bist. Erkennst du mich noch?«

Hannys fröhliche Stimme bricht den Zauber. Ronny kann sich wieder bewegen. »Aber du bist viel kleiner«, ruft er. »Bist du geschrumpft?«

Hanny lacht laut, so wie früher. »Das kommt dir nur so vor, weil du gewachsen bist.« Sie stellt sich neben ihn. »Du bist fast so groß wie ich.«

In Hannys Augen funkeln Lichter, so wie früher. Ronnys Kopf fühlt sich auf einmal ganz leicht an, als hätte jemand einen Hahn geöffnet und alle schweren Gedanken wären herausgelaufen.

Glücklich bringt er Hanny hinauf in die Wohnung. Was für ein Wiedersehen! Seine Eltern weinen vor Erleichterung, denn von Hanny hören sie, dass auch ihre Eltern noch am Leben sind.

»Lucy wurde schon in Nijmegen befreit«, erzählt Hanny.

Aber ihr Gesicht verdüstert sich, als sie über ihre andere Schwester spricht. »Wir wissen nicht, wo Carla ist. Sie ist zusammen mit mir geschnappt worden. Meine Eltern suchen sie durch das Rote Kreuz und sie setzen Anzeigen in alle Zeitungen.«

»Ich habe von dir geträumt«, erinnert sich Ronny plötzlich. »Ich habe dein Gesicht zwischen Zweigen gesehen, genau wie eine Mondfrau.«

»Ich bin ganz in der Nähe von hier durch Reisigbündel gelaufen, die von Leuten getragen wurden«, sagt Hanny, und dann beginnt sie zu erzählen, genau wie früher.

»Ich war bei einer Freundin in der Nähe vom Westerturm untergetaucht, ich habe ihn jede Stunde schlagen gehört. Tagelang habe ich gelesen, während alle anderen zur Arbeit mussten. Meine Freundin hat mir zugeredet, mein Studium zu beenden. Sie hat ein illegales Examen in Medizin organisiert, und damit war es mit meinem Faulenzerleben vorbei, ich musste büffeln. Immer kam ein anderer Professor, um mir heimlich ein Examen abzunehmen. Meine Freundin lauschte heimlich an der Tür, sie war noch nervöser als ich. Bei jeder falschen Antwort hörte ich, wie sie einen kleinen Schrei ausstieß.

Ich habe das Examen bestanden und das wollte ich natürlich meinen Eltern mitteilen. Ich hatte Glück, ich wusste wenigstens, dass sie am Watergraafsmeer untergetaucht waren. Aber mit einer Nase wie meiner konnte ich mich tagsüber nicht auf die Straße wagen.

In einer dunklen Nacht schlich ich in Hausschuhen aus der Tür bis zur Untertauchadresse meiner Eltern. Ich lief dicht an den Grachtenhäusern entlang Richtung Amstel. Am Oosterpark kniff ich mich in den Arm. Ich wusste nicht, ob

ich schlafwandelte oder die Bäume, denn ich sah Bäume laufen!
Mit klopfendem Herzen schlich ich mich näher. Da hörte ich die Bäume miteinander flüstern. Ich war schon ganz nahe bei ihnen, da hätte ich beinahe laut losgelacht. Es waren Menschen! Sie hatten Äste abgesägt, um sie in ihren Öfen zu verbrennen. Sie trugen ihre Beute so hoch wie möglich, sonst hätte man gehört, wie die Äste und Zweige über den Boden schleifen. Von weitem sah das aus, als würden Bäume durch den Park spazieren.«
»Wie seltsam«, ruft Ronny. »In meinem Traum habe ich dein Gesicht zwischen wandelnden kahlen Zweigen gesehen. Wie ist das möglich?«
Hanny findet das normal. »So etwas nennt man Telepathie. Nun ja, gegen Mitternacht rief ich leise bei meinen Eltern durch den Briefschlitz: ›Hallo, aufwachen, ich bin es, Hanny.‹ Es war ein wunderbares Wiedersehen. Auf dem Rückweg ging ich an unserem Haus und eurem Hotel vorbei. Wie gern wäre ich auf einen Sprung zu euch gekommen. Aber das Risiko war zu groß. Vielleicht hast du in diesem Moment von mir geträumt. So etwas ist möglich, wenn man sich gern hat. Oder hast du mich etwa nicht mehr gern, Ronny?«
»Ein bisschen«, sagt er neckend.

Auch wenn sie offiziell befreit sind, gibt es kaum etwas zu essen und weder Heizmaterial noch elektrischen Strom. Abends hören sie zu, wie Opa beim qualmenden Licht der Karbidlampe vorliest, um sie abzulenken. Denn sie haben großen Hunger. Wie gewöhnlich stellt sich Ronny ans Fenster.

Auf der anderen Seite der Gracht nähern sich zwei Lichtstreifen. Bestimmt die abgeblendeten Scheinwerfer eines alliierten Jeeps.
He, die Lichtstreifen halten vor unserem Haus! Einen Moment lang hat Ronny Angst, dass sie kommen, um seinen Vater oder die Untertaucher abzuholen. Doch sofort versteht er, dass die Deutschen nicht mehr einfach in die Häuser dringen können. Er läuft zum Flur. Unten hört er, wie an der Tür gerüttelt wird. Er rutscht das Treppengeländer hinunter, reißt die Haustür auf und ... steht Auge in Auge mit einem echten kanadischen Soldaten!
Zum Glück hat Ronny sich, zusammen mit Louise und Kees, vorher überlegt, was man in einem solchen Fall sagen muss. Er räuspert sich und sagt feierlich: »Welcome, liberator. Willkommen, Befreier!«

Der Soldat heißt Stan Burkett, ein toller Name, findet Ronny. Während sie sich mit Dingen aus Stans Sack den Bauch vollschlagen, stellt der Kanadier eine Frage nach der anderen. Atemlos lauscht er schon seit Stunden ihren Geschichten über die langen, schrecklichen Kriegsjahre. Ronny erlebt alles aufs Neue.
»Ich bin froh, dass ihr Englisch sprecht«, sagt Stan. »In Frankreich und Brabant konnte mir fast niemand erzählen, was passiert ist. Wir haben uns in der Gebärdensprache unterhalten.«
»Erst jetzt, wo du hier sitzt, begreife ich ganz, dass wir frei sind«, antwortet Jacob.
Stan lässt noch einmal die Schokolade herumgehen. Do nickt ihm zu. »Und jetzt bist du mit dem Erzählen an der Reihe, Stan.«

»Ich bin ein kanadischer Bauernsohn von achtzehn Jahren«, fängt Stan seine Geschichte an. »Trotzdem hat sich diese Landratte auf dem Schiff von Kanada nach England nicht ein einziges Mal übergeben. Auch nicht bei der Überfahrt zur Normandie.
Es dauerte fürchterlich lange, bis die Invasion endlich begann. Ungefähr drei Monate lang hatten wir ganz schreckliche Langeweile. Dort, in England, waren wir völlig von der Außenwelt abgeschlossen.«
»Warum?«, fragt Ronny.
»Es musste ein Überraschungsangriff sein. Dadurch, dass man uns absonderte, konnte sich niemand verplappern. Unsere Geheimdienste haben die Deutschen in die Irre geführt. Nachts schlief ich sehr leicht. Ich wollte meinen Truck rechtzeitig in Sicherheit bringen, falls uns die Deutschen bombardierten. Ganz England ist nämlich ein Trümmerhaufen. Die deutschen Bomber haben eine furchtbare Verheerung angerichtet. Umgekehrt wird es inzwischen wohl auch so sein.
Als die Einschiffung am 6. Juni morgens begann, konnten wir vor Ungeduld schon nicht mehr stillstehen. Endlich würden wir etwas erleben. Kurz bevor ich loszog, hörte ich noch, dass mein Pflegebruder, mit dem ich aufgewachsen war, gefallen war. Er gehörte zu den ersten Fallschirmspringern. Die hingen wie Schießscheiben hilflos in der Luft.«
»Wie schrecklich ein Krieg doch ist«, flüstert Oma, als ihre Tochter ihr alles übersetzt hat.
Stan nickt. »Aber ich wollte etwas von der Welt sehen. Einem armen Bauernsohn wie mir schien der Krieg die Chance, ein Abenteuer zu erleben, deshalb habe ich unterschrieben. Und weil wir für eine gerechte Sache kämpften.

Aber wer weiß, was Krieg heißt, wird nicht Soldat. Die Tausende junger Männer, die als Erste in der Normandie anlegten, in armseligen Bootchen, sind in der Hölle gelandet«, fährt Stan fort. »Die wenigen Männer, die den ersten Angriff überlebten, erzählten mir später, die Wellen seien rot gewesen vom Blut ihrer toten Kameraden. Der Lärm und die Gewalt waren schlimmer als alles, was wir uns vorstellen können. Jeder, der das vorher gewusst hätte, wäre nie freiwillig hingefahren.

Bei ihrem Sturmangriff an der normannischen Küste wurde die Vorhut geblendet und betäubt von Pulverdampf, Explosionen und Trümmern. Die abgerissenen Gliedmaßen ihrer Kameraden flogen ihnen um den Kopf. Im Kugelregen stolperten sie über tote Freunde. Sie wollten nur noch eines: zurück. Aber es gab keinen Weg zurück.«

Stan läuft im Zimmer auf und ab. Als seine Eltern Stans Worte übersetzt haben, will Ronny wissen, was für ein Soldat Stan ist.

Der Kanadier salutiert: »Burkett, private soldier b 55997.«

Ronny schaut ihn so bewundernd an, dass Stan anfängt zu lachen. »Ich habe den niedrigsten Rang, ich bin also nur Kanonenfutter. Ich bin bei der Nachschubtruppe, die vor allem Munition für die erste und zweite Division transportiert. Ich fahre Kisten mit Patronen und Granaten und allem möglichen Sprengstoff.«

Dann fährt er fort: »Auch wenn ich hinter der Vorhut ankam, fuhr ich in unbekanntes französisches Gebiet. Im Krieg schaut man sich allerdings nichts richtig an. Man sieht nur die Dinge, die einem Soldaten nützen: Feinde oder Kameraden, Wegweiser und Waffen. Ich war schon bald etwa vierzig Kilometer weit in das unbekannte Land vorgedrungen und auf mich selbst angewiesen. Ich verstehe kein Französisch, niemand konnte mir helfen. Ich hatte eine vage Vorstellung davon, wo der Feind war und wo meine Kameraden.

Eine Invasion ist ein großes Durcheinander. Überall fliegen Menschen und Gebäude in die Luft. Um mich herum stürzten große Steinbrocken zu Boden. Ich fuhr einfach weiter, wie blind, und meine Frontscheibe war voller Schlamm und Blut.

Als ich an einem Hügel vorbeikam, merkte ich, dass von allen Seiten geschossen wurde, von Freund und Feind. Bumm, zwei Pferde stürzten tot nieder, direkt rechts neben meinem Truck. Krach, links donnerte ein Baum direkt hinter mir zu Boden. Wumm, der Jeep vor mir flog in die Luft, mit vier Offizieren darin. Giftgas und Landminen sind die schmutzigsten Waffen in einem Krieg.«

Stan steckt sich eine Zigarette an, bevor er weiterspricht: »Immer nur weiterfahren, während dein ganzer Körper angespannt ist. Manchmal handelte ich blindlings, nur nach Gefühl. Dass ich noch lebe, ist ein Wunder. Oft raste ich weiter, als wäre mir der Teufel auf den Fersen, wohin, spielt keine Rolle, wenn der Tod auf einen lauert.

Bei der Invasion wurden sehr schnell sechstausend Kriegsgefangene gemacht. Die mussten wir auf das Schiff nach England bringen. Deshalb fuhr ich dann im Zickzack zu der französischen Stadt Caen dicht vor der Küste. Wenn wir Munition transportierten, fuhren wir weit hinter der Vorhut, trotzdem hatte der Feind es speziell auf uns abgesehen.«

»Ich weiß, warum«, ruft Ronny. »Ohne Nachschub kann

eine Armee nichts ausrichten. Das heißt also, wenn der Feind euch trifft, kann das Heer nicht gewinnen. Eigentlich wart ihr die Wichtigsten.«

Nachdem das übersetzt ist, fragt Stan mit einem breiten Grinsen im Gesicht: »Ron, du darfst mal raten, wen ich wirklich für den einzigen echten General halte?«

Ronny zögert keinen Moment. »Patton!«

»Der ist auch nicht schlecht, aber Simmons und Kitchen waren meine Favoriten«, sagt Stan mit einem vielsagenden Lächeln. »O yeah, es gibt mehr als genug Generäle, aber wir Soldaten behalten nur diejenigen, die etwas tun, wenn es darauf ankommt. Und die kann man bequem an einer Hand abzählen.«

Stan gähnt und reckt sich. »Ja, ich wollte Abenteuer. Nun, Europa hat mir genug Abenteuer geboten.« Er zwinkert Jacob Sweering zu und fängt an, von französischen Frauen und einer Brabanter Tante zu reden. Als ob Ronny das nicht kapieren würde, auch wenn sein Vater plötzlich nichts mehr übersetzt. Die Kinder müssen ins Bett. Ronny hört Stan noch stundenlang mit seinen Eltern sprechen.

Am nächsten Tag rennt Ronny in aller Herrgottsfrühe zu Kees. Sein Freund macht ihm selbst die Tür auf. Mit einer beiläufigen Gebärde hält ihm Ronny ein Päckchen Kaugummi hin: »Wanna Chewinggum?«

Kees steht der Mund offen. »Glückspilz! Wie bist du denn daran gekommen?«

»Wir haben einen echten Jeep zu Hause. Komm, schau ihn dir an.« Unterwegs erzählt Ronny von Stan und dem Sack voller Essen.

Im *Atlantic* klettern sie in den Jeep. Ronny dreht am Lenk-

rad und stößt heulende Töne aus. Die Handwerker lachen, mit einem von Stans Butterbroten im Magen arbeiten sie weiter, denn der Umbau muss nun schnell fertig werden.
»Ron, gib Kees oben auch ein Stück Brot.« Seine Mutter macht ein paar hüpfende Schritte. Ronny schaut sie erstaunt an. Sie scheint um Jahre jünger zu sein und lacht über alles.
Während sein Freund selig in das Brabanter Brot beißt, macht ihm Ronny vor, wie »sein« Befreier aussieht. »Er kaut dauernd Kaugummi. Und er steht so da, mit den Daumen im Gürtel. Er ist sehr groß und stark, ein richtiger Häuptlingssohn.« Und zum Abschluss sagt er: »Stan sieht genau aus wie Winnetou.«
Als Stan endlich herunterkommt, halten ihm etliche Kinder ihre Hefte vor die Nase und rufen: »Good morning, Sir, may I have your name?« Lachend kritzelt Stan seine Unterschrift in die Hefte und verteilt Kaugummi. In Ronnys Heft steht Stans Unterschrift auf der ersten Seite. Darunter hat Ronny geschrieben: MEIN BEFREIER, PRIVATE SOLDIER STAN BURKETT.
Nachmittags spaziert Stan Hand in Hand mit Ronny und Y durch Amsterdam. Alle Leute können sehen, dass Stan ihr Befreier ist. Betont gleichgültig kauen sie Kaugummi.
Überall finden Straßenfeste statt. Außer in Vierteln, aus denen viele Juden deportiert worden sind. Dort herrscht eine bedrückte Stimmung. Die Leute wissen nicht, ob ihre Freunde, ihre Verwandten oder ihre Nachbarn zurückkommen.
Doch Ronny fühlt sich an diesem Tag leicht und frei. Ohne Hunger, ohne Schwindelgefühle, ohne Angst. Hanny ist zurück, und wer weiß, vielleicht kommen Willy und Saartje

und die anderen auch noch. Während sie mit ihrem eigenen kanadischen Befreier von einem Fest zum anderen schlendern, wünscht sich Ronny, dieser Tag würde ewig dauern.

Doch das Wochenende geht vorbei und Stan muss zurück nach Oisterwijk. »Esst nur alles auf. In Zukunft bringe ich euch immer, wenn ich ein freies Wochenende habe, etwas zu essen«, verspricht er. Sie geben ihm Briefe und Zeichnungen für ihre Brabanter Verwandten in Oisterwijk mit.

Stan hupt, dann fährt er über die Brücke, so wie er gekommen ist. Es ist nicht schlimm, dass er sie jetzt verlässt, tröstet sich Ronny. Stan kommt ganz bestimmt wieder.

14. Hannys Flucht

Tausende von Malen hat sich Ronny ausgemalt, dass Hanny zurückkommen würde. Und nun sitzt sie einfach neben ihm in seinem Baumhaus. Er kann es kaum fassen. Es ist fremd und vertraut zugleich.

Hanny ist fröhlich. Lucy ist zurückgekommen, eine ihrer Schwestern. »Bei der Befreiung hat sie in Eindhoven die alliierten Fallschirmspringer mit ihren roten Baretten aus den Flugzeugen springen sehen. Einer von ihnen stand auf und sagte: ›Guten Tag, Fräulein Levy.‹«

»Konnte der rote Teufel denn Niederländisch?«

»Es stellte sich heraus, dass er ein niederländischer Bekannter von ihr war, der in der englischen Armee gekämpft hat. Zufällig ist er vom Himmel direkt vor ihre Füße gefallen.«

»Weißt du, warum ich diese Hütte gebaut habe?«, fragt Ronny plötzlich.

»Um mit deinen Freunden allein zu sein? Oder hast du schon eine Freundin?«

Ronny schüttelt den Kopf. »Das ist mein geheimer Ausguckposten, extra gebaut, um auf euer Haus aufzupassen.«

»Wie lieb. Von hier aus sieht man wirklich alles. Aber wozu brauchst du die vielen Steine?«

»Abwehrgeschütze gegen Eindringlinge«, erklärt Ronny. »Es wimmelte hier nur so von Lojedajes.«

»Loje-was?«

Ronny erzählt von ihren Kämpfen. Und er erklärt, wozu er

noch mehr Steine gebraucht hat. »Stell dir vor, der NSBler hätte dich nicht ins Haus gelassen? Oder dass dieser Dieb, der euer Haus gestohlen hat, versucht hätte, durch den Hintergarten zu fliehen? Dann hätte ich ihn mit meinen Steinen niedermähen können.«

Hanny dreht schnell den Kopf zur Seite, aber Ronny hat die Träne längst gesehen.

»Du warst plötzlich weg«, sagt er leise.

Hanny schaut ihn besorgt an. »Ich stelle mir gerade vor, wie schlimm es für dich gewesen sein muss, dass ich plötzlich weg war. Aber du warst noch so klein, als der Krieg anfing. Es war zu gefährlich, einem sechsjährigen Kind etwas zu erzählen«, erklärt sie endlich. »Wir waren in Panik, alles ging sehr schnell. Meine ganze Familie bekam einen Aufruf, außer meinem Bruder, der schon sicher in Amerika war. Meine Eltern wollten zusammen mit mir und meinen Schwestern Selbstmord begehen.«

Ronny ist so erschrocken, dass er nicht weiß, was er sagen soll. Hanny erklärt es ihm. »›Die Nazis sind unberechenbare Verbrecher‹, hat mein Vater gesagt. ›So wenig Menschen durchschauen das. Ich darf gar nicht daran denken, was sie euch antun könnten.‹

Aber meine Schwestern und ich haben uns geweigert. ›Solange wir leben, gibt es Hoffnung‹, sagten wir. Meine Eltern gaben nach. Aber dann mussten wir Hals über Kopf verschwinden.«

»Ich habe an der Tür geklingelt«, sagt Ronny endlich. »Aber niemand hat aufgemacht. Ich habe gedacht, dass du mich nicht mehr sehen willst.«

Hanny legt den Arm um ihn, so wie früher. »Das darf ich doch noch, oder? Auch wenn du jetzt schon groß bist. Es sieht ja niemand. Es tut mir so leid, dass ich mich nicht von dir verabschieden konnte, ich habe dich doch so gern gehabt. Mir haben deine Geschichten über die Erdmännchen so gut gefallen. Deine Erklärung, wie deiner Meinung nach alles in der Welt zusammenhängt, habe ich nie vergessen.«

»Jetzt, da ich groß bin, verstehe ich schon, warum du einfach verschwunden bist«, sagt er. »Haben dir die Moffen wehgetan?«

»Nein. Ich habe allerdings Ruhr bekommen. In so einem Lager wimmelt es von Menschen und Ungeziefer. Und wenn einer krank wird, steckt er alle anderen an. Ich lag in der Krankenbaracke von Westerbork, zusammen mit der Mutter meines Verlobten, Rudi Bloemgarten. Hast du gewusst, dass ich so was wie verlobt war?«

Ronny schüttelt den Kopf.

»Meine Schwester Carla bekam einen Aufruf zu einem Transport in ein Lager in Polen. Ich wollte mit, aber Rudis Mutter sagte immer: ›Ich spreche hier im Namen deiner Eltern. Geh nicht mit auf den Transport.‹ Die Ärzte haben es auch nicht erlaubt. Und dann bin ich aus Westerbork geflohen.« Hanny sagt das, als sei es die normalste Sache der Welt. »Über alle möglichen Ecken habe ich Werner Stertzenbach kennengelernt, einen deutschen Kommunisten. Er durfte mit einem Kameraden außerhalb des Lagers arbeiten. Dort standen ein Klärwerk für das Wasser und ein Krematorium, das benutzt wurde, wenn kranke oder alte Menschen gestorben sind.

Werner war, zusammen mit seinen Kameraden Frits und Trudl, bereit, mir bei der Flucht zu helfen. Ich war tief beeindruckt von ihrem Mut. Deshalb habe ich sie ehrlich gewarnt: ›Ihr riskiert euer Leben und ich bin nicht mal ein Arbeiterkind.‹ Werner hat angefangen zu lachen. ›Oh je, das ist mir überhaupt nicht aufgefallen.‹

›Und ich werde niemals Kommunistin‹, habe ich auch noch gesagt. Sie haben den Kopf geschüttelt und gemeint, dass es im wahren Kommunismus wie im wahren Evangelium um Menschlichkeit gehe. Um Gerechtigkeit, Freiheit und Teilen. ›Wenn mehr Menschen und vor allem mehr Machthabende danach lebten‹, sagte Trudl, ›wäre die Welt ein ganzes Stück besser.‹

Werner hatte Kontakt zu einer Widerstandsgruppe hier in der Nähe. Und Trudl van Reemst, diese großartige Frau, besorgte mir einen falschen Ausweis. Von Werner bekam ich sogar ein bisschen Geld mit.«

»Wie ist er denn daran gekommen?«

Hanny lacht. »Das rätst du nie. Er fischte den Kot aus dem Klärwerk. Eines Tages sah er eine halbe Banknote aus dem Dreck ragen.

›Dann muss es auch noch eine andere Hälfte geben‹, sagte er zu Frits. So fischten sie Tausende von Gulden aus dem Kot, für den Widerstand in Amsterdam, die dann die Scheine wieder zusammenklebten.«

»Und wie kam das Geld dahin?«

»Jeder musste sich nach seiner Ankunft in Westerbork ganz ausziehen, damit die Moffen einem das wenige, was einem geblieben war, auch noch wegnehmen konnten. Viele Menschen haben ihr Geld dann schnell ins Klo runtergespült.

Werner hat gelacht und gesagt: ›Man sagt doch immer, Geld stinkt nicht. Nun, dieses Geld stinkt aber doch.‹«

Hanny lacht und fährt fort: »Ich sollte an meinem Geburtstag fliehen. Am Tag davor brachte die Post zu meinem

Schreck Geschenke. Alle Absender waren den Moffen nun bekannt, also konnte ich nicht bei diesen Freunden untertauchen. In einem Päckchen war eine Dose mit Kirschbonbons, die ich sofort aufaß. Mir wurde noch nicht einmal schlecht …

Werner hatte einen Plan ausgearbeitet. Er besorgte mir einen der breitkrempigen Hüte, wie Künstler sie tragen, dazu Zeichenpapier und Stifte. ›Wenn du draußen bist, musst du tun, als wärst du eine Malerin, die in der Heide nach Motiven sucht‹, riet er.

Ich musste in einen großen Sack kriechen. Versuche mal, das in einem völlig überfüllten Lager hinzukriegen! Westerbork war wie ein Ameisenhaufen. Gut, der Sack mit mir darin wurde auf einen Karren geworfen, so eine Lore auf Schienen, die durch das Lager bis nach draußen führten, quer durch ein Wäldchen. Dort machte Werner schnell den Sack auf, sodass ich fliehen konnte, während er weiterfuhr. Das war genauso schwierig, denn von den Wachttürmen aus konnten sie bis in das Wäldchen schauen. Ich musste erst eine Weile kriechen, mit mindestens vier Hosen und vier Hemden übereinander. Das war für den Fall, dass sie mich schnappen, denn dann würden sie mich natürlich sofort auf Straftransport nach Polen schicken, und dort ist es kalt.

Am schlimmsten fand ich es, die Lichtung zu überqueren, die man vom Wachtturm aus einsehen konnte. Aber ich schaffte es. Im Wald tauchte plötzlich ein Mann auf. Zu meiner Erleichterung war es der, den ich erwartete, Trudls Schwager Ger van Reemst, der in Drenthe wohnt. Ger gab mir ein Zugbillet und wünschte mir Glück. Da stand ich nun ganz allein in der Drenther Heide, mit meinem Künstlerhut und mit meinem Zeichenblock. Ich hatte keine

Ahnung, wo ich war. Ich orientierte mich nach der Sonne, wie Werner gesagt hatte, und lief südwärts. Nach einer Weile begegnete ich jemandem. Ich war auf der Hut, denn rund um das Lager wohnten viele falsche Bauern.
›Gehören Sie nicht ins Lager Westerbork?‹, fragte der Kerl misstrauisch.
Ich stellte mich erstaunt. ›Oh, von so einem Lager habe ich schon mal gehört. Ist das hier in der Nähe? Können Sie mir den Weg zeigen? Ich bin nämlich Künstlerin, solch ein Lager würde sich doch wohl als Motiv lohnen.‹ Ich weiß bis heute nicht, wie ich darauf gekommen bin. Er fiel jedenfalls darauf rein und deutete in die Richtung, aus der ich gekommen war. Ich ging also zurück.
Sobald ich ihn nicht mehr sah, machte ich wieder kehrt. Den ganzen Weg über machte ich mir Sorgen wegen der Zugkontrolle. Irgendwann sah ich dann die Schienen, denen ich nur zu folgen brauchte. Ich hatte Glück, ich erreichte den Bahnhof Beilen kurz vor dem letzten Zug.«
Ronny kann das alles gut nachfühlen. »Hast du nicht schreckliche Angst gehabt?«
»Das war das Verrückte, keinen Moment lang«, sagt Hanny. »Es war einfach zu unheimlich. Meine Nerven schienen aus Stahl zu sein, es musste einfach gut gehen. Ich machte die Zugtür auf und landete ausgerechnet in einem Abteil voller SS-Männer. Ich musste mich setzen, sonst hätte ich mich verdächtig gemacht. Außerdem fingen sie spontan an zu singen, für mich. ›Da kommt die Lore in das Feld, nun wird es Frühling.‹«
Kichernd singt Hanny ihrem verblüfften Nachbarjungen das Lied vor. »Ich trug keinen Stern, deshalb haben sie versucht, mit mir zu flirten. Sie hatten bestimmt noch nie mit

Juden zu tun gehabt und kapierten gar nicht, wie jüdisch ich aussehe. Vor dem Krieg habe ich das übrigens auch nicht gewusst.
Nun, meine Sorgen wegen einer Kontrolle im Zug stellten sich als überflüssig heraus. Ich hätte mir keinen besseren Schutz wünschen können als diese SS-Soldaten. Der Kontrolleur hat unser Abteil übersprungen. Außerdem stopften mich die SS-Männer mit wunderbaren belegten Broten voll, die wir Holländer schon nicht mehr bekamen.
Arm in Arm mit zwei SS-Soldaten lief ich laut singend mit der ganzen Gruppe über den Bahnsteig in Amsterdam. Die Kontrolle ließ uns natürlich einfach durch. Ohne es zu wissen, bot mir die SS freies Geleit. Auf dem Bahnhofsplatz verabschiedete ich mich herzlich von ihnen und machte, dass ich wegkam.« Hanny lacht ausgelassen.
»Die ersten Untertauchmonate waren schwer. Ich zog von einer Freundin zur anderen. Immer wieder wurde ich verraten, jedes Mal schaffte ich es gerade noch, zu verschwinden. Verraten und denunzieren finde ich besonders gemein. Ein paar Tage lang lag ich sogar im Zwischenraum zwischen zwei Stockwerken, so dicht waren mir die Verräter oft auf den Fersen.«
Patsch, Ronny hat einen Stein genommen und knallt ihn gegen einen Eimer, der unten steht.
»Du kannst gut zielen«, sagt Hanny anerkennend und erzählt ihre Geschichte zu Ende: »Ich bin von hier nach da gezogen, eine Studienkollegin, die auch Hanny heißt, sorgte immer für neue Adressen. Schließlich bin ich bei ihr eingezogen. Ich wohnte den ganzen Hungerwinter über hier in der Nähe, an der Keizersgracht, nicht weit vom Hauptbahnhof. Bis letzte Woche die Befreiung kam.«

Hanny nimmt auch einen Stein, aber ihrer landet einen halben Meter neben dem Eimer. Ronnys nächster Stein wirft den Eimer um. Hanny klatscht in die Hände. »Bravo, mitten ins Schwarze.«

»Ich kann Löcher in den Kopf werfen«, sagt er stolz.

Hanny schaut ihn an, amüsiert und zärtlich. »Du brauchst keine Steine mehr zu werfen. Der Krieg ist vorbei, wir müssen jetzt wieder lernen, Frieden zu schließen. Von jetzt an winke ich dir vom Balkon aus zu, wenn du in deinem Baumhaus mit deinen Freunden Limonade trinkst.«

Ronny schüttelt den Kopf. »Für so ein kindisches Getue im Baumhaus bin ich jetzt zu groß. Ich werde dich einfach besuchen.« Er steigt hinunter und hilft Hanny, auf das Schuppendach zu springen.

»Ich muss mich erst daran gewöhnen, dass du auf einmal so groß bist, Ron.«

Während er vor Hanny her geht, denkt Ronny an Saartje. Wo sie wohl ist? Und Max und Willy und die anderen, die in Viehwaggons und Zügen weggebracht worden sind?

»Meinst du, es sind auch Leute aus den deutschen und polnischen Lagern entkommen? Und haben Frits und Trudl und Werner auch Kindern bei der Flucht geholfen?«

Ronny schaut sich um und erschrickt, als er die Verzweiflung in Hannys Augen sieht.

Sie fasst sich sofort. »Hoffen wir's.«

Ronnys Mutter gibt Hanny ein Stück Brot. »Wann kommen deine Eltern?«

»Sobald sie etwas über Carla erfahren haben. Mein Bruder will auch bald aus Amerika kommen. Rudi, mein Verlobter, ist tot, wissen Sie das?«

Ronnys Vater nickt. »Was für ein ungewöhnlich tapferer Junge.«
Erstaunt schaut Ronny ihn an. »Was weißt du denn über ihn?«
»Er gehörte zu der Gruppe, die das Einwohnermeldeamt in die Luft geblasen hat.«
»Woher wisst ihr das?«
»Weil ihre Exekution bekannt gemacht worden ist«, erklärt seine Mutter.
Ronny ist beleidigt. »Warum hat mir niemand etwas davon erzählt?«
»Ich werde es dir jetzt selbst erzählen«, beruhigt ihn Hanny. »Mit meiner Schwester Carla und ein paar anderen Freunden war ich bei Verwandten ihres Verlobten an der Prinsengracht untergetaucht. Ab und zu kam Rudi und erzählte von ihren Sabotageaktionen. Mit seinen blonden Haaren ist er einfach ohne Stern auf die Straße gegangen. Immer öfter redete er über das Gehirn unserer Unterdrücker: das Einwohnermeldeamt. ›Beamte stempeln das große J auf unsere Papiere‹, sagte Rudi. ›Dank des Registers können sie die jungen Männer zur Zwangsarbeit aufrufen. Wir müssen das Einwohnermeldeamt zerstören.‹
Meiner Meinung nach spielte es keine Rolle. ›Ohne Register holen die Faschisten dann einfach willkürlich Leute von der Straße weg‹, argumentierte ich.
Eines Tages verkündete Rudi, dass sie erst das Einwohnermeldeamt von Amsterdam sprengen würden, dann das Arbeitsbüro.
›Wir stecken alles in Brand‹, sagte er, übermütig lachend.
›Was fällt euch denn ein‹, protestierte ich. ›Das ist lebensgefährlich.‹

Aber Rudi sah nur Vorteile. ›Wenn die Karten vernichtet sind, geben wir allen Untertauchern falsche Personalausweise. Stell dir das vor! Wir gehen wieder an der Amstel spazieren, wir nehmen die Straßenbahn und wir können wieder studieren. Mit einem normalen Personalausweis, ohne J, wird unser Leben genauso elend wie das der anderen Niederländer.‹

Ich hatte furchtbare Angst. Ich schrieb auch manchmal für das *Rattenkruid*, das Widerstandsblatt, Berichte über unseren Freundeskreis, und ab und zu brachte ich Untergetauchten Lebensmittelkarten. Aber Rudi war wirklich mutig. Er arbeitete bei der Gruppe um Gerrit van der Veen mit, dem ermordeten Bildhauer.«

»Sein Atelier war neben dem von Carasso«, sagt Ronny, und Hanny seufzt.

»Wisst ihr, dass Rudi derjenige war, der bei Feitsma eingedrungen ist? Feitsma war ein hoher NSBler. Durch sein Zutun sind viele Menschen im Lager Vught gelandet. Er hat sich die Schilder FÜR JUDEN VERBOTEN und das J in unseren Personalausweisen ausgedacht«, erklärt Hanny. »Rudi wollte ihn umbringen. Aber im Haus stieß er mit seinem Sohn zusammen, einem SS-Mann. Bevor er selbst geschnappt werden konnte, schoss Rudi ihn nieder und entkam.

Der Anschlag auf das Einwohnermeldeamt war monatelang vorbereitet worden und sehr gut geplant. Aber ich hatte ein unangenehmes Vorgefühl.

Gerrit und ein Freund, der Willem Arondeus hieß, hatten einen Architekten beauftragt, herauszufinden, wie das Gebäude von innen aussah. Sie wussten, wann die Wachen abgelöst wurden. Der Direktor des Städtischen Museums besorgte Sprengstoff über eine Komtesse. Ein Dichter wusste noch aus seiner Militärdienstzeit, wie man damit umgehen musste. Aus gestohlenem Uniformstoff nähte ein Schneider Polizeiuniformen. Es gab Spritzen, womit die Medizinstudenten, zu denen auch Rudi gehörte, die Wachleute betäuben konnten. Es gab Benzol, um die Karteikarten anzustecken. Sogar ein Amsterdamer Polizist gehörte zu dem Komplott, bei seiner Schwester war Rudis Mutter untergetaucht.«

Atemlos hört Ronny zu. So ähnlich hatten sie geplant, seinen Vater aus dem Gefängnis zu befreien. Rudi gehörte zu den Menschen, die wirklich etwas getan haben.

»Für den Anschlag brauchten sie etwa zehn Leute«, erzählt Hanny weiter. »Aber die Aktion war so groß, dass mindestens zwanzig andere bei der Vorbereitung halfen. Es brauchte nur ein Einziger aus Versehen etwas zu sagen, und die Sache war gestorben.«

»Es war sehr mutig«, unterbricht Ronnys Mutter. »Wie viele Erwachsene haben das gewagt, was diese Studenten und jungen Künstler taten?«

Hanny rollt sich nervös eine Haarlocke um den Finger. »Einige haben aus Versehen was gesagt. Ich sagte einem, er solle sein Adressbuch vernichten. Offenbar hat er es doch vergessen. Deshalb fühle ich mich so schuldig. Alle Menschen, mit denen ich untergetaucht war, sind geschnappt worden, weil ich in jenem Adressbuch stand. Was ist aus ihnen geworden? Rudis Mutter ist tot. Und wo ist Carla?«

Do Sweering schenkt Tee ein. »Was auch passiert ist, es ist nicht deine Schuld, Liebes.«

»Erzähl weiter«, bettelt Ronny. »Was war dann?«

»Am 12. März marschierten sie in Polizeiuniformen in Richtung Zoo. Aber an der Brücke über die Amstel stellte sich heraus, dass das ganze Judenviertel voller Polizisten war. Überall fanden Razzien statt.
So schnell wie möglich machten sie kehrt, bevor ihre angeblichen Kollegen sie sehen konnten. Eine Woche später wurde das Gebäude gerade von den Putzfrauen sauber gemacht. Da sprengte Rudi mit ein paar Bekannten die Oberleitung der Eisenbahnverbindung nach Haarlem. Danach teilte er mir das neue Datum für den geplanten Überfall auf das Einwohnermeldeamt mit: Samstagabend, 27. März. Ausgerechnet an diesem Wochenende übernachtete Rudis Mutter da, wo ich untergetaucht war.«
Es kostet Hanny sichtbar Mühe, weiterzuerzählen. »Zum Glück war es stark bewölkt. Die ganze Nacht über saß ich am Fenster und wartete nervös, ob ich irgendwo einen Feuerschein am Himmel sah. Aber der Zoo war zu weit entfernt. Morgens hörten die Leute, bei denen wir untergetaucht waren, dass ganz Amsterdam wegen des Anschlags auf das Einwohnermeldeamt in Aufregung war.
Rudi tauchte erst mittags auf. Ausgelassen berichtete er: ›Mit einem falschen Leutnant, vier Polizisten und drei Fahndungsbeamten kamen wir um Viertel vor neun am Gebäude beim Zoo um die Ecke an. Willem Arondeus trug die Leutnantsuniform. Er befahl den beiden Polizisten, die das Haus bewachten, in barschem Ton: Los, mit hinein. Das Gebäude muss sofort nach Sprengstoff untersucht werden, der wahrscheinlich hineingeschmuggelt worden ist. Tipp vom Hauptbüro.‹
Rudi hielt die Luft an«, fährt Hanny fort. »Ein Bewacher war misstrauisch, aber nach Meinung des anderen war al-

les in Ordnung. Als sie drinnen waren, wurden die beiden überwältigt. Rudi und seine Freunde gaben ihnen eine Spritze, die sie bewusstlos machte.
Plötzlich klingelte das Telefon. ›Auch wenn alles gut ablief, waren wir doch sehr nervös‹, erzählte Rudi. Zwei Studenten zogen den richtigen Polizisten die Uniformen aus und sich selbst an und stellten sich draußen als Wache auf. Die anderen beeilten sich, den Sprengstoff im Gebäude anzubringen.
Aus etwa sechshundert Metallschubladen warfen sie die Karteikarten auf einen großen Haufen. Im Keller fanden sie die Stammbücher von ganz Amsterdam, die kamen auch noch darauf. Im Nachhinein war das blöd. Ausgerechnet die unteren Papiere, um die es vor allem ging, bekamen nun zu wenig Brennstoff und Luft, um wirklich gut zu brennen.
Nach einer Dreiviertelstunde harter Arbeit gerieten sie schon wieder in Panik. Die Wachen wurden abgelöst. Rudi und seine Freunde verpassten auch ihnen eine Spritze und legten sie hinten in den Garten, zu den beiden anderen.«
»Sie haben sie in den Garten geschleppt? Warum?«, will Ronny wissen.
»Um ihnen das Leben zu retten, wenn alles in die Luft ging«, erklärt Hanny. »Deutsche tun immer, als wären die Widerständler nicht besser als die Faschisten. Aber für meine Freunde galt das sicher nicht. ›Das Gericht soll über sie urteilen‹, sagte Rudi immer. Er hatte einen sanften Charakter. Wäre kein Krieg gewesen, hätte er keiner Fliege etwas zuleide getan, dann wäre er jetzt ein Arzt.« Hanny seufzt tief.
Dann erzählt sie weiter: »Die Explosion war sehr heftig.

Die Fenster zersprangen, das Gebäude verwandelte sich in ein Feuermeer. Alle Tiere im Zoo wachten auf. Die Elefanten trompeteten, Tiger brüllten und Papageien kreischten. ›Uns ist Hören und Sehen vergangen‹, erzählte Rudi grinsend. Er wunderte sich, dass ich von allem nichts gesehen oder gehört hatte. Über ganz Amsterdam-Ost färbte sich der Himmel rot.«

»Wir haben es gesehen und gehört«, erinnert sich Ronny. »Wenn ich damals gewusst hätte, dass dein Verlobter dahinter steckte! Unglaublich!«

»Ich habe Todesängste ausgestanden«, sagt Hanny. »Aber Rudi hat meine Sorgen einfach weggewischt. Über den Polizeimann hat er alle Polizeiberichte über den Anschlag bekommen. Wenn sie ihm auf die Spur kämen, wäre er wieder geflohen. ›Ich habe sechshundert Blankoausweise und fünfzigtausend Gulden für den Widerstand geklaut‹, hat er erzählt, als er sich fröhlich verabschiedete. ›Und jetzt werden wir den guten Ausgang feiern.‹

Es war das letzte Mal, dass ich ihn sah, fröhlich und triumphierend.«

Arme Hanny, Ronny bekommt einen Kloß im Hals. Nach einer Weile erzählt sie weiter. »Als die Moffen zehntausend Gulden für Hinweise aussetzten, die zur Ergreifung der Täter führen würde, erwartete ich schon, dass es nicht gut ausgehen würde. Hinterher stellte sich tatsächlich heraus, wie unvorsichtig manche Beteiligten gewesen waren. Ein Dummkopf hat angegeben und gesagt: ›Bald fliegt das Einwohnermeldeamt in die Luft.‹ Sein NSB-Chef stand übrigens daneben, als er das sagte. Nach der Explosion hat die Polizei natürlich ihre Schlüsse gezogen. Eins kam zum anderen. Als der mit dem Adressbuch verhaftet wurde, traten sie bei uns die Tür ein. Sie brachten uns in getrennte Zellen.«

Hanny schweigt einen Moment, dann erzählt sie weiter. »Ich tat, als wüsste ich von nichts. Sie kamen jede Viertelstunde, um Fragen zu stellen, und ich sagte dann immer mit meiner affektiertesten Stimme: ›Das kann nicht sein, dass Rudi so etwas tut. Es muss ein Irrtum sein.‹ Das wurde an den SD-Kommandanten in der Euterpestraat weitergegeben, einen sehr bekannten SS-Mann. Eines Tages wurde ich ihm vorgeführt, wie hieß der Kerl doch gleich? Er hatte eine dicke Narbe.

Vor ihm auf dem Tisch lag ein Stapel unseres Widerstandsblatts *Rattenkruid*. Oben lag die letzte Nummer, in der ich etwas geschrieben hatte. Ich erschrak zu Tode. Wusste er davon?

›Du wirst reden‹, sagte er und blickte mich gehässig an. Ich machte mein unschuldigstes Gesicht. Erinnerst du dich noch an unser deutsches Dienstmädchen, Frau Freitag, die einen NSBler geheiratet hat? Ihr Deutsch war mir jetzt sehr nützlich. ›Ich kann mir nicht vorstellen, dass Rudi so etwas tut‹, rief ich in perfektem Deutsch. ›Wie können Sie bloß glauben, dass ich mich mit Saboteuren einlasse? Wir sind doch ganz anders erzogen worden.‹

Schließlich entschied er: ›Dieses Schaf da weiß von nichts. Bringt sie weg.‹

Im Zug nach Westerbork warf ich, auf den Rat von Rudis Mutter, meine Papiere aus dem Zug. Denn in ihnen stand, dass ich ein Straffall war, und das bedeutete, dass ich sofort weitertransportiert würde, nach Polen oder Deutschland. Nun landete ich im Gestank des überfüllten Lagers Westerbork, von wo aus ich dann entkam.«

»Und was ist mit Rudi passiert?«, fragt Ronny.

»Er ist mit zwei anderen Mittätern in eine Pension in Garderen gegangen, dort wurde er verraten. Ein Polizist sah, dass Rudis Personalausweis gefälscht war, Rudi schoss ihn nieder und floh. Hätte er auf dem Bahnhof Amersfoort nur keine Freunde getroffen. Er erzählte ihnen, dass er über Den Haag nach England fliehen wolle. Einer war schuld daran, dass Rudi am 13. April in Den Haag vom SD gefangen wurde. Er versuchte noch zu schießen, traf aber nicht. Das habe ich hinterher gehört.

Fast die ganze Gruppe wurde geschnappt, man hat sie auch gefoltert. Einer Freundin, die ihn während des Prozesses im Gefängnis besuchen durfte, gab Rudi seinen letzten Brief mit, der an seine Mutter und mich gerichtet war. Darin stand, dass sich die ganze Gruppe einig sei. Er sehe seinem Urteil gelassen entgegen. ›Wir haben getan, was wir tun mussten, und sind versöhnt mit dem Tod‹, schrieb er.

An einem Sommermorgen saß ich um sieben Uhr auf dem Boden hinter einer Baracke in Westerbork. Da sah ich plötzlich die Dünen und das Meer vor mir, es war ganz seltsam, ich sah Rudis Augen, und ich fühlte, dass er starb. Später hörte ich, dass er tatsächlich in genau diesem Moment in den Dünen bei Overveen standrechtlich erschossen wurde.«

Ronny hat sich bei Hanny untergehakt, während sie ihre traurige Geschichte fertig erzählt. Er ist sehr mitgenommen.

»Der Verräter war ein gewisser Balthasar Gerards. Was ist mit ihm passiert? Und mit dem Mann, der sich verplappert hat?«

»Ich will nicht wissen, wer sie sind«, antwortet Hanny.

»Durch Hass und Rache bekomme ich Rudi auch nicht zurück. Ich wünschte, ihre Aktion wäre sinnvoller gewesen. Es scheint ein doppeltes Archiv gegeben zu haben. Und von den Karteikarten sind zu wenige verbrannt.«

»Ihre Sabotage hatte doch Sinn«, findet Ronnys Vater. »Die Feuerwehr hat besonders gut gelöscht. Durch das ganze Wasser wurden noch mehr Karten unbrauchbar. Und einige Beamte, die mit dem Widerstand zusammengearbeitet haben, konnten nun leichter fälschen. Das Wichtigste war aber, dass nach ihrer Tat der Widerstand zunahm. Die Menschen waren wachgerüttelt.«

Doch Hanny denkt noch immer an die sechs Menschen, mit denen sie verhaftet wurde. »Wo sie wohl sind? Ich fürchte das Schlimmste, vor allem für die Juden.« Und leise fügt sie hinzu: »Fast all meine Freunde sind ermordet worden. Gerrit van der Veen ist nach dem Überfall auf das Gefängnis beim Leidscheplein erschossen worden. Willem Arondeus, der mir falsche Papiere besorgt hat, ist auch tot. Und Rudi. Wer denn nicht? Warum sind sie tot und warum bin ich am Leben?«

Still sitzen sie um die traurige junge Frau herum. Frau Sweering wischt sich die Augen, ihr Mann räuspert sich. Ronny zieht an Hannys Haaren. »Ich bin froh, dass es dich noch gibt.«

»Und wir auch«, sagt seine Mutter.

Ronny und seine Eltern begleiten Hanny zurück. Das schöne Herrenhaus der Levys ist unangenehm kahl ohne die Kronleuchter, ohne die antiken Möbel und all die schönen Bücher. »Am schlimmsten finde ich, dass die Moffen alle Fotos und all meine Kinderbücher vernichtet haben.« Hannys Stimme hallt durch die leeren Zimmer.

An der Tür wird geklingelt, und alle drei hoffen sie dasselbe: Vielleicht ist es Hannys Schwester Carla? Hanny macht auf, ein blasser Junge steht auf der Schwelle. »Meine Mutter schickt mich«, stammelt er.

»Und wer ist deine Mutter?«, fragt Hanny.

»Frau Freitag.«

»Euer NSB-Dienstmädchen«, flüstert Do Sweering verblüfft.

»Und was willst du hier?«, fragt Hanny ebenso erstaunt.

»Meine Eltern sind verhaftet worden und Mama hat gesagt: ›Geh zur Familie Levy in der Westeinde 22.‹«

»Nein«, antwortet Hanny leise. »Es tut mir leid, aber ich kann wirklich nichts für dich tun.« Sie macht die Tür zu. Drinnen sinkt sie auf einen hölzernen Küchenstuhl, das einzige Möbelstück, das noch da ist. Durch das Fenster sehen sie den Jungen mit hängenden Schultern weggehen.

Hanny stöhnt. »Wie kann ich so hart sein? Was kann denn der Junge dafür?«

»Nichts«, sagt Frau Sweering. »Aber du hast Rudi und deine Freunde verloren, vielleicht auch deine Schwester. Du bringst das jetzt nicht fertig.«

Hanny starrt vor sich hin, dann erzählt sie, dass sie am Tag der Befreiung die Amstel entlangging. »Ich habe mich ständig gefragt, warum ich lebe und Rudi nicht. An einem Baum stand ein deutscher Soldat, offenbar auch in Gedanken versunken. Er sah natürlich, dass ich Jüdin bin. Er wurde rot und machte eine Gebärde aufrechten Bedauerns.

Plötzlich begriff ich, dass dieser Soldat nie wieder wirklich glücklich sein würde. Ich fühle mich schon schuldig, dass ich noch lebe und meine Freunde nicht. Stellt euch vor, wie schlimm er sich fühlt. Auf einmal hatte ich Mitleid mit ihm. Komisch, nicht? Ich hätte ihn ansprechen sollen, aber ich halte die deutsche Sprache nicht mehr aus.«

»Was hättest du zu ihm gesagt?«, fragt Ronny verblüfft.

»Ich hätte aus seinem eigenen Mund hören wollen, wie sehr es ihm leid tut.«

Ronny traut seinen Ohren nicht. Hat er dafür den ganzen Krieg über die NSB-Bartmänner beobachtet? »Hättest du etwa einem deutschen Soldaten vergeben?«

Hanny seufzt. »Natürlich wussten viele von Hitlers Anhängern tief in ihrem Herzen, dass sie einem Mann mit, sagen wir mal, mindestens kriminellen Ideen gehorchten. Aber so viele waren arbeitslos. Und die meisten Reichen kümmerten sich nicht um die bittere Armut der vielen anderen. Die deutsche Demokratie war die jüngste in Europa. Die Politiker waren zerstritten, keiner wusste einen Rat. Dass der Weg, den die Nazis so selbstsicher aufzeigten, direkt in den Abgrund führte, begriffen manche seiner Anhänger zu spät. Viele wollten es nicht sehen. Und viele gehorchten auch aus purer Angst vor dem Naziterror. Soldaten mussten in den Dienst. Aber Rudis Tod vergebe ich den Nazis nie …« Hanny nimmt ihre Schlüssel.

»Ich gehe noch bei meinen Eltern vorbei, vielleicht gibt es etwas Neues von Carla.«

Draußen fährt ein Jeep vor, in dem ein großer Soldat sitzt.

»Stan, Stan!« Ronny klettert neben ihn. »Fahren wir ein Stück, ja? Bitte, Stan!«

Lachend rast Stan mit Ronny zum Jordaanviertel. Sie halten an einem Straßenfest. Die Mädchen drängen sich um den kanadischen Soldaten. Den Arm locker um das Steuer gelegt und Kaugummi kauend, passt Ronny so lange auf den Jeep auf.

Als sie wieder am Hotel *Atlantic* sind, springt Ronny direkt gegenüber von Willys Keller aus dem Jeep. Sobald Willy zurückkommt, darf er auch mit dem Jeep fahren, denkt Ronny. Tief in seinem Herzen glaubt er nicht, dass er Willy wieder sehen wird. Nur traut er sich nicht, das zu denken. Er will immer so glücklich bleiben wie jetzt mit Hanny und Stan und hoffen, dass alle, die er gern hat, wiederkommen.

Das Wochenende mit Stan ist ein Fest, voller Essen und Geschichten. Diesmal erzählt Stan von seinen Abenteuern nach der deutschen Kapitulation im Norden der Niederlande.

»Wir hatten Moffen in einem Schloss gefangen genommen, ich glaube, es war in Apeldoorn. Dort sah ich, wie unsere Soldaten wie Affen im Urwald von einem Kronleuchter zum anderen schwangen.«

Nachts träumt Ronny, dass er mit Willy und Hetty Murmeln spielt. Plötzlich rollen orangefarbene Murmeln auf sie zu, die immer größer werden. Sie bekommen Augen und einen Mund und rufen: ›Mörder, du bist Balthasar, der Mörder.« Ronny schreit: »Willy, Hilfe, Willy, ich bin an der Reihe, ich darf Wilhelm spielen, Hilfe!«

»Ruhig, Ronny, du hast einen Albtraum«, beruhigt ihn sein Vater.

»Kommt Willy dann zurück? Ist er auch befreit? Darf ich endlich Wilhelm von Oranien sein?«

»Ich weiß nicht sicher, ob Willy zurückkommt«, sagt sein Vater mit einem tiefen Seufzer. »Ich hoffe es genauso sehr wie du.«

Enttäuscht schaut Ronny ihn an: »Warum sagst du dann, dass ich nur einen Albtraum habe?«

15. Die schreckliche Wahrheit

Die ersten Wochen im Mai sind unerwartet fröhlich. Immer wieder tauchen Menschen aus Kellern auf, von Dachböden und Scheunen. Weil das Hotel *Atlantic* geschlossen ist, glauben einige Gäste und Bekannte anfangs, die Familie Sweering sei geschnappt worden. Jedes Wiedersehen bedeutet eine große Erleichterung. Als sein Freund Isaak plötzlich vor ihm steht, ist Ronnys Vater überglücklich.
»Ich war in Nijmegen untergetaucht, als die Fallschirmspringer abgesprungen sind«, erzählt Isaak. »Für mich waren die roten Teufel ein himmlischer Anblick.«
Velthoen steckt den Kopf durch die Tür. »Wir brauchen Sie unten, Herr Jacob.« Ronny benutzt die gute Gelegenheit, etwas von Isaak zu erfahren. Denn sein Vater ist nicht gerade mitteilsam.
»Sie waren auch plötzlich verschwunden«, beginnt er diplomatisch.
»Am Anfang war ich ganz in der Nähe, du rätst nie, wo«, sagt Isaak grinsend. »Ich hatte mir einen kleinen Untertauchverschlag machen lassen, unter dem Ausguss in meinem eigenen Haus hier an der Nicolaas Witsenkade. Auf meine Bitte hin schickte ein Schweizer Bekannter eine so genannte Abschiedskarte an meine nichtjüdische Frau: ›Lieber Schatz, ich bin in die Schweiz gegangen. Ich hatte keine Wahl, adieu, Isaak.‹
Den Deutschen gegenüber beharrte sie darauf, dass ich geflohen wäre. ›Er hat mir einen gemeinen Streich gespielt‹, sagte sie.«

Ronny fühlt, dass er rot wird, er stellt sich schnell ans Fenster und starrt zu der Stelle, wo er damals »Judenstreich« zu Hetty gesagt hat, während er weiter Isaak zuhört. »Dein Vater war der Einzige, der wusste, wo ich war. Er kam jeden Tag und berichtete mir aufgeregt, was der Sender Oranje über den Frontverlauf gesagt hat. Meine Frau hatte unseren Radioapparat abgeliefert, um nicht aufzufallen.«

Ronny dreht sich wieder um. »Jetzt verstehe ich, wohin Papa immer verschwunden ist. Vor Ihrem Haus habe ich ihn immer aus den Augen verloren. Warum sind Sie dann nach Nijmegen gegangen?«

»Du weißt wahrscheinlich, dass dein Vater für den Lebensunterhalt ziemlich vieler Menschen gesorgt hat«, erzählt Isaak. »Er spielte und kaufte Nahrungsmittel von dem Gewinn. Auf dem Schwarzmarkt hat er für sie Schmuck und Diamanten verkauft. Ich bat Jacob einmal, einen Tausend-Dollar-Schein auf dem Schwarzmarkt zu wechseln. Nicht lange danach warnte er mich, dass kurz nach der Tauschaktion ein halbjüdischer Kellner abgeholt worden war.«

Ronny erinnert sich wieder an die Nacht, in der jemand vom Personal heulend und schreiend abgeführt wurde. Es scheint Jahrhunderte her zu sein. »Bestimmt wurde er gefoltert und hat Leute verraten«, sagt Isaak. »Dein Vater hatte mich gewarnt. Ich lag also sicher in meinem Untertauchverschlag, als sie bei uns die Tür eintraten. Ein befreundetes Ehepaar half mir dann, nach Nijmegen zu fliehen. Dort war mein Neffe der Leiter der Untergrundgruppe.«

Ronny räuspert sich. »Ein Junge in der Schule behauptet, meine Familie sei falsch gewesen.«

»Gerüchte, das liegt bestimmt an deiner Tante«, vermutet Isaak. »Sie hat nie jemanden verraten und sie gehörte nicht zur NSB, aber sie ist halb betrunken mit Deutschen durch die Stadt getaumelt. Da dein Onkel auch immer Liebschaften hatte, kann er ihr das wohl kaum vorwerfen.« Der Rechtsanwalt zwinkert Ronny zu. »Aber warum sie sich ausgerechnet in Moffen verliebt hat?«
Ronnys Mutter kommt herein und erkundigt sich nach Isaaks Familie.
»Wir wissen nur noch nicht, wo meine Schwester ist«, antwortet er. »Sie war immer die Bravste von uns allen, sie hat als Einzige dem Aufruf der Deutschen gehorcht. Alle sind aufgetaucht, außer ihr.«
Es wird still, so geht es immer, wenn sie jemanden wiedersehen. Denn dann kommen unweigerlich die Fragen nach ihrer Familie und Freunden. Niemand wagt es laut zu sagen, aber nach Ronnys Meinung bezweifelt jeder insgeheim, dass sie die Vermissten je wiedersehen.
Ende Mai kommt ein junger Student vorbei, der Aaron heißt.
»Er ist ein Sohn der Familie, die Weihnachtskarten geschickt hat«, erklärt die Mutter Ronny.
»Ich bin Ihnen so dankbar«, sagt Aaron. »Papiere, Ausweise, Lebensmittelkarten, eine Untertauchadresse, Sie haben für alles gesorgt.« Als seine Eltern die Sachen holen, die Aarons Eltern ihnen zum Aufbewahren gegeben hatten, ist Ronny kurz allein mit Aaron.
»Meiner Meinung nach hat ein Bruder von dir mit einem verstauchten Knöchel in meinem Zimmer geschlafen«, beginnt Ronny das Gespräch.
»Das ist gut möglich«, sagt Aaron. »Mein Bruder ist für

Geld verraten worden. Aber er sprang aus dem Zug und tauchte wieder unter.«

»Wohnt ihr in der Oranje Nassaulaan?«

»Stimmt«, sagt Aaron.

Ronnys Vater kommt mit ein paar Gemälden herein.

»He?«, ruft Ronny erstaunt. »Die hast du doch von Puls gekauft?«

»Ja«, antwortet sein Vater, »mit dem Geld seiner Eltern, um sie ihnen später zurückzugeben. Komm mal mit, Aaron. Ron und ich haben Puls auch ein paar von euren Möbeln vor der Nase weggeklaut. Sie stehen im Hotel.«

Vom Restaurant aus sehen sie drei magere, abgerissene Menschen aus einem amerikanischen Armeewagen steigen.

»Die sehen noch ausgemergelter aus als wir«, murmelt Herr van Halm. Auf einmal rennt Ronnys Mutter zum Fenster. Sie ruft die Namen von früheren Gästen, die Ronny nicht erkennt. Sie läuft hinaus und umarmt die Unbekannten, die sie geistesabwesend anschauen. Sie sind völlig erschöpft.

»Um Himmels willen, woher kommen Sie?«, ruft Ronnys Mutter erschrocken.

»Aus Bergen-Belsen.«

»Wo liegt das?«

»In Norddeutschland. Meine Eltern und Großeltern sind dort ermordet worden. Wissen Sie, ob meine Frau und mein Bruder noch leben?«

Mit bleichen Gesichtern schauen Ronny und seine Mutter sich an. »Das Hotel ist noch nicht geöffnet. Kommen Sie doch mit hinauf ins Wohnzimmer.«

Von nun an kommen immer häufiger alte Bekannte aus den

Lagern zurück. Einigen schlottern Soldatenanzüge um die abgemagerten Körper. Viele sind völlig erschöpft vom Typhus. Die meisten sind kahl geschoren, manche machen einen verwilderten Eindruck. Oder sie sind sehr schweigsam. Als kämen sie von einem anderen Planeten.
Ab und zu erzählt ihnen jemand vom niederländischen Hungerwinter. »In ganz Amsterdam war nichts mehr zu kriegen.«
Dann schauen die Neuangekommenen ihre alten Bekannten nur an. Manchmal mit einem sarkastischen Auflachen: »Das ist ja was.«
Zögernd fragt der Erste dann: »Wie war es im Arbeitslager?«
Die ehemaligen Häftlinge tauschen verständnisvolle Blicke. »Du meinst das Konzentrationslager? Dort wurde massenweise gemordet.«
»Das ist doch nicht möglich.«
»In der Hölle ist alles möglich.« Und dann schweigen sie wieder.
»Diese Menschen haben wahrscheinlich Dinge gesehen, die zu schlimm sind, um sie zu erzählen«, erklärt Opa.
Ronnys Mutter kommt herein, mit einer kahlen Frau in einem grob gestreiften Gefängnisanzug mit einer Nummer darauf. Sie setzt sich auf den Boden. Ronnys Mutter führt sie vorsichtig zu einem bequemen Sessel.
»Setz dich hierher, Ruth, ich mache Tee.«
Erschrocken schaut Ronny hoch. Ruth? Forschend betrachtet er ihr Gesicht. Ist diese knochige, zerlumpte Frau Saartjes schöne Filmstartante, die Auto fuhr und immer von einer Wolke von Parfüm umgeben war? Wie ist das möglich? Er nimmt seinen ganzen Mut zusammen.

»Wissen Sie, wo Saartje ist?«
Langsam dreht sie den Kopf. Aus ihren Augen blickt ihm eine so tiefe Traurigkeit entgegen, dass sich Ronnys Magen zusammenkrampft. Sie starrt ihn immer noch an. Ronny fragt sich, ob sie ihn überhaupt wahrnimmt oder ob sie durch ihn hindurchschaut und etwas Schreckliches sieht.
»Ich war mit Saartje in der Klasse. Ich möchte gern wissen, wie, ich meine, also …«, stottert er. »Ich bin Ronny.«
Sie nickt. »Ronny, ja, ja.« Kopfschüttelnd murmelt Tante Ruth vor sich hin. »Saartje, Papa und Mama, mein Sal. Bram und Edu und Roosje und ihre Kinder, Opa und Oma. Saartje?« Wieder schaut sie Ronny an. »Ü-ber-haupt niemand mehr.«
Kälte kriecht in Ronny hoch. Ronny hat größere Angst als je während des Kriegs. Er will die Antwort nicht wissen und doch muss er es fragen.
»Ist Saartje tot?« Heiser flüstert er ihren Namen.
Saartjes Tante nickt mit ausdruckslosem Gesicht. Wieder flüstert sie all die Namen von Familienmitgliedern. Alles Erwachsene und Kinder, die Ronny kennt.
Die ganze Zeit, in der Ronny erwartet hat, dass Saartje tot ist, hat er sie deutlich vor sich gesehen. Oft hatte er das Gefühl, er müsse nur die Hand ausstrecken, um sie an ihrem hüpfenden Pferdeschwanz ziehen zu können. Doch nun kann er sich plötzlich nicht mehr an ihr Gesicht erinnern. Es ist, als verstecke sie jemand. Er versucht, sie sich vor Augen zu holen. Es ist doch nicht möglich, dass es Saartje nicht mehr gibt. Es darf einfach nicht wahr sein. Er weiß nicht mehr, wie Saartje aussieht. Wie ist das möglich?
Seine Mutter kommt mit Tee herein. »Lass Ruth ein bisschen in Ruhe«, flüstert sie. »Sie ist arg durcheinander.«

Taumelnd läuft Ronny hinaus und setzt sich niedergeschlagen auf das Terrassenmäuerchen. In der Nähe stehen ein paar alte Bekannte, die sich fröhlich miteinander unterhalten. Wie früher fängt er Gesprächsfetzen auf. Es geht jetzt über Grauen und Tod, Marter, Hunger, Verderben und Sadismus.
»Weißt du noch diesen polnischen Transport? Den Waggon voller toter Menschen?«
»Warst du beim Compiègne-Transport? Ich hätte nie geglaubt, dass jemand dieses Blutbad überlebt hat.«
»Die Ungarn? Sie sind vor lauter Erschöpfung und Elend mit Absicht in den Stacheldraht gelaufen. Natürlich waren sie sofort tot, bei der Hochspannung. Wir waren neidisch, sie hatten es wenigstens hinter sich.«
Ronny schnappt nach Luft. Er überquert die Straße und läuft zur Kuppel, wo er damals mit Hetty Murmeln gespielt hat und wo der Lastwagen für Willy hielt. Nun drängen sich Menschen um Listen mit Namen. Wer zurückgekommen ist, schreibt seinen Namen und seine Adresse auf. Aber die andere Liste, die mit den Namen der Toten, wird länger und länger. Immer wieder bricht jemand in herzzerreißendes Weinen aus.
Ratlos vor Kummer steht Ronny zwischen all den Menschen, die hier herausfinden, dass ihre Lieben ermordet wurden. Weil sie anders waren als andere; Zeugen Jehovas, Priester oder Gewerkschaftsmitglieder oder Andersdenkende oder weil sie Untertauchern halfen. Die meisten aber nur deshalb, weil sie als Juden geboren worden waren. Was gibt es hier zu trösten?
Oben im Wohnzimmer fangen Ronnys Eltern immer wieder an zu weinen. Fast alle Stammkunden vom Hotel *At-*

lantic sind vom Erdboden weggewischt. Die Frau, zu der Ronny sagte: »Ich muss sagen, dass es mir leid tut«, als er Brei aus dem Fenster warf, ist auch tot. Auch ihre Kinder, ihr Mann und ihre Eltern, die Nachbarn und die aus den Häusern daneben sind ermordet. Fast alle Lehrer der Rückseite sind tot.

Zum Glück steht der Name von Fräulein Esther bei den Lebenden. Aber Ronnys Freude wird überschattet durch die vielen Namen von Kindern auf der Totenliste. Saartje und Max, Bram und Sal und ... Ronny kommt durcheinander. Er legt seinen Zeigefinger über den Mittelfinger und wiederholt in Gedanken: Willy kommt zurück. Willy kommt wieder. Bitte, Willy darf nicht tot sein.

So froh er war über die Ankunft von Stan und Hannys Rückkehr, so unglücklich ist Ronny jetzt. Er holt Kees und Louise ab, ihre Gesichter sind verheult. Die Tochter und die Enkelkinder der Leute, die bei Louises Großeltern untergetaucht waren, leben zum Glück noch. Aber fast alle Nachbarn Louises sind ermordet, und bei Kees ist es auch so. In ihrer Straße hängen auch solche Listen.

»Wäre nur wieder Krieg, dann könnten wir hoffen, dass die Rückseitler wiederkommen«, sagen sie.

Ronny will etwas tun. »Kommt, wir gehen zum Judenviertel. Wer weiß, vielleicht läuft dort ein Kind herum, das seine Familie sucht. Das darf dann bei uns wohnen. Alle Häuser dort sind unbewohnbar, es gibt kein Holz mehr darin.« Unterwegs zur Jodenbreestraat kommen sie an Laternenpfosten vorbei, an denen Namenslisten hängen. Überall stehen Menschen und lesen fieberhaft.

Aber in anderen Straßen wird getanzt. Jetzt macht es

Ronny traurig. Viele der Feiernden wollen lieber nicht hören, was mit den deportierten Menschen in den Lagern passiert ist. »So einfach hatten wir es auch nicht. Dürfen wir bitte ein bisschen feiern?«

Die Jodenbreestraat, die früher vor Leben und Fröhlichkeit pulsierte, bietet nun einen trostlosen Anblick. Häuser ohne Fenster und Türen gähnen sie an wie Knochenskelette mit hohlen Augen. Der Wind weht durch Ruinen, aus denen alle Balken herausgerissen sind.

Ronny muss plötzlich an das denken, was Hans nach der Verhaftung seines Vaters gesagt hatte: »Seit ich die schreckliche Wahrheit kenne.« Und an seine Antwort, als Ronny fragte, wo seine Freunde seien: »Wenn ich helfen könnte, würde ich es tun. Sie sind unauffindbar.« Hans wusste natürlich, dass alle ermordet werden, begreift Ronny jetzt.

Klangfetzen der Festmusik aus der Stadt wehen herüber. Louise, Kees und Ronny gehen Arm in Arm weiter. Mit dumpfer Stimme erzählt Ronny, was er gehört hat.

»Die Moffen zwangen alle, zum Duschen zu gehen. Auch Saartje, Max und Eddy und die anderen mussten sich ganz ausziehen. Dann kamen sie in Duschräume, in denen aber kein Wasser aus den Löchern kam, sondern Giftgas. Sie sind alle erstickt. Das ist in Auschwitz passiert, irgendwo in Polen.«

Louise wird leichenblass, sie muss sich übergeben. Kees schaut Ronny an. »Das waren natürlich die Gaskammern, über die *Het Parool* berichtete.«

Ziellos irren sie durch das Geisterviertel. Das einzige Lebewesen, dem sie begegnen, ist eine magere schwarze Katze, die sie anfaucht.

»Sollen wir wieder zu dir ins Hotel gehen?«, schlägt Louise vor. Im Zimmer sechs, wo sie damals Pläne machten, um die Rückseitler zu befreien, betrachten sie im Atlas die Karte von Polen. Aber das Dorf Auschwitz ist nicht darauf. Louise geht nach Hause. Sie hat ein dickes Heft bekommen, in das sie alles über den Krieg schreiben will.
»Später, wenn ich groß bin, lasse ich es meine Kinder lesen. Ich werde ihnen alles erzählen, über die Razzien und den Judenstern und alle Gemeinheiten. Jeder muss erfahren, wozu es führt, wenn Menschen einander so hassen, ohne dass sie sich kennen. Das darf nie mehr passieren.«
Bei Tisch sitzt Ronny neben Stan. Er kann den Blick nicht von dessen Pistole abwenden. »Gemeine Scheißmoffen«, murmelt er immer.
»Ronny, bitte nicht solche Wörter«, sagt seine Mutter streng.
Ihr Sohn zuckt mit den Schultern. »Wenn ich ein Soldat wäre, würde ich die ganze Zeit nur Moffen totschießen.«
»Die Alliierten haben auch manchmal falsche Sachen gemacht«, sagt Stan. »Krieg ist schmutzig, er lockt das Niedrigste im Menschen hervor.« Er erzählt von einem kanadischen Soldaten, der immer mehr wollte. »Ein habsüchtiger Kerl. Er stahl Schmuck von Toten, sogar Eheringe. Egal, von wem, ob von einem Mof oder einem Alliierten. Eines Tages flog er samt Tank, gestohlenem Schmuck und allem in die Luft. Ich habe ihm keine Träne nachgeweint.«

Zu Ronnys Entsetzen werden die wenigen Menschen, die zurückkommen, manchmal herzlos empfangen. Die vorläufige Regierung sperrt einige von ihnen sogar ein, weil sie keinen Pass oder Personalausweis mehr haben. Manchmal

werden Juden in Lagern untergebracht, zusammen mit SS-Leuten. Mit ihren Henkern! Ronnys Vater platzt vor Wut, als er das erfährt.
Zuweilen bekommen sie ihre Sachen, die sie Nachbarn zur Aufbewahrung gegeben hatten, nicht mehr zurück. Eiskalt behaupten die Nachbarn: »Aber nein, das gehört uns.« Oder jemand macht die Tür auf und sagt ungerührt: »So, Sie leben also noch.« Auf der Straße hören Menschen mit jüdischem Aussehen zuweilen jemanden hinter ihnen zischen: »Bestimmt hat man vergessen, die zu vergasen.« Ronny hofft, dass er das einmal miterlebt, denn er ist jetzt groß und stark. Die Leute können von ihm einen Schlag auf den Kopf kriegen. Zum Teufel mit Hanny und ihrem Wunsch nach Frieden und Vergebung.

Eines Tages steht Ies Vogel vor der Totenliste, seine Stimme klingt bitter. »Wie viele unserer Lieben sind für sieben Gulden fünfzig verraten worden? Auch niederländische Polizisten haben sie erbarmungslos abgeholt. Sie halfen, das Herz aus der Stadt zu schneiden. Ich habe meine Mutter und die Kinder aus Westerbork gerettet. Aber mein Vater war bei der Erste-Hilfe-Organisation EHBO, er wollte anderen helfen. Also ging er dem Tod entgegen. Und jeder schaute zu.«
»Sie standen doch mit Gewehren daneben, als sie uns abholten, oder? Was haben wir getan, als andere abgeholt wurden? Was konnte man tun?«, fragt jemand.
»Ich habe in Belgien mit dem jüdischen Widerstand gearbeitet. Hier hat der Judenrat den Moffen doch nach dem Mund geredet, weil sie hofften, dadurch selbst verschont zu bleiben.«

»Aber wir waren so viele, mit all den Flüchtlingen«, seufzt Vic Waterman. »In dem ganzen Elend hat jeder für sich selbst gesorgt. Ich war Geflügelhändler, aber ich hatte nicht genug Geld, um alle bei meiner Flucht mitzunehmen. Bin ich nun gut oder schlecht? Ich habe die Firma meinem Personal geschenkt.« Vics Stimme bricht. »Von ihnen hat bis jetzt nur einer überlebt.«
Ronny versucht, Ies Vogel zur Seite zu ziehen. »Sie waren doch dabei, als die WA bei uns aus dem Haus gejagt wurde, nicht wahr?«
»Von Kämpfen mag ich nicht reden, Junge«, sagt Ies, und Vic neben ihm sagt: »Um Gutes zu erreichen, muss man manchmal Schlechtes tun.«
»Ein Junge aus meiner Klasse, der Sohn von einem NSBler, behauptet, wir wären auch ein bisschen schlecht gewesen«, sagt Ronny leise zu Ies.
Wie von einer Hornisse gestochen, dreht Ies sich um. »Gemeine Lügen, der Schlag soll sie treffen«, ruft er empört auf Jiddisch, der Sprache, die in Amsterdam fast niemand mehr spricht. »Dein Vater Jacob hat ein goldenes Herz. Doktor Mani Leisen hat mir selbst erzählt, dass er mit Jacob zusammen eine Menge Menschen gerettet hat. Ich kenne dreiundachtzig Kinder, darunter meine beiden Neffen, die von deinem Vater gerettet wurden. Sie haben es sehr geschickt angestellt. Für das Fälschen von Dokumenten haben sie hart gekochte Eier und solches Zeug benutzt, frag mich nicht, wie.«
Plötzlich sieht Ronny das Bild wieder vor sich, wie damals, als er Zimmer sechs bekam: Drei Männer sitzen um seinen Tisch, mit einem Tintenfass, einer Schere, Papier und einem Ei.

Jemand weint leise. »All die Menschen von damals sind ermordet worden.«
Verbittert stehen sie nebeneinander, jeder in Gedanken versunken. Und am nächsten Tag, wenn sie hierherkommen, ist die Totenliste wieder länger geworden.

Am liebsten würde Ronny nicht mehr hinübergehen. Aber die Listen sind wie ein Magnet, er wird unwiderstehlich von ihnen angezogen. Carla, Hannys Schwester, steht nun auch darauf. Ihre Nachbarn sind schrecklich traurig. Arme Hanny, denkt Ronny, als er sie sieht.
Sie weint. »Ich habe es befürchtet. Werner, der mir bei der Flucht geholfen hat, hat schon in Westerbork immer gesagt: ›Als Deutscher kenne ich die faschistische Unterdrückungsmaschinerie schon seit 1929. Bei den Nazis dreht sich alles um Vernichtung. Sie sind verrückt, machtgierig und sadistisch. Nach den Juden, den Behinderten und den Andersdenkenden werden sie neue Gruppen töten.‹« Hanny schweigt einen Moment, bevor sie weiterspricht: »Werner und Trudl ließen nur Menschen fliehen, die versprachen, niemandem etwas zu verraten. Viele wollten ihre Lieben nicht zurücklassen, ohne Abschied zu nehmen. ›Niemand kommt von den Transporten zurück, glaubt mir das‹, beschwor Werner sie. Aber die niederländischen Juden konnten ihm nicht glauben. Auch wenn sie ihre jahrhundertelange Geschichte mit Pogromen und Verfolgungen kannten. Niemand wollte glauben, wozu Nazis imstande sind.«

Auf der Liste der Überlebenden steht bis jetzt nur ein Kind der WC-Schule. Ausgerechnet ein Junge, den Ronny kaum kennt. Er starrt die Namen seiner Freunde auf der Liste der

Toten an. Plötzlich erstarrt er. Alles um ihn herum beginnt sich zu drehen, nur die Buchstaben des einen Namens stehen still:

WILLY VAN BIENE 10. 9. 1931–10. 9. 1943 AUSCHWITZ.

Wie lange er da steht, weiß Ronny nicht. Er sitzt in der Scheune, als seine Mutter hereinkommt. Er hebt den Kopf.
»Willy kommt nie mehr zurück. Nie, nie, nie mehr.«
»Ich habe gesehen, wie du von den Listen weggerannt bist. Ich habe schon lange befürchtet, dass Willy draufstehen würde.« Bedrückt setzt sie sich zu Ronny auf die Kiste.
»Willy ist an seinem Geburtstag ermordet worden, zusammen mit seiner Mutter und Tante Cato, die stehen auch auf der Liste«, flüstert er.
»Sie haben sich also doch noch getroffen«, sagt die Mutter betroffen. »Was für ein Drama.« Und dann erzählt sie endlich, was in jener Nacht, als Ronny operiert wurde, in der Westeinde passiert ist.
»Willy war tapfer«, beendet sie ihre Geschichte. »Er hat sein Leben gewagt, um dir seine Kaninchen zu geben. Du warst sein bester Freund, hat er gesagt.«
»Warum musste er denn sterben? Fast alle Rückseitenkinder sind vergast worden. Man hat ihnen gesagt, sie sollten in einen Raum gehen, um sich zu duschen. Aber es waren keine Duschen. Ich muss dauernd daran denken. Als ob ich auch nackt mit ihnen dort stehe und ersticke.« Ronny weint.
»Ach, mein Schatz«, sagt seine Mutter ebenfalls unter Tränen. »Ich kann es dir nicht erklären. Ich verstehe auch

nicht, warum erwachsene Menschen Kinder ermorden. Zum Glück habe ich zu Willy noch sagen können, dass wir immer auf ihn warten.«
»Aber er kommt nie mehr zurück. Und nie wieder finde ich einen Freund wie Willy, so einen gibt es nur einmal.«
Zusammen sitzen sie im Schuppen und weinen. »Ohne meine Freunde bedeutet es mir nichts, dass wir befreit sind«, schluchzt Ronny. »Ich gehe nicht mehr in die Schule. Ich will nichts mehr von Erwachsenen lernen. Ich lasse mir nichts mehr vormachen.«
Seine Mutter legt den Arm um ihn. »Komm«, sagt sie nach einer Weile. »Gehen wir wieder rein.«
Ronny setzt sich neben Opa. »Ich möchte mich noch bei dir bedanken, für das Veilchen mit dem Gedicht, das du mir damals ins Krankenhaus gebracht hast«, sagt er leise.
Opa ist bedrückt, er weiß das mit Willy schon. »Wir werden Willy nie vergessen, Ronny«, sagt er. »Wir werden die Erinnerung an deinen Freund für immer und ewig bewahren.«

Inzwischen wird der große Festsaal für Heintje Davids geöffnet. Die bekannte Sängerin und Schauspielerin hat die Verfolgung durch die Nazis überlebt und tritt zum ersten Mal wieder auf.
Das Hotel *Atlantic* füllt sich mit alten Gästen, das Wiedersehen ist sehr gefühlsgeladen. Niemand fragt mehr: »Hast du den oder die gesehen?« Alle wissen, dass von vielen Familien niemand übrig geblieben ist. Manchmal ist nur noch einer am Leben. Ronny schaut sich um. Neben den Menschen, die hier sind, sieht er in Gedanken all die Ermordeten sitzen. Ein schreckliches Geisterspiel.

Ronny sitzt neben ihrem Nachbarn, dem Notar Spier. Daneben hat ein stiller, trauriger Herr, der mit Nachnamen Frank heißt, Platz genommen. Er hat seine Frau und seine Töchter Anne und Margot verloren. »Sie haben im Flussviertel gewohnt. Dort sind von vielen Häuserblocks manchmal nur drei oder vier Personen zurückgekommen«, erzählt Herr Spier.
»Bei uns im Transvaalviertel ist es genauso«, sagt eine Frau.
»Ich bleibe nicht hier«, sagt die Frau, die neben ihr sitzt. »Sobald ich Geld habe, gehe ich weg. Es ist mir egal, wohin, es muss nur weit weg sein.«
Ein anderer sagt: »Ich wandere nach Palästina aus.«
Heintje betritt unter donnerndem Applaus die Bühne. Mit ihrer rauen, gebrochenen Stimme singt sie Lieder ihres Bruders Louis, vom einfachen Leben vor dem Krieg. Vom Ölhändler mit seinem Ford, und zur allgemeinen Rührung natürlich auch »A jiddische Mamme«. Willys Opa hat diese Lieder herausgegeben, denkt Ronny. Aber Willy kann sie nicht mehr hören, und warum ich? Das ist nicht gerecht.
Zuletzt singt der ganze Saal mit: »Wenn auf dem Leidscheplein abends wieder Lichter brennen.« Sie singen mit Tränen in den Augen. Jeder denkt an die Lichter, die für immer erloschen sind.
Trotz der unendlichen Trauer, die förmlich zu fühlen ist, wird auch zum ersten Mal wieder gelacht.
»Das muss sein«, sagt Flip. »Warum sind wir sonst am Leben geblieben? Dieses Gerede von Juden und Ariern, von Herrenmenschen und Untermenschen muss endlich aufhören. Jeder Mensch ist einmalig. Früher dachte ich: Reiche

sind schlecht und Arme sind gut. Aber meinem armen Nachbarn traue ich weniger als deinem Vater, dem Hoteldirektor. Denn er hat uns geholfen.«

»Womit denn?«

»Du weißt doch, dass ich Drucker bin, bei *Het Parool*? *Het Parool* hat als vervielfältigtes Flugblatt des Widerstands angefangen, *De Nieuwsbrief*. Die vom Untergrund haben mir geraten: ›Geh zum *Atlantic*. Jacob Sweering wird dir helfen.‹ Tatsächlich haben wir von ihm Waffen bekommen, für die ich zum Beispiel kein Geld gehabt hätte. Wenn wir uns bei euch trafen und jemand hereinkam, den dein Vater nicht kannte oder dem er nicht traute, fuhr er sich mit der Hand unter der Nase vorbei. Dann wussten wir: Mund halten.«

Schau an, denkt Ronny, das habe ich also richtig erkannt, so klein, wie ich war.

»Typisch eigentlich«, fährt Flip nachdenklich fort. »Es haben oft auch zwei SD-Offiziere bei euch gegessen, einer war, glaube ich, sogar Major. Sie haben ganz ruhig zwischen Juden und Flüchtlingen gesessen. Sogar nachdem ihr die WA mit Billardstöcken angegriffen habt, Monate nach dem Februarstreik. Auch das ist seltsam.«

»Der Ranghöhere der beiden hat meinen Vater aus dem Gefängnis geholt«, sagt Ronny.

Flip schaut ihn verblüfft an. »Wie ist das möglich? Es gab fast keine schlimmeren SS-Männer als die vom SD. Dieser Jacob! Ich habe übrigens im Hutgeschäft auf der anderen Straßenseite manchmal überlegt, wie wir auf den SD in der Sarphatikade eine Bombe werfen könnten. Aber das Gebäude war zu gut gesichert. Ich hatte keine Ahnung, dass da auch ein Grüner war, der mit deinem Vater zusammen-

gearbeitet hat. Wir wussten voneinander nie, was andere unter einem Decknamen ausgeführt haben. Ich wusste nur, dass es hier, bei euch, in Ordnung war. Aber nach dem Kampf wurde es mir zu unsicher. Wie alle anderen habe ich eine Racheaktion erwartet. Wie hat dein Vater den Kontakt zum SD eigentlich geknüpft? Das war unglaublich klug von ihm.«
Ronny erzählt, wie Hans gekommen war, um die Grüße deutscher Billardspieler auszurichten. Und dass er seinen Vater danach von der Exekutionsliste heruntergenommen und auch aus dem Gefängnis herausgeholt hatte. Aber warum, das weiß Ronny auch nicht.
Flip schaut sich um. »Ein unvergesslicher Abend. Ein Neubeginn, so traurig er auch ist.«

Ein magerer Junge steht vor der WC-Schule. Überglücklich rennt Ronny auf ihn zu.
»Hallo, Hannan!« Der Junge sagt guten Tag, aber ob er sich freut, Ronny zu sehen? Es ist wirklich Hannan, aber er benimmt sich anders als früher.
Hannan deutet auf die Kinderfotos vor den Fenstern, als Werbung für die besonderen Unterrichtsmethoden der Wilhelmina-Catharina-Schule.
»Schau nur, ich hänge auch noch da! Den ganzen Krieg über ist mein Foto an der Vorderseite hängen geblieben. Als ich zur Rückseite verbannt wurde, als ich in das Lager Theresienstadt deportiert worden bin. Die ganze Zeit habe ich hier am Fenster gehangen.«
Schweigend betrachten sie die Fotos. Von den Kindern, die darauf zu sehen sind, ist fast die Hälfte ermordet worden.

»Weißt du, dass nur die WC-Schule eine Mauer hatte?«, sagt Hannan. »Alle anderen jüdischen Kinder mussten in eine eigene Schule gehen.«
Als hätten sie es abgemacht, drehen sie sich gleichzeitig um und gehen zusammen zur Rückseite. Am Zaun vor dem Weg zur hinteren Seite der Schule sagt Hannan mit heiserer Stimme: »Hier habt ihr für uns mit den Lojedajes gekämpft. Wenn sie uns im Konzentrationslager erniedrigt haben, habe ich immer daran gedacht. Ich habe gedacht: Die Vorderseitler haben gewollt, dass wir einfach zusammengehören. Ihr habt euch nicht von der Mauer beeindrucken lassen.«
»Nach den Ferien bist du wieder bei uns«, sagt Ronny. »Die blöde Mauer ist abgerissen worden. Es gibt keine Vorder- und Rückseite mehr. Wir sind wieder die normale WC-Schule.«
Hannan schüttelt den Kopf. »Ich gehe in Zukunft in eine jüdische Schule.«
Ronny versteht es nicht. »Die Mauer ist doch weg! Komm zurück, du gehörst doch zu uns.«
Hannan schweigt. Ronny stößt ihn an. »Der Sohn des Oberrabbiners geht doch auch in eine normale Schule.«
Aber Hannan antwortet ihm nicht. Ronny starrt ihn verblüfft an. Sieht ihn Hannan eigentlich? Nach ungefähr fünf Minuten sagt Hannan plötzlich: »Hast du was gesagt?«
Bevor Ronny antworten kann, fährt er fort: »In den letzten Tagen vor der Befreiung mussten alle Kinder eine lange Reihe machen. Vom Lager bis zum Fluss. Wir mussten nummerierte Päckchen von einem zum anderen weitergeben. Das Kind am Ufer musste die Päckchen in den Fluss werfen. Eines nach dem anderen.«

»Waren die Päckchen schwer?«, fragt Ronny.
Hannan zuckt mit den Schultern. »Nein, sie haben nichts gewogen. Es war nur Asche drin.«
»Asche?«, fragt Ronny erstaunt.
»Asche von Menschen natürlich.« Hannan scheint es seltsam zu finden, dass er Ronny so etwas erklären muss. »Beweise vernichten, kapierst du? Massenmord.«
Plötzlich dreht sich Hannan um und rennt weg.
Ronny geht nach Hause. In diesem Moment kommt Hanny aus der Tür. »Hallo, Ron, ist es ein bisschen schön in der Schule?«, fragt sie.
»Nein, die meisten Kinder sind tot. Wir mussten diese Woche in die Schule kommen, um zu erfahren, wie es weitergehen soll. Aber niemand kann Ordnung halten. Die paar Rückseitler, die zurückgekommen sind, gehen jetzt auf jüdische Schulen. Ausgerechnet jetzt, wo sie es wegen der Deutschen nicht mehr müssen, werden sie plötzlich jüdisch.«
»Ich verstehe, was du meinst«, sagt Hanny. »Ein paar Fanatiker fanden vor dem Krieg, dass ich nur mit jüdischen Jungen ausgehen dürfte. Für mich war das auch Rassismus. Ich hatte zufällig bloß nichtjüdische Freunde. Aber ich verstehe gut, dass manche Juden, vor allem die aus Osteuropa, nach Jahrhunderten der Pogrome einzig und allein anderen Juden trauen. Das Schlimme ist nur, dass viele Leute das als Beweis dafür sehen, dass sie sich für etwas Besseres halten.«
»Aber Hannan hat während des ganzen Kriegs nicht vergessen, dass wir für ihn gegen die Lojedajes gekämpft haben«, sagt Ronny. »Und trotzdem will er nicht zurück zur WC-Schule.«

»Weißt du, was meine vornehme Oma gesagt hat, als ich ihr meinen neuen Freund Berend vorstellte? ›Hanny‹, hat sie gesagt, ›man kann auch mit einem jüdischen Mann glücklich werden.‹«
Hanny bricht in ihr ansteckendes Lachen aus. »Und seine Verwandtschaft in Dalfsen musste sich erst daran gewöhnen, dass ich jüdisch bin, bevor sie mich einfach als Hanny betrachten konnten. Ein Mensch, genau wie sie. Eine seiner Tanten hat gesagt: ›Ein liebes Mädchen, aber man sieht es ihr an.‹«

Nach einem kurzen, herzerwärmenden Wiedersehen mit den Brabanter Verwandten in Oisterwijk eröffnen Ronnys Eltern das Hotel *Atlantic* wieder. Es ist so viel los, dass Ronny sich am ersten Tag schon nach der Zeit mit Velthoen und van Halm in dem verlassenen Hotel zurücksehnt. Und es schnürt ihm den Hals zu vor Heimweh, wenn er an die Zeit vor dem Krieg denkt, als ihre alten Gäste noch da waren.
Seine Eltern werden mit Komplimenten überschüttet. Ein Kunstkritiker nennt das *Atlantic* nun ein Denkmal. Er rühmt die Bildhauerarbeiten und den Stuck.
Nicht lange danach wird im Hotel *Atlantic* die Bar-Mizwa von Joop de Jong gefeiert, einem der wenigen jüdischen Jungen, die dem Massenmord entkamen. Jacob Sweering überlässt seine Küche jüdischen Köchen, die koscher kochen.
Am großen Fest fragt Ronny den Sohn des Oberrabbiners: »Warum gehst du nicht auf eine jüdische Schule?«
»Warum wohl? Wir sind nicht orthodox, wir sind liberal.«

»Es gehen aber noch andere liberale Kinder auf die jüdische Schule.«

»Meine Eltern halten mich für alt genug, um selbst meine Schule zu wählen«, erklärt er. »Ich bin für gemischte Schulen, in der alle möglichen Kinder zusammen sind, mit oder ohne Glauben. Niemand ist auserwählt und ein Herrenmensch. Manche strenggläubige Menschen werden extremistisch oder fundamentalistisch. Das ist in der Geschichte auch bei Juden passiert, nicht nur bei Christen und Moslems, ich denke, das passiert bei jedem Glauben. Fanatiker glauben, dass ihr Gott die Wahrheit gepachtet hat. Davon kommt schon seit Jahrhunderten das ganze Unglück. Denn Erwachsene können nicht aufhören. Es gibt nur eine Lösung: Wir Kinder müssen den Hass stoppen.« Er stößt Ronny an. »Kennst du den Witz vom konservativen orthodoxen Rabbiner?«

»Nein, erzähle.«

»Rabbiner Aschkenase ist schrecklich krank, der Arzt wird gerufen. Aber der Rebbe verweigert die Behandlung. ›Der Ewige selbst hat mir die Krankheit geschickt, wenn Er will, werde ich überleben. Und wenn nicht, akzeptiere ich mein Schicksal.‹ Seine Frau denkt anders darüber, sie holt Pillen von der Apotheke. Aber der Rabbiner nimmt sie nicht. ›Ich ergebe mich dem Ewigen‹, sagt er. Eine Krankenschwester klopft an seine Tür und sagt: ›Ich komme, um für Sie zu sorgen.‹ Auch diese Hilfe weist der Rabbiner zurück. Zwei Wochen später ist er tot. Er reist zum Himmelstor und kniet nieder. ›Lass mich rein, Herr, ich habe mein Schicksal gelassen angenommen.‹ Mitleidig schaut der Herr ihn an. ›Ich habe dir den besten Arzt der Stadt geschickt. Ich ließ deine Frau Pillen holen. Schließlich habe ich mich selbst als

Krankenschwester verkleidet. Immer wieder hast du mich weggeschickt, du hast mich noch nicht mal erkannt, du Schlaumeier. Nun kümmere dich auch selbst um deine Ewigkeit.‹«

16. Das Geheimnis der Indianer

Der Krieg ist schon lange vorbei. Corry hat ihren seefahrenden Mann zurückbekommen, sie wohnen ganz in der Nähe an der Amstel. Aber nun ist Hanny auf See. Ronny sieht sie fast nie mehr, sie ist Schiffsärztin. Werner und Trudl, die ihr bei der Flucht geholfen hatten, waren selbst auch geflohen. Trudl hat sich unverfroren, ohne Stern, dem Amsterdamer Widerstand angeschlossen. Werner war eine Weile lang untergetaucht, in dem langen Dachboden über der Galerie, gegenüber dem Hotel *Atlantic*. Hätte ich das bloß damals gewusst, dachte Ronny, als er es hörte. Dann hätte ich Hannys Retter besucht, so wie ich Willy immer besucht habe.

Kees und Ronny sind in zwei verschiedenen weiterführenden Schulen. Und Harry wohnt mit seiner Mutter in einem anderen Viertel. Louise ist zu ihrem großen Kummer nach Leiden umgezogen. »Wenn ich groß bin, komme ich nach Amsterdam zurück«, hat sie ihren Freunden versprochen.

Zimmer sechs ist wieder ein normales Hotelzimmer. Ronnys Indianersammlung liegt in einem Korb auf dem Dachboden, mit dem Rest seiner Spielsachen und dem Labor, um das er sich nicht mehr kümmert.

Es vergeht kein Tag, ohne dass Ronny an seine ermordeten Klassenkameraden denkt. Immer suchen seine Augen nach den Häusern, in denen sie gewohnt haben. Einmal stand jemand an Saartjes Fenster! Ronny ist vor Schreck fast vom Fahrrad gefallen. Wenn er durch die Kerkstraat radelt,

weiß Ronny von fast jedem Haus, wer eigentlich darin wohnen müsste.
Die Jodenbreestraat bietet noch immer einen trostlosen Anblick. Die Stadtverwaltung scheint nicht zu wissen, was sie mit diesem früheren Judenviertel anfangen soll. Die leeren Häuser stehen einfach da, als schweigender Vorwurf an die Welt. Wo sind unsere Bewohner?
Ein paar Jahre nach der Befreiung fährt die Familie Sweering durch Deutschland, das noch in Trümmern liegt. Hoch in den Bergen, auf der Terrasse von Hitlers Villa Adlerhorst, beschließt Ronny, ganz allein durch Europa zu ziehen.
In Hitlers Schlafzimmer brechen Ronny und Jacob ein Stück vom Waschtisch ab. »Ein Souvenir vom Schnurrbartträger«, sagt Jacob lachend.
Aus zusammengesparten Einzelteilen baut sich Ronny später in Ko Boefs Werkstatt ein Rennrad.
»Warum fährst du immer allein?«, fragt Kos Vater einmal. »Du hast Talent zum Rennfahrer.«
Ronny schüttelt den Kopf. »Ich will nur gegen mich selbst gewinnen. Dass ich schneller bin als andere, bedeutet mir nichts.«

Manchmal fährt Ronny mit dem Rad nach Zandvoort und zurück, bevor er zur Höheren Handelsschule fährt. Mit einer Hand macht er die Tür seiner Klasse auf und fährt zu seiner Bank, wo er absteigt und sein Rad abstellt. Er sitzt ganz vorn in der Klasse, weil er sowieso gleich hinausgeschickt wird.
»Sweering, bring das Rad weg«, ist das Einzige, was ihr Niederländischlehrer sagt. Er hat ein Japsenlager überlebt

und ist der Einzige, dem Ronny manchmal gehorcht. Aber auch in seinen Stunden passt er nicht auf.
Wenn Ronny eine Standpauke bekommt, betrachtet er aufmerksam das Gesicht des Lehrers. Wie wunderbar würde Willy ihn nachmachen, denkt er dann. Wie alt wäre Willy jetzt? Und Saartje? Wie lang wäre ihr Pferdeschwanz, wenn sie noch leben würde? Wäre sie ebenso schön geworden, wie ihre Tante Ruth es früher war? Dann wandern seine Gedanken wieder zu dem Tag, an dem Saartjes Tante als Knochengestell zurückgekommen war.
»Antworte!«, ruft der verärgerte Lehrer.
»Was möchten Sie gerne hören?«, fragt Ronny höflich.
»Raus, Sweering!«
Bevor der Lehrer es sich anders überlegen kann, verlässt Ronny schnell mit seinem Rad die Klasse, hinaus in die Freiheit.
Mit sechzehn schreibt er einen Brief an seinen kanadischen Befreier Stan.

Hello Mister Stan,
wie geht es dir? Hier ist alles okay. Wir haben eine Geigenspielerin, die Täubchen heißt. Da, wo früher die Billardtische standen, stehen jetzt Tischchen. Du würdest das verlassene Hotel nicht wiedererkennen. Das Atlantic ist beliebt, es ist immer rammelvoll. Der alte Koch ist in Russland erfroren. Wir haben einen neuen Koch und einen französischen Patissier, der Zuckerzeug für die mindestens dreistöckigen Torten macht.
Wenn die Theater zu Ende sind, essen Besucher und Schauspieler hier unter der abgesenkten Untertauchdecke. In der Mitte strahlt rosenrot und blau indirektes Licht, so als

würde man direkt zum Sternenhimmel schauen. An Weihnachten lege ich amerikanische Jive-Musik und Boogie Woogie auf. Dann tanzen Y und ich im Festsaal mit übrig gebliebenen Juden Rock 'n' Roll. Fast all meine Freunde sind tot. Mein Hund Tarzan auch, aber der ist wenigstens einfach an Altersschwäche gestorben.
In diesem Sommer werde ich mit meinem selbst gebauten Rennrad durch all die Länder fahren, wo wir damals, unter Hitler, nicht hin durften. Vielleicht gehe ich so weit von zu Hause weg wie du. Ganz allein. Aber meine Mutter weiß es noch nicht.

Ronny starrt vor sich hin. Was wird aus mir? Nachdenklich betrachtet er einen Fremden, der hereinkommt, offenbar ein Ausländer. Sein Vater läuft mit ausgestreckten Armen auf ihn zu. Bestimmt irgendein Billardspieler.
»Dittrich! Was für eine Überraschung!«, ruft Jacob auf Deutsch. Nun erkennt Ronny ihn auch, es ist der Nachfolger von Hans. Ohne die grüne Uniform sieht er viel menschlicher aus.
»Es ist schlecht ausgegangen mit Hans und Arthur«, erzählt er später. »Nach ihrer Freilassung hat die Gestapo die beiden beobachtet. In Italien haben sie wieder mit dem Untergrund zusammengearbeitet. Nördlich von Mailand gab Hans Papiere an italienische Partisanen weiter. Plötzlich tauchte die Gestapo auf, es kam zu einem Feuergefecht, bei dem Hans und Arthur erschossen wurden.«
»Hans exekutiert durch seine eigenen SS-Kameraden!« Jacob ist bewegt. Ronny setzt sich dazu.
»Krieg ist Wahnsinn«, sagt Dittrich. »Habt ihr gewusst, dass die Nazis einen großen Teil ihrer eigenen Hitlerjugend

kaputtgemacht haben? Sie machten den Eltern weis, dass ihre Kinder außerhalb der Städte vor alliierten Bombardierungen sicherer seien. Die Väter und Mütter brachten ihren Nachwuchs zum Bahnhof. Was haben sie schon gewusst? Die Kinder kamen in Übungslager, in dem es nur um Grausamkeit und Gefühllosigkeit ging. Wer morden konnte, ohne einen Muskel zu verziehen, gehörte dazu.«

»Siehst du, die deutschen Kinder waren nicht schuldlos«, sagt Ronny.

»Sie wurden verführt«, erklärt Dittrich. »Die SS marschierte singend durch die Straßen. Wenn so viele Erwachsene wegen Armut und Arbeitslosigkeit mutlos sind, beeindruckt so etwas die Kinder sehr. Nazifilme waren modern. Ihr Maskottchen, einen Totenkopf, fanden sie interessant. Die Kinder kapierten das nicht. Sie lernten brav, dass sie bis zum Tod kämpfen müssten, wenn der Führer das verlangte. An seinem letzten Geburtstag hat sich Hitler ein Jugendregiment als Geschenk gewünscht ... und er hat es bekommen. Keiner dieser Jungen kann das erzählen, sie sind alle tot.

Bei uns zu Hause hing das Bild Hitlers, das Pflicht war, mit dem Gesicht zur Wand. Wir drehten es nur um, wenn Besuch kam. Aber die meisten Eltern verherrlichten Hitler. Kannst du es den Kindern dann übel nehmen, dass sie drauf reingefallen sind?«

Dittrich gähnt, er ist todmüde von der Reise und geht schlafen.

Ronny schaut ihm nach. Dann fragt er endlich seinen Vater, was er nun schon so lange wissen wollte: »Findest du es im Nachhinein nicht seltsam, dass Hans und Arthur mit dir zusammengearbeitet haben? Warum haben ausgerechnet zwei Offiziere des brutalen SD geholfen, Juden zu retten?«

»So ganz genau weiß ich das auch nicht«, erklärt sein Vater endlich. »Man hat sich so wenig wie möglich erzählt, denn wenn man geschnappt wurde, hätte man andere verraten können. Leider kann ich es Hans nun nicht mehr fragen. Ich weiß aber, dass Hans ein Intellektueller war. Anders als die meisten hatte er sich nicht selbst zur Geheimpolizei gemeldet. Er und Arthur wurden gezwungen. Denn als sie an der Macht waren, versuchte die SS, mehr Ansehen zu gewinnen. Deshalb holten sie ein paar studierte Männer wie Hans dazu. Der Geheimdienst stand unter dem Kommando der SS, aber das weißt du ja.«

Er schweigt, dann fährt er nachdenklich fort: »Ich vermute, dass Hans kaum Juden gekannt hat. Er ist zufällig hier bei uns gelandet, im *Atlantic*. Unter unseren Gästen gab es ziemlich viele Künstler und Intellektuelle, die aus Deutschland geflohen waren, und natürlich waren viele Juden.«

»Hans hat die Atmosphäre bei uns sehr gefallen«, sagt Ronnys Mutter. »Der jüdische Humor hat ihn mehr angesprochen als der Fanatismus der SS. Ich hatte immer das Gefühl, dass er zu uns kam, um frei zu atmen.«

»Hans wusste bestimmt, dass insgeheim ein Massenmord an Juden geplant war und auch ausgeführt werden würde«, fuhr Ronnys Vater fort. »Ich erinnere mich noch, dass er mich einmal ganz verzweifelt anschaute und sagte: ›Früher war ich ein Mensch. Jetzt bin ich zu einem Rädchen in einer genialen, grausamen Todesmaschinerie geworden.‹

Er hat auch mal gesagt: ›So viele sind beteiligt, Beamte, Militär und sogar jüdische Organisationen. Die meisten wissen nur ein bisschen. Darauf achten sie sehr.‹

Hans wusste offenbar mehr. Eines Tages hörte er hier jemanden sagen: ›Wer einen einzigen Menschen rettet, rettet die Welt.‹ Da beschloss er, sein Steinchen zum Widerstand gegen die Faschisten beizutragen, das ist das Einzige, was er mir jemals erzählt hat«, erinnert sich Jacob gerührt. »›Lieber tot als schuldig‹, hat er gesagt.«

»Du hattest also Hans und ich hatte Harry«, stellt Ronny fest. »Wie war das eigentlich mit dem Geheimversteck in dem einen Tischbein in meinem Spielzimmer?«

»Das hattest du also entdeckt?« Seine Eltern schauen sich erstaunt an, und die Mutter sagt amüsiert: »Dick Bos.«

»Den Tisch hatte ich vom besten Schreiner der Werkstatt auf der anderen Straßenseite machen lassen«, erzählt Jacob. »Er konnte Schreibtische mit Geheimfächern machen.«

»Auf den Papieren waren Stempel mit Hakenkreuzen, wie bist du daran gekommen?«

»Dass du das gewusst hast, war lebensgefährlich!« Trotzdem muss Ronnys Vater im Nachhinein grinsen. »Nicht lange nach meinem Kampf mit der WA ist Hans heimlich in mein Arbeitszimmer gekommen. Es muss an einem Mittwochnachmittag gewesen sein, denn du bist gleich nach ihm gekommen. Hans machte die Tür vor deiner neugierigen Nase zu. Er setzte sich und schob mir zu meiner Verblüffung deutsche Stempel, Blankogenehmigungen, Sperren und Personalausweise über den Tisch.

›Sie kennen bestimmt Menschen, die das gut brauchen können‹, sagte er und lächelte. Ich wusste nicht, woran ich war. Zuerst hielt ich es für eine Falle. Aber Hans stellte sich als aufrechter Mann heraus. Er hat sein Leben aufs Spiel gesetzt und keinen Pfennig dafür verlangt.

Damals habe ich mir ein Spielzimmer für dich ausgedacht, als Tarnung. Wenn du in der Schule warst, habe ich mit Doktor Manie Leisen und einem Kunstmaler, Snijder, du kennst ihn auch, in Zimmer sechs Personalausweise und Sondergenehmigungen gefälscht. Wir machten Papiere, die besagten, dass jemand von der Deportation freigestellt war. Oder dass man die Leute bei einer Razzia laufen lassen solle. Ich hatte Ausweise, mit deren Hilfe ich in abgeriegelte Viertel gehen durfte. So konnte ich das Eigentum von Leuten retten, die abgeholt wurden oder unerwartet untertauchen mussten. Ich hatte auch eine Bescheinigung, die bestätigte, dass ich nur ›die guten Radiosender‹ hörte.«

Jacob schaut hoch, sein Freund Ies Vogel kommt herein.

»Ies hat gesagt, du hättest mindestens achtzig Kindern und einem ganzen Haufen Erwachsener das Leben gerettet, ist das wahr?«, fragt Ronny, bevor sein Vater zu Ies hinübergehen kann. Einen Moment ist es sehr still, bevor Jacob mühsam herausbringt: »Ich musste gerade an die Male denken, bei denen ich mit leeren Händen dastand. So viele Freunde sind tot.« Er will aufstehen, aber Ronny möchte nun endlich das Geheimnis seiner Indianer wissen.

»Wer schlief in meinem Bett, wenn ich zu Oma geschickt wurde und Indianer bekommen habe?«

»Untertaucher auf der Durchreise. Wir wagten es nicht, sie hier zu behalten, weil Annie unberechenbar ist, wenn sie etwas getrunken hat. Sie haben in euren Betten geschlafen.«

»Aber warum?«

Jacob grinst. »Wenn ich mit der Hotelkontrolle zu den Kinderzimmern kam, sagte ich immer: ›Sie wissen, dass die Kinder hier schlafen, muss ich sie aufwecken?‹ Ich hatte

schon oft erlebt, dass sie eure Zimmer dann übersprangen. Also wusste ich, dass es da ziemlich sicher war.«
Zu dir habe ich immer gesagt: ›Du darfst bei Oma schlafen, dann bekommst du wieder einen Indianer.‹ Ich habe absichtlich nie das Wort untertauchen benutzt. Du warst noch so klein, du hättest dich aus Versehen verplappern können. Ich musste ja damit rechnen, dass irgendein NSB-ler oder ein Mof versuchen würde, dich auszuhorchen. Wenn dich jemand fragen würde: ›Warum schläfst du so oft bei deiner Oma?‹, solltest du automatisch antworten: ›Dann bekomme ich immer einen Indianer.‹«
Ronny rennt die Treppe hinauf zum Dachboden. Nach einer Weile findet er, was er sucht. Unten schüttet er den Korb mit seinem Indianerstamm auf den Tisch. Ach ja, da sind Flammender Pfeil und Schnelle Füße. Das ist Winnetou mit seinem bunten Schild und da der Wigwam vom Weisen Grauen. Wie immer zerstampft Kleine Lilie den Mais in einer Schüssel. Ronny sucht Brüllender Bär mit seinem Gewehr.
»Es sind noch ziemlich viele übrig. Es müssen wirklich ein Haufen Untertaucher gewesen sein.«
Jacob seufzt. »Ich weiß es wirklich nicht. Ihr habt oft bei Oma geschlafen.«
Endlich spricht Ronny es aus: »Ich wünschte, du hättest Willy bei uns untertauchen lassen.«
Seine Worte tun ihm gleich leid. Jacob wird sehr traurig. »Das habe ich auch so oft gedacht. Aber wir glaubten wirklich, dass er drüben vorläufig sicher sei. Ich habe ihn morgens gleich in der Schauburg gesucht, in der Hoffnung, ihn herauszuholen. Aber ein Polizist, den ich kannte, erzählte, dass Willy sofort am Bahnhof Muiderpoort in den

Zug nach Westerbork gesetzt wurde. Ich war tieftraurig.«
Jacob schweigt, dann fährt er fort: »Ich weiß übrigens, warum Willy abgeholt wurde. Erinnerst du dich noch an Jonas?«
Ronny nickt. »Seine nichtjüdische Verlobte wurde von ihm schwanger«, sagt sein Vater. »Weil er Südafrikaner war, sind sie ganz naiv zu den Deutschen gegangen und haben gefragt, ob sie nicht doch heiraten dürften. Jonas wurde sofort festgenommen. Danach haben sie alle im Haus abgeholt, auch Willy.«
»Es war also ihre Schuld.«
Jacob schüttelt den Kopf. »Man ist doch nicht schuldig, wenn man sich liebt, oder? Willys Vetter wurde grausam ermordet, im Lager Amersfoort, er hat sein Baby nie gesehen. Übrigens, alle Juden auf der anderen Straßenseite sind letztlich abgeholt worden. Man hätte sie also sowieso geschnappt.«
Während Jacob zum Telefon geht und Do die letzten Gäste hinauslässt, fragt Ies Ronny: »Weißt du, wen ich für den schlimmsten Übeltäter in der Geschichte halte?«
»Hitler«, antwortet Ronny.
Aber Ies schüttelt den Kopf. »Wie konnte er mit seiner SS an die Macht kommen?«
»Dadurch, dass es die höchsten Nazis wie Himmler und Heydrich gegeben hat«, antwortet Ronny. »Und Goebbels konnte so gut lügen, dass alle auf ihn reingefallen sind.«
»Stimmt«, sagt Ies. »Aber es gibt in der ganzen Geschichte auch einen unsichtbaren Bösewicht: die schweigende Mehrheit. Menschen, die angeblich nichts wissen. Wenn ein anderer in der Patsche sitzt, sagen sie: ›Das ist nicht mein Problem, da mische ich mich nicht ein.‹

Sie ziehen den Kopf ein, halten sich versteckt und warten, bis der Sturm vorüber ist. In der Hoffnung, dass es nur die anderen trifft, machen sie sich selbst vor: ›Ich habe keine Wahl.‹ Bis zuletzt bleiben sie Freunde des Mannes, der an der Macht ist. Sie drucken brav Formulare und Verkehrsschilder, egal, was draufsteht. Sie halten sich an unmenschliche Regeln, weil der Chef es ihnen sagt. Sie unterschreiben Papiere, wodurch sie selbst aus der Schusslinie bleiben. Weißt du, wann sie aufwachen? Wenn sie selbst in der Tinte sitzen. Zu spät. Dann sind die Mörder mit ihren Gewehren längst die Herren auf der Straße!«

Im Sommer kündet Ronny an, dass er mit dem Fahrrad durch Europa fahren wird.

Seine Mutter findet ihn viel zu jung. »Und wo willst du unterwegs schlafen?«

»Bei Bauern auf dem Heuboden.«

Besorgt schaut sie ihn an. Aber Opa lacht sie aus. »Er steht auf eigenen Füßen.«

»Ich gebe dir ein paar Adressen von italienischen Freunden mit«, sagt Ronnys Vater. »Nach all den Heuböden sehnst du dich dann bestimmt nach einem Bett.«

Endlich ist es so weit. Ronny nimmt Abschied von seiner Familie. Sie verabschieden ihn vor dem Hotel *Atlantic*, zusammen mit den Gästen auf der Terrasse.

Oben auf der Brücke, über die damals sein kanadischer Befreier Stan in seinem Jeep angekommen war, winkt Ronny noch einmal. Dann fährt er auf seinem Rennrad davon.

Nachwort

Nun, da ihr diese Geschichte gelesen habt, könnt ihr vielleicht verstehen, dass ein Kind in der Zeit des Zweiten Weltkriegs anders leben musste als ihr. Fernsehen gab es nicht, ganz zu schweigen von Internet. Was damals in der Welt geschah, verunsicherte uns Kinder. Vor allem, weil man als Kind kaum etwas von der Welt der Erwachsenen wusste. Sie haben einem ja nichts erzählt.

Als der Krieg ausbrach, lernte ich gerade lesen. Aber die Zeitung gab es zuerst für meinen Vater, dann für meine Mutter und nie für mich. Wie ihr alle gelesen habt, hörten die Gespräche unserer Eltern und ihrer Freunde auf, wenn ein Kind in die Nähe kam. Trotzdem fühlten wir, dass etwas los war. Etwas, wovor auch wir Angst haben mussten.

Nie vergesse ich meine ersten Eindrücke vom Krieg. Alle Unsicherheit hinsichtlich der Zukunft wurde übermächtig. Meine Eltern schienen das Lachen verlernt zu haben. Innerhalb von ein paar Tagen hatte sich das Leben verändert. Trotzdem mussten wir wieder zur Schule. Fast alle Kinder hatten Angst vor dem, was passieren würde. Aber zwei Kinder in meiner Klasse versuchten uns weiszumachen, dass alles besser werden würde. Aber wie? Das konnten sie nicht erklären.

In der ersten Zeit schien alles wieder zu werden wie früher. Doch plötzlich stand die Mauer in unserer Schule, Kinder verschwanden. Und dann die Angst, immer diese Angst um die Eltern, um die Freunde …

Die einzige wirkliche Freiheit fand ich in meinem kleinen Garten hinter dem Hotel. Viele meiner Freunde und Freundinnen, die ich schon vom Kindergarten kannte, verschwanden im Nichts. Nach dem Krieg konnte ich mich nur noch an drei oder vier Kinder erinnern, die überlebt hatten. Auch mein heimlicher Freund Willy van Biene wurde abgeholt.
Ihr müsst eines über den Krieg wissen: Lachen wurde etwas Seltsames. Fröhlichkeit bekam immer einen traurigen Beigeschmack. Und obwohl nach dem Krieg alles wieder normal wurde, gab es doch immer etwas, was man nicht verstand: All die Kinder, die nie mehr zurückgekommen sind.
Und jetzt, so viele Jahre später, frage ich mich immer noch, und noch intensiver, wer waren diese Kinder?

Wer war Willy?

Ich hatte nur seinen Vornamen behalten. Der stand mir mit goldenen Buchstaben in den Kopf geschrieben. Zusammen mit meiner Frau Mirjam, der Autorin dieses Buchs, machte ich mich auf die Suche. Es gab noch ein altes Telefonbuch von 1937. Darin konnte man auch die Straßen nachschlagen. Bei jeder Hausnummer standen damals die Namen der Menschen mit einem Telefonanschluss. Aber in welcher Nummer in der Westeinde war Willy eigentlich untergetaucht? Die prachtvolle Ladengalerie und alle Häuser auf der anderen Seite des Hotels waren nach dem Krieg abgerissen worden, um der Niederländischen Bank Platz zu machen.
Einmal sagte Mirjam: »Du fotografierst doch immer, was

wichtig für dich ist. Bist du sicher, dass du kein Foto des Hauses hast, in dem Willy versteckt war?«

Eine Woche später fand ich die Negative der Fotos, die ich von den Häusern gegenüber des Hotels gemacht hatte. Ich hatte vergessen, dass ich den Abriss fotografiert hatte. Als die oberen Stockwerke verschwunden waren, konnte ich den Keller fotografieren, mit der Treppe, auf der wir Wilhelm von Oranien und Balthasar Gerards gespielt hatten. Auf den Fotos sah ich die Hausnummer: Westeinde 21.

Mit dieser Adresse entdeckte ich den Namen der Familie, die damals dort wohnte. Nach endlosen Telefongesprächen fand ich ein paar Splitter der Vergangenheit. Als jemand Willys Nachnamen nannte, erkannte ich ihn sofort. Immer weiter führte mich die Suche, durch Gemeindearchive und Testamente. Je weiter ich suchte, desto mehr fand ich. Auch etwas über seinen Bruder George, der als Einziger überlebt hatte. Über seine Schwestern Sophie und Sonja, über seinen Opa, seine Oma und seine Mutter Alice. Und über so viele andere Familienmitglieder, die alle ermordet wurden. Das alte Dienstmädchen Jo Harteveld ist immer noch nicht darüber hinweggekommen. »Diese Familie hätte keiner Fliege etwas zuleide tun können, so gute Menschen!« Sie hat Willy sehr geliebt.

Langsam kamen immer mehr Erinnerungen zurück. Wie Willy in dem dunklen, feuchten Keller von zu Hause erzählte. Er vermisste seine Mutter, die noch in Den Haag wohnte. Seinen Hund, den er hatte zurücklassen müssen. Seinen Vater Jos, der gestorben war. Da gab es unsere Phantasien für die Zeit, wenn der Krieg vorbei wäre. Wie gut die Welt werden würde, denn wir wussten, wie schlecht sie sein konnte. Und das wollten wir nie mehr.

Meine Operation fiel mit Willys Verschwinden zusammen. Unsere Freundschaft wird mein Leben lang symbolisiert durch zwei weiße Kaninchen. Willy rannte mit ihnen auf dem Arm, als äußeres Zeichen unserer Freundschaft, zwischen den Deutschen hindurch, um sie meiner Mutter zu geben: »Ronny muss für sie sorgen, bis ich zurückkomme.«
Willy wurde zusammen mit seiner ganzen Familie nach Westerbork gebracht. Wie konnte sein Schicksal so grausam sein? An seinem Geburtstag wurde er in Auschwitz vergast, mit seiner Mutter und seiner Tante. Nie werde ich verstehen, wie so etwas möglich ist.
Nun, da ich alles herausgefunden habe, denke ich oft zurück an unsere Ideale vom Frieden und darüber, dass wir ganz anders leben würden. Ideale, die Ideale geblieben sind.

Denkt über die Welt von heute nach, in der so viele Menschen zuerst an sich selbst denken und erst dann an andere. Heute vielleicht noch mehr als früher.
Wie würdet ihr euch fühlen, wenn in eurer Klasse aufgeteilt würde, wer dazugehören darf und wer nicht? Die anderen würden aus eurer Mitte entfernt. Nach einiger Zeit würden sie auf unmenschliche Transporte geschickt werden. In Güterzügen, zusammengepfercht, ohne Sitzmöglichkeit, ohne Wasser, ohne Toilette. Um Hunderte von Kilometern weiter weg alle ermordet zu werden.
Kommt euch das absurd und unmenschlich vor? Vergesst nie, dass genau das mit meinen Freunden und Freundinnen geschehen ist.
Dieses Buch spiegelt eine schreckliche Wahrheit wider.

Menschen vergaßen, dass sie alle, in ihrer Verschiedenheit, auf einer einzigen Erde geboren wurden, mit einer Sonne und einem Mond.
Was mich betrifft, bedeutet Leben, dies alles miteinander in Frieden zu teilen.

Ronald Sweering

Als ob es so hätte sein müssen …

Zufälle gibt es nicht. Oder doch? Nehmt zum Beispiel dieses Buch, es begann mit einem Zusammentreffen. War es Zufall? Oder musste es so sein?
Ronald (die meisten Leute nennen ihn nicht mehr Ronny) und ich sprachen lange mit Herrn Isaak Maarssen. Der Rechtsanwalt erzählte, dass nur Jacob Sweering seine Untertauchadresse kannte.
Isaak hatte eine Verabredung, also ging er mit zum Lift. Auf dem Weg nach unten erzählte Ronny von einem Ies Vogel, der mit seinem Vater gekämpft hatte, als die WA auf die Gäste des *Atlantic* eingeschlagen hatte. »Aber Ies Vogel will nicht mehr über den Krieg sprechen«, sagt Ronald bedauernd.
»Was für ein Zufall«, war Maarssens lakonische Antwort. »Er ist es, der unten an der Pforte auf mich wartet. Wir gehen zusammen zu Maup Caransa, zum Bridge.«

Unten lief Ronald sofort auf den Mann zu, der da stand.
»Bist du Ies Vogel?«
»Ja, und wer bist du?«
»Ich bin der Sohn von Jacob Sweering, aber du wolltest nicht mit mir sprechen.«
»Ich rede nicht mehr über den Krieg, kein Wort«, rief Ies und rannte weg, zu einem alten Mercedes.
Sturm kam auf, der Himmel bewölkte sich, es blitzte dramatisch.
Ronny lief hinter Ies Vogel her, der in sein Auto sprang. Be-

vor er die Autotür zuschlagen konnte, rief Ronald: »Jemand behauptet, auch mein Vater sei schlecht gewesen.« Das Autofenster wurde einen Spalt breit geöffnet. »Das sagen sie über meinen Jacob? Dreckige Lügen!« Hellblaue Augen glänzten in seinem verwitterten Gesicht. »Dein Vater hat zusammen mit Mani Leisen zahllosen Menschen das Leben gerettet. Ich selbst kenne dreiundachtzig Kinder, unter ihnen meine beiden Neffen. Also los, Junge, ich werde noch einmal davon sprechen, um Jacobs willen.« Warum wollten wir unbedingt mit Ies Vogel über den Krieg sprechen?

Der Zweite Weltkrieg lag fast fünfzig Jahre zurück, als Anne Pols, damals Chefredakteurin der Fachzeitschrift des Hotelgewerbes, in einem Buch las, dass Jacob Sweering im Krieg vielleicht nicht sauber gewesen wäre. Die Gewerkschaftler der Diamantenschleifer und des Hotelgewerbes waren Stammgäste im *Atlantic* gewesen. So wusste Anne, dass Jacob im Widerstand war. Sie fragte Ronald, ob er recherchieren wolle, was damals in dem legendären Hotel seiner Eltern wirklich passiert war. Und mich bat sie darum, einen großen Artikel über seine Nachforschung zu schreiben, für ihre Gedenkausgabe.

Dank seines fotografischen Gedächtnisses (Methode Dick Bos natürlich) erinnerte sich Ronald an auffallend viel. Meine Schwiegereltern waren schon längst gestorben. Wir suchten also in Dokumenten, Büchern, im Internet, alten Telefonbüchern und Archiven. Und Menschen, die Ronnys Geschichten ergänzen oder bestätigen konnten. Flip Heil, der alte Widerstandskämpfer, und seine Frau Lien erzählten, so wie andere auch, dass der Kampf mit der WA im *Atlantic* damals Tagesgespräch gewesen sei. Flip verriet sogar, dass er im *Atlantic*, wo sie ihre Redaktionssitzungen für den Vorläufer von *Het Parool* abhielten, Waffen bekam. Lachend erzählte er, dass sie sogar geplant hatten, eine Bombe in das Gebäude des SD in der Sarphatikade zu werfen. Mit ihm besprach Ronald auch die außergewöhnliche Rolle der beiden deutschen Offiziere Hans und Arthur.

Wir fanden auch eine Lehrerin der »Rückseite«. Fräulein Bosman überlebte das schreckliche Konzentrationslager Bergen-Belsen. Als er unten an ihrer Treppe stand, verwandelte sich Ronald wieder ganz kurz in Ronny. Und sie wurde für eine Sekunde die »Hottentottin« von damals. Sie tippte auf ihre Uhr und sah streng nach unten. »Du bist zehn Minuten zu spät!« Grinsend lief Ronald hinauf. Er überragte sie bei weitem. Sie fiel fast um vor Erstaunen. »Ronny, wie groß du geworden bist!«

Wie sollten wir Hanny finden? Bestimmt hatte sie geheiratet, wie würde sie jetzt heißen? Zufällig sah Ronald ihren Namen in einer Zeitung: Hanny Ladee-Levy.

Hannys Augen lachen noch immer so ansteckend. Ich konnte mir gut vorstellen, wie sie sich damals die vielen Sterne auf ihr Kleid nähte. Ich sah sie vor mir, wie sie singend zwischen den SS-Männern der Zugkontrolle entkam. Ihre Geschichte wird in diesem Buch zum ersten Mal veröffentlicht.
Genau wie Ies wollte Hanny eigentlich auch nicht mehr über den Krieg sprechen. So weh tut ihr die Trauer um

Carla, um Rudi und ihre Freunde noch immer. Ganz allmählich erzählte sie dann aber doch, was damals passiert war. Auch, wie ihr mit Hilfe von Trudl van Reemst und Werner Stertzenbach die Flucht aus dem Lager Westerbork gelang. Und eines Tages saßen wir dann zu fünft um Hannys Küchentisch, ein unvergessliches Erlebnis.

Als Ies Vogel meinen Artikel las, war er schon sehr krank. Kurz bevor er starb, musste ich ihm versprechen, dieses Buch zu schreiben. »Das ist die schönste Geschichte über den Krieg, die ich kenne«, sagte Ies. »Weil man nämlich alles durch die Augen deines Ronny sieht, eines nichtjüdischen Jungen. Versprich mir, dass du ein Jugendbuch daraus machst, damit Kinder sehen können, dass nicht nur unmittelbar betroffene Menschen zum Opfer von Diskriminierung wurden.«

Ies hatte Recht! Ronald kaufte noch Jahre lang Ansichtskarten für Willy und die Rückseitler. Seinen Geburtstag feiert er bis heute nicht gern.

Auch Louise, die in Wirklichkeit van Wassenaer hieß, fragt sich noch täglich, warum sie leben darf und so viele ihrer Altersgenossen nicht. Louise ließ mich ihr wunderbares Kindertagebuch über die schreckliche Kriegszeit lesen! Egal, wer Recht hat, Krieg ist für alle Kinder gleich schlimm.

Bevor sie untertauchte, wurde die Schriftstellerin Ida Vos in dieselbe Schule in der Den Haager Bezemstraat verbannt wie Willy. Ida beschrieb einmal einen Traum, in dem Kinder kamen und sie beschützten. Weil die Vorderseitler in diesem Buch den Traum wahr machten, las Ida ihren Traum Ronald und mir vor. »Du glaubst nicht, wie ihr die

Rückseitler dadurch getröstet habt, dass ihr für sie gekämpft habt«, sagte Ida zu Ronald.

Ies Vogel starb kurz nach Erscheinen des Artikels. Ich hielt mein Versprechen. Ies lebt nun weiter, in meinem Buch, wenn auch unter einem anderen Namen. Das wollte er so. Als er erzählte, wie viele Kinder sein Freund Jacob rettete, erinnerte sich Ronald plötzlich daran, wie oft er bei seiner Oma schlafen musste. »Dann bekam ich immer einen Indianer«, sagte er. »Meiner Meinung nach hat ein anderer in meinem Bett geschlafen. Als ich ihn nach dem Krieg fragte, bestätigte Jacob, dass Untertaucher auf der Durchreise in unseren Zimmern schliefen.«

Und mir ging ein Licht auf. Ich suchte auf dem Dachboden. Ja, und da stand der Korb mit den Indianern, vollkommen verstaubt. Viele Indianer waren erhalten geblieben! Jeder Indianer ist ein Untergetauchter.

Als Historikerin war ich beeindruckt von Ronalds Spürnase. Er fand sogar das Protokoll der Versammlung, auf der beschlossen wurde, die WC-Schule aufzuteilen. Aber so sehr wir auch suchten, wir fanden kein Foto von Willy. Alle persönlichen jüdischen Besitztümer ohne Geldwert wurden von den Nazis vernichtet. Weil wir wussten, dass Willy aus Den Haag kam, rief ich den *Haagsche Courant* an. Auf meine Bitte setzte Maaike Oppier damals einen dramatischen Aufruf in ihre Zeitung. »Wer hat ein Klassenfoto, auf dem Willy van Biene zu sehen ist, für das Buch *Geheimversteck Hotel Atlantic*?«

Durch die Leser tauchte das Foto dann doch auf. Nie werde ich den Moment vergessen, als Ronny durch eine

Lupe Willy sah. Der Junge in der hintersten Reihe, der vierte von links, ist Willy, kurz bevor er in Amsterdam untertauchte. Gegenüber dem Hotel *Atlantic*, in einem Keller, in dem er in Spiegelschrift auf die Scheibe schrieb:

HALLO RONNIE

Danksagung

Wie ich schon gesagt habe, erzählten mir viele Menschen ihre Geschichte, nicht nur Ronny. Einige bekamen – aus verschiedenen Gründen – einen anderen Namen. Und wieder andere sind inzwischen leider gestorben.
Die Geschichte des *Geheimverstecks Hotel Atlantic* entstand dank: Pieter Blaauw, H. Bosman, Ko Boef, Stan Burkett, Familie de Jong, Trees und Suuk van de Berg, Jo Harteveld, Flip und Lien Heil, Ies Maarssen, Marcel da Silva Curiel, Hannan Kisch, Jacques Papperel, Piet van de Pol, Rika Pronk, Familie Raber, Trudl van Reemst-de Vries, Werner Stertzenbach, Hanny Ladee-Levy, Ies Vogel, Joop Wagener, Ies Waterman, Louise van Wassenaer.
Mein Dank gilt auch allen anderen!

Das Antiquariat Lectori Salutem in Weesp fand das eine oder andere wertvolle Buch für uns.
Wir erhielten auch viel Hilfe vom Gemeindearchiv in Den Haag. Die Gemeindearchive von Amsterdam und Rotterdam waren aktiv beteiligt. Dank Ronald Engelse konnten wir auch Dokumente im Archiv der Wilhelmina-Catherina-Schule einsehen. Natürlich forschten wir auch im NIOD (Niederländisches Institut für Kriegsdokumentation).
Ronald zog viele Internetseiten zurate, darunter eine, die sehr vollständig ist: http//www.cympm.com.
Mein Dank geht auch an Gerard Mensink vom Widerstandsmuseum und an Karen Polak von der Anne-Frank-Stiftung für ihren Kommentar zum Manuskript.

Schwierige Wörter und langweilige Passagen in *Geheimversteck Hotel Atlantic* wurden entschlossen von meiner Nichte Amber Bladergroen und ihren Freundinnen Mare Zijlstra und Bente Mars entfernt. Und von unserem Nachbarmädchen Pauline Ostendorf.

Natascha Sweering, danke für dein aufmerksames Ohr! Und Ronald: für dein unzerstörbares Durchsetzungsvermögen und dass du immer Ronny geblieben bist.

Dieses Buch handelt von Ereignissen, die wirklich passiert sind, in einem Krieg, den ich nicht erlebt habe. Die meisten Erwachsenen erinnern sich allerdings nur wenig an das, was sie als Kind gedacht und gesagt haben. Seltsam, aber wahr. Mit wem ich auch sprach und so viel ich auch las, ein Buch wie dieses muss vor allem aus der Phantasie entstehen. Zum Glück las meine Mutter mir endlos vor, als ich klein war. Das hilft, wenn Schreiben zum Beruf wird!
Von den dreizehn Gefangenen, die aus dem Lager Buchenwald flohen, war mein Vater der einzige Überlebende.
Er gab die Fackel weiter.

Mirjam Elias

Abkürzungen, Begriffserklärungen, Personen

Alliierte im Zweiten Weltkrieg gegen Nazideutschland verbündete Staaten

ANP Allgemeen Nederlands Persbureau, dt.: Allgemeines Niederländisches Pressebüro

Antisemitismus Judenhass

Arbeitseinsatz Zwangsarbeit

Ausweis Sondergenehmigung

BS Binnenlandse Strijdkrachten, dt.: Inländische Streitkräfte. Armee aus Widerstandskämpfern, die die Befehle der Alliierten und der provisorischen Regierung ausführt

Balthasar Gerards Mörder von Wilhelm von Oranien

Bar-Mizwa Feier, mit der ein jüdischer Junge mit 13 Jahren in die Glaubensgemeinschaft aufgenommen wird. Bei einem Mädchen: Bat-Mizwa

Davidsstern sechseckiger Stern aus zwei übereinander gelegten Dreiecken. Der biblische König David hatte diesen Stern auf seinem Schild. 1948 wird das Symbol in die Nationalflagge Israels aufgenommen.

Deportation Zwangsverschleppung von Menschen

Diskriminierung jemanden wegen seiner Herkunft, seines Aussehens oder seines Verhalten herabsetzen und ablehnen

Exekutieren oder
Exekution hinrichten, Hinrichtung

Faschismus eine antidemokratische Herrschaftsform, die vom Recht des Stärkeren ausgeht und in allen Lebensbereichen das Führerprinzip durchsetzen will und den Hass der Massen auf Minderheiten lenkt

Fundamentalismus eine Haltung, die durch Beharren auf Grundsätzen gekennzeichnet ist

Füsilieren töten durch die Kugeln eines Exekutionskommandos

Gestapo Geheime Staatspolizei Hitlers

Geusen Beiname der niederländischen Aufständischen, die für die Unabhängigkeit von der spanischen Herrschaft kämpften

Grüne Polizei (in den Niederlanden) Hitlers Geheimpolizei in Uniform

Hakenkreuz Nazisymbol; Kreuz mit gleichlangen Schenkeln, die in eine Richtung abgewinkelt sind

Hitler, Adolf deutscher Diktator. Seit 1921 Vorsitzender der Nationalsozialistischen Deutschen Arbeiterpartei (NSDAP), die bei freien Wahlen im Juli 1932 von 37,3 % der Deutschen gewählt wird. 1933 wird Hitler zum Reichskanzler ernannt. Mit Terror und List gelingt ihm die Errichtung einer Diktatur. Hitlers erklärtes Ziel ist die »Vernichtung der jüdischen Rasse in Europa«. Mit dem Einmarsch in Polen am 1. September 1939 löst er den Zweiten Weltkrieg aus, in dem weltweit rund 55 Millionen Menschen (Soldaten und Zivilisten) starben, darunter etwa sechs Millionen Juden, die von den Nationalsozialisten systematisch ermordet wurden

Hitlerjugend faschistische Jugendbewegung in Nazi-Deutschland

Horst-Wessel-Lied populäres Nazilied

Illegal, Illegalität gesetzwidrig, ungesetzlich, ohne behördliche Genehmigung, Gesetzwidrigkeit; im Roman: Menschen, die gegen die von Hitler erlassenen Gesetze verstoßen

Japsenlager Konzentrationslager unter japanischer Herrschaft

Jiddisch jüdische Sprache aus Osteuropa, die sich aus dem Mittelhochdeutschen und Hebräischen zusammensetzt und auch romanische und slawische Elemente enthält

Jordanisch der Jordaan ist ein Stadtviertel von Amsterdam. Die Bewohner dieses Stadtviertels wurden Jordanier genannt

Judenrat der Judenrat wurde von den Deutschen ernannt, um die beschlossenen antisemitischen Maßnahmen in den Niederlanden bekannt zu machen und durchzuführen

Jugendsturm Jugendabteilung der NSB

Kapitulation sich für besiegt erklären und sich dem Gegner unterwerfen.

Kollaborateur jemand, der mit den Besatzern zusammenarbeitet

Kommunismus politische Bewegung, die sich gegen den Kapitalismus wendet und die sozialen Gegensätze aufheben will

Königin Wilhelmina die Großmutter der heutigen Königin Beatrix

Konzentrationslager Bezeichnung für nationalsozialistische Sammellager für politische Gegner, Zwangsarbeitslager und Stätten der Massenvernichtung von Menschen

Kristallnacht die Nacht vom 9. auf den 10. November 1938, in der die Nazis in Deutschland und Österreich Synagogen, Läden und Wohnungen von Juden plünderten und in Brand steckten

Liquidieren töten, totschießen
Lojedajes Spitzname für Schüler der zentralen Jugendsturmschule in der Amsterdamer Nieuwe Looierstraat
Moffen Spottname der Niederländer für die Deutschen
Nationalsozialismus nach dem Ersten Weltkrieg in Deutschland aufgekommene, extrem nationalistische, imperialistische und rassistische Bewegung
Nazi Nazionalsozialist
NSB Nationalsozialistische Bewegung, Anhänger Hitlers in den Niederlanden
Orthodox stenggläubig
Pogrom Hetze und Ausschreitungen gegen nationale, religiöse, rassische Gruppen
Rabbiner oder Rebbe jüdischer Seelsorger und Religionslehrer
RAF Royal Air Force, die englische Luftwaffe
Rassismus zur Rechtfertigung von Unterdrückung und Diskriminierung entwickelte Theorie, nach der bestimmte Menschentypen oder auch Völker anderen unterlegen sind
Razzia groß angelegte, überraschende Treibjagd auf Menschen
Rote Teufel alliierte Fallschirmspringer mit roten Baretten
Sabotage etwas absichtlich durcheinanderbringen oder zerstören
Schwarzhandel verbotener Handel
SD Sicherheitsdienst, Geheimdienst in Zivil oder Uniform
Seyß-Inquart, Arthur Österreichischer nationalsozialistischer Politiker, der 1940 von Hitler zum Reichskommissar in den besetzten Niederlanden berufen wird
Sozialismus Form des Zusammenlebens, in der man gemeinsam für die Bedürfnisse aller sorgt
Sperre Ausdruck der Nazis für eine Sondergenehmigung
SS Schutzstaffel, Nazi-Organisation, die u. a. eingesetzt wurde, um Konzentrationslager zu bewachen
Surrogat Ersatzstoff, etwas Nachgemachtes
Synagoge Gebäude, in dem sich die jüdische Gemeinde zum Beten versammelt
Treckschute Schleppkahn, der vom Land aus von Pferden oder Menschen gezogen wird
Untergrund Widerstand gegen die Besatzung
WA Wehrabteilung, Schlägertrupp der NSB

WC-Schule die Wilhelmina-Catherina-Schule in der Weteringschans in Amsterdam

Widerstandsgruppe eine Gruppe von Menschen, die sich gegen die Besatzung auflehnen

Wilhelm von Oranien (1533–1584) Statthalter von Holland und Zeeland, Anführer des Widerstands gegen die spanische Herrschaft

Zensur wenn die Machthaber bestimmen, was Menschen denken, lesen oder tun dürfen

fi 80516 / 1